万达集团商业地产系列丛书

商业地产运营管理

大连万达商业地产股份有限公司 著

OPERATION
AND
MANAGEMENT
OF
COMMERCIAL
REAL
ESTATE

清华大学出版社
北京

图书在版编目(CIP)数据

商业地产运营管理 / 大连万达商业地产股份有限公司著. —北京：清华大学出版社，2013（2014.7重印）

（万达集团商业地产系列丛书）

ISBN 978-7-302-34735-4

Ⅰ.①商…　Ⅱ.①大…　Ⅲ.①房地产企业－运营管理－研究－中国　Ⅳ.①F299.233.3

中国版本图书馆CIP数据核字（2013）第292378号

责任编辑：张占奎
封面设计：万达商业规划研究院・辛欣
责任校对：王淑云
责任印制：李红英

出版发行：清华大学出版社
网　　址：http://www.tup.com.cn，http://www.wqbook.com
地　　址：北京清华大学学研大厦A座　　**邮　　编**：100084
社 总 机：010-62770175　　**邮　　购**：010-62786544
投稿与读者服务：010-62776969，c-service@tup.tsinghua.edu.cn
质量反馈：010-62772015，zhiliang@tup.tsinghua.edu.cn
印 装 者：北京雅昌彩色印刷有限公司
经　　销：全国新华书店
开　　本：185mm×260mm　　**印张**：23.5　　**字数**：418千字
版　　次：2013年12月第1版　　**印次**：2014年7月第4次印刷
定　　价：430.00元

产品编号：057492-01

王健林

大连万达集团股份有限公司董事长

序 | Preface

近年来，商业地产行业热了，有关商业地产的书籍火了，坊间流传着各种版本的商业地产“秘籍”，但相当部分质量不高。个别人打着万达旗号，东拼西凑一些万达公开或非公开发表的文章，拿来出书，断章取义、误人子弟；还有一些万达“洗澡”员工，在万达工作二三年，跳槽后自称商业地产专家，到处讲课，蒙人不少。针对这种现象，万达作为商业地产的领军企业，在商业地产行业摸爬滚打十几年，积累了丰富经验，有责任把商业地产的“真经”和盘托出，让涉足这个领域的企业和从业人士少走弯路，少交学费。这就是万达出书的初衷。

商业地产很难做，并不像有些人想象的那样，有钱有地盖个楼就行了，里面学问很大。作为顾问，我曾被邀请为一些商业地产项目做诊断，发现不少问题。上海松江的一家购物中心，地段不错，专门找了美国设计师，做了“龟型”设计，总建筑面积48万平方米的综合体，只盖6层，每层8万平方米，统一层高4.8米、荷载500公斤。8万平方米一层，面积太大，人进去根本找不着北；统一层高、荷载，

序 | Preface

根本没有考虑不同商家的需求，完全是个失败的设计。当时还在基坑阶段，我诚恳地对几个股东建议，一定要推倒重来，但他们舍不得前期投入的几千万，不愿整改，最后这个项目成了烂尾楼。还有东莞的一个购物中心，号称世界最大，也是由于设计出了问题，导致招商困难。这家公司先后请了七八个国际国内招商团队，都无功而返。这个商业项目建筑只有二三层，建筑成本很低，我当时建议是拆除全部建筑，将几百亩土地卖掉，这样银行能收回贷款，股东能收回投资，施工队能拿到工钱，可以实现多赢，可惜他们没能下这个决心，现在基本死掉。

这就是商业地产和住宅地产的不同。住宅地产如果前期决策不当，房子不好卖，还可以降价出售，多数能收回成本。但商业地产前期定位、规划设计一旦出现失误，将没有任何收入，造成难以挽回的损失。不仅企业利益受损，还会造成社会资源的严重浪费。这也坚定了我们出书的决心。

既然决定出书，就要拿出看家本领。万达2000年开始做商业地产，已走过14个年头，之所以能在中国商业地产行业一骑绝尘，源于万达的创新和坚持。万达早期做商业地产也有过惨痛的教训，付出了昂贵的学费。万达广场从第一代店发展到第三代店，每一次升级，都让万达跃上新的台阶。现在，万达城市综合体开发从理论到实践已基本成熟。这套书涵盖了商业地产的全流程：从拿地到项目建设，从招商到运营，从成本、财务管理到人力资源管理等，万达的独门秘诀——模块化管控、品牌库管理也毫无保留，称得上是万达商业地产的“天龙八部”。

对这次图书出版，万达内部有一些反对声音，觉得知识被别人学走了，培养了竞争对手。但我认为，假如就因为这两本书公开发行万达竞争力就没有了，那就不是真正的万达。万达的核心竞争力在于三

序 | Preface

条：第一有完整的产业链。规划、建造、管理一条龙。第二有丰富的商业资源。几千家商家愿意追随万达。而商家的忠诚度是十几年赚钱的历史换来的。为什么万达的招商人员跳槽后绝大多数不好使，就是这个原因。第三有较强的商业运营管理能力。万达不是神，也有几个店选址、定位出过错，开业后惨淡经营。但万达能在很短时间内重新调整定位，重新招商，使之由淡变旺。沈阳太原街万达广场就是一个例子。

中国商业地产发展的最大动力来自于城市化。商业地产是城市发展的刚性需求，它能创造就业，增加税收，拉动消费，体现城市的核心价值。中国城市化率目前只有52%，西方发达国家城市化率平均达到80%，中国要达到西方的城市化率至少还需要20年时间，这意味着中国商业地产发展前景十分广阔。但随着越来越多的企业进入这个行业，商业地产已出现过热迹象，导致很多项目招商和经营出现困难。希望这次出版的《商业地产投资建设》、《商业地产运营管理》两本书，能给商业地产从业者一些有益的参考，推动商业地产行业走向专业化，形成良性发展，为中国的城市化进程做出一点贡献。

希望两本书物有所值！

2013年12月

《商业地产运营管理》 编委会

主　编：王健林

副主编：曲德君

编委会：

第一章　章节主编：王志彬
撰 稿 人：黄驾宙　马海欢　唐剑锋

第二章　章节主编：王志彬
撰 稿 人：马　文　刘晓峰

第三章　章节主编：王志彬
撰 稿 人：黄驾宙　马海欢　屈良金　杜玉华

第四章　章节主编：王志彬
撰 稿 人：马　文　刘晓峰　崔福贵　胡建

第五章　章节主编：沈嘉颖　王志彬
撰 稿 人：黄驾宙　章培玉　方艺雄

第六章　章节主编：沈嘉颖
撰 稿 人：李阜长　吴广峰

第七章　章节主编：黄东生
撰 稿 人：陈　策　杨志强

第八章　章节主编：王志彬　黄东生
撰 稿 人：黄驾宙　崔福贵　马海欢

第九章　章节主编：沈嘉颖

撰 稿 人：陈德力　刘　政　李新霞

第十章　章节主编：沈嘉颖

撰 稿 人：陈德力　刘　政　李新霞

第十一章　章节主编：沈嘉颖

撰 稿 人：陈德力　刘　政　章培玉

第十二章　章节主编：黄东生

撰 稿 人：崔福贵　杨志强

第十三章　章节主编：王宇男

撰 稿 人：马　军　胡　丰　郝树亮　王大为

目　录

Contents

OPERATION AND MANAGEMENT OF COMMERCIAL REAL ESTATE

B 开业篇

C

经营篇

引言 | Introduction

中国商业地产历经高速增长的十年后，至今依然保持持续增长的态势。近几年，商业地产尤其成为房企角逐的热点。

究其原因，首先，这是企业自身发展中，顺应市场需求，把握了新的市场机遇；其次，目前住宅市场调控趋严，市场的不确定性增强，进军商业地产成为房企在新的市场环境下，顺势转型的首选，而且房地产市场不可能只靠住宅市场来拉动，商业地产逐步走到前台也是一个必然趋势；再次，商业地产的商业模式已经由单一百货向一站式综合型购物中心变革，购物中心已成为零售业主流模式，这也为商业地产的发展提供了客观需求和市场机遇。

商业地产具有商业与地产的双重属性，是商业与地产高度融合的产物。一个商业地产项目要想取得成功，既要做好房地产业务的运作，又要做好商业运营的运作。

首先是房地产运作。商业地产的房地产业务运作，表面看来与一般房地产业务基本相同，但实质上比一般房地产项目更复杂、标准更高。商业地产项目设计复杂、施工复杂、资金需求大，用王健林董事长的话说，就是“门槛高、风险大”。在房地产业务运作中，如果不能很好地解决商业运营的各项要素，将会直接影响商业运营的成败，最终影响整个项目的成败。

其次是商业运营。通过项目的商业定位、业态规划、商家引进、持续经营等，不断地赋予项目商业属性，使一个地产项目通过开发建设和运营管理的有机结合，最终演变为一个具有商业功能的商业项目。

运营管理在商业地产中扮演着重要角色。一个商业地产项目的最终成功与否，很大程度上取决于后期的运营管理。前期的开发建设只是为后期的运营管理准备了基本的物质基础，真正完成整个投资链条闭环的，是运营管理。这就要求商业地产项目从建设之初，就必须按照商业需要去规划，在整个开发建设过程中，也必须以商业运营管理规律为根本指针，服从运营管理需要。运营管理是商业地产价值的最终实现者，是商业地产投资行为的最终检验者。

所以说，商业地产，建得好不代表成功，经营好才算最终成功。

因此，在对商业地产进行研究时，必须加强对商业运营管理的研究，这是商业地产投资的本质要求，也是实践的要求。

商业运营管理是一个比较宽泛的概念，本书所讲的运营管理，是指对商业物业，特别是对购物中心、城市综合体的运营与管理，是一种经营性行为。它以商业物业为载体，通过租赁经营商业物业，引进商家，为商家提供经营支持，整合商家资源，与商家共同构建营销平台，为消费者提供多元化的消费服务，实现商业物业的保值增值，并以此体现商业管理者自身价值的运营管理行为。

商业地产运营管理包含三个重要组成部分：招商、营运和运营保障。

招商是商业地产项目得以顺利运作的前提和基础，也是决定后期运营管理能否成功的关键性工作。所有商业地产项目开发的经验与教训都表明，前期招商的好坏，实际上已经在很大程度上决定了项目的成败。在项目建设初期，从选址、规划到开发建设阶段，招商工作就已经同步展开，最终通过商业业态的引进来实现前期的商业策划和运作。

如果说，招商是商业地产价值实现的关键环节，那么，营运则是商业地产价值实现的最终环节。营运管理重在提升商家的经营业绩，进而提升整个商业项目的市场竞争力和品牌价值。商业项目的经营管理，是一个不断发展的、创新的、循环的过程。

运营保障是对商业地产项目正常经营的支撑。与一般的住宅或写字楼的物业工程管理相比，商业地产项目的运营保障更加多元化，管理的难度也更高，它不仅包括设备设施的维护管理，还涵盖了系统的工程智能化运行体系和消防管理、安全秩序管控等。其表现出来的特征是无形和无声的，但却是运营管理不可或缺的业务主线，为商业项目的顺利经营保驾护航。

本书将从三个层面论述“运营管理”，按照商业地产项目筹备期、开业期、经营期的顺序来编写：第一部分——筹备篇，重点阐述开业前筹备到商家进场的阶段，如何通过商业定位、房产条件控制、招商实施与管控、商业筹备计划管控，将一个地产项目变成商业项目；第二部分——开业篇，重点阐述从商家进场到开业阶段，如何通过装修管控、营业准备、开业市场推广活动及保障，让一个商业项目火爆开业，并且在开业一个月后，通过项目复盘评审，总结经验形成标准；第三部分——经营篇，重点阐述在开业后，如何制定经营策略、进行营运过程管理、经营环境管理和安全运营保障，让商业项目的资产保值增值，不断提升商业价值和持续经营能力。当然，对于一个庞大的商业地产项目来说，风险控制尤为重要，这在本书最后一章做了集中阐述。

OPERATION AND
MANAGEMENT
OF COMMERCIAL REAL ESTATE

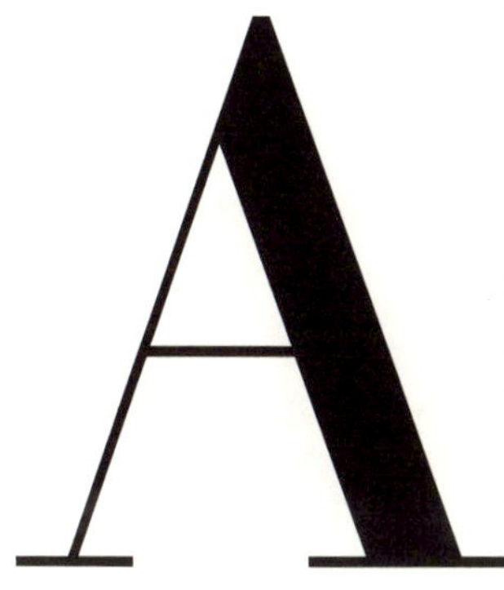

PART. 1

第一章 商业定位

PART. 1 第一章 商业定位

万达广场现在能做到开一家旺一家，虽然离不开规划设计、招商运营等因素，但重视发展体验型消费是非常重要的原因。

——王健林董事长，大力发展体验型消费，2011年11月

商业定位是对项目的商业功能、市场形象、商品级次、经营规模进行定位。商业定位的准确与否将直接关系到项目后期的经营管理。

第一节 | 市场调研

市场调研是商业管理公司在前期招商中的一项重要工作，它可以由商业管理公司独立完成，也可以与项目开发公司共同完成。市调报告既对项目的可行性和整体定位有参考意义，也对商业管理的招商规划有不可替代的作用。

市场调研为商业定位提供最基本的依据，调研的结果将直接影响项目定位是否精准，关系到招商规划、招商政策、租金水平、品牌目标和招商策略的制订。因此，市调报告要尽可能做到真实、准确、科学。商业项目市场调研内容包括：城市概况、城市商业环境、城市消费环境、区域环境等。

一、城市概况

商业项目与城市相融，就要深入了解这个城市，需要对项目所在城市进行大量的调研。这其中包括：自然环境、人文环境、城市体量、城市发展规划、交通概况、城市经济总量及产业结构等。

城市概况主要数据采集，见表1-1。

表1-1 市场调研之城市概况细分

核心指标	类别	作用
城市体量	城市面积	从城市的体量及在全国城市的排名和增幅情况，可以判断出城市的发展速度，及未来商业的发展趋势
	人口总数	
	现有商业体量	
政策	宏观经济政策	项目所在城市、区域的政策直接关系到商业未来发展的走势和方向
	金融政策	
	土地政策	
	人口政策	
	产业发展政策	
城市发展规划	城市道路规划	商业项目的规划与定位必须以城市规划的大背景为前提，并随着城市规划的发展变化而做出调整
	交通规划	
	土地使用规划	
	人口未来规划	
城市经济总量	城市生产总值 社会消费品零售总额	通过了解和分析项目所处城市或区域的生产总值（在全国的排名和增幅情况），可以判断城市或区域经济的发展水平
	人均可支配收入	分析城市或区域消费水平在全国范围内的排名，从而来衡量当地的消费能力
	城乡居民储蓄存款额 恩格尔系数	进一步分析项目所在城市的经济发达程度和居民的富裕程度
城市产业结构	三产比例	产业结构往往决定了当地消费的活跃度，尤其是第三产业的占比，反映当地商业繁荣程度

（1）城市体量：城市总人口数量、人均消费性支出、城市现有商业体量等现状和未来发展，将会影响商业项目的投资规模。

（2）城市发展规划：商业定位必须依托于城市规划的大背景，并随着城市规划的发展变化而做出调整、与时俱进。尤其在二三线城市，一些大型规划，如市政府的迁移、新城区的建立、城市道路规划、交通规划、土地使用规划、人口未来规划、重点发展区域及未来的城市环境等，将会影响城市商业布局。

（3）交通：对商业项目的经营发展起着至关重要的作用。商业项目需要有一定的辐射能力，随着辐射范围的不断扩展，对通达率的要求越来越高。

（4）城市经济总量：城市生产总值、社会消费品零售总额、人均可支配收入等因素，反映城市或区域商业的发达程度，衡量当地的消费能力，将会影响项目的总体规划。

（5）产业结构：是体现当地消费活跃度的指标之一，尤其是第三产业在产业结构中所占比重，是衡量当地商业环境繁荣程度的重要标准。

二、城市商业环境

城市商业环境分为商业宏观环境和商业产业环境。宏观环境为项目定位提供基础依据，因此商业项目需要放眼宏观环境，把握经济动向；而商业产业环境则对商业定位具有更直接的影响。

对城市商业环境调研的重点包括：商业结构、主要商圈及重点项目和现有商业资源。

（1）商业结构：城市商业一般由百货、购物中心、专业市场、批发市场、餐饮娱乐场所等不同商业形态组成。采集商业结构数据便于分析这个城市的商业环境。

（2）主要商圈及重点项目：在对主要商圈进行调研时，要了解该城市对商业项目的远期规划，更要着重分析本商业项目与当地各个商圈的关系。商圈内的重点项目集中反映了商圈商业环境状况，就要对重点项目进行考察和调研，包括项目的地理位置、建筑面积、商业面积、交通状况、市场定位、开业时间、楼层分布、业态布局占比、具体品牌、租金水平、租赁年限等。

（3）商业资源：主要指商家及品牌资源。从品牌数量、经营规模、业态品类、重点品牌，直营代理情况、经营渠道等方面进行调查，以此判断城市商业资源是否丰富，用于指导业态规划和品类组合。

三、城市消费环境

城市消费环境包括消费水平、消费结构和消费习惯。通过消费环境分析，可以初步明确项目的业态规划、商品级次和品类组合。

（1）消费水平：包括城市人均消费能力和城市消费总量。

（2）消费结构：可以从两个维度衡量，一是各项零售商品的消费占比结构，二是由不同年龄、消费能力组成的消费群体的结构；对消费结构的分析将有效指导项目的业态规划和品牌定位。

（3）消费习惯：消费习惯是人们长期维持的对于某类商品或某种品牌的一种消费需要，它形成于人们长期生活的积累。这种稳定性的消费习惯对购买行为有着重要的影响。

对消费环境的调研，可以采用定点拦截和入户访谈的方法，并根据不同的城市、区域，设定差异化的调查问卷。

消费环境调查问卷

1. 受访者背景调查

（1）调查对象性别

（2）居住区域

（3）年龄

（4）文化程度

（5）家庭成员状况属于哪种情况？【两口、三口、三代同堂】

（6）个人平均月收入

（7）家庭平均月收入

（8）过去一年中，平均每月会外出逛街购物或休闲娱乐的次数

【特指外出逛商场、商业街、超市采购、看电影、KTV、外出就餐等行为】

（9）家庭平均每月购物/餐饮/娱乐休闲的消费总支出

【这里的消费主要指的是日用品、外出餐饮、看电影、游乐场等休闲娱乐、以及

衣服、化妆品、孩子用品、教育等经常性花费】

2. 商场购物消费习惯及需求

（1）在本地，最喜欢逛的购物场所是哪个？

（2）在市内，每个月大约逛几次商场/商业街？

（3）一般会选择在哪个时间段去商场/商业街？

（4）逛街购物习惯选择什么类型的交通工具？

（5）路途中花费多长时间？

（6）家庭平均每月不同类别消费金额分别是多少？

（7）各类别购买最多的品牌分别是哪些？

（8）各类别消费时选择最多的商场/场所分别是哪些？

（9）家庭每月在以上各类消费品的总花费为多少元？

3. 餐饮消费习惯及需求

（1）在外就餐通常属于哪些情况？【家庭聚餐、朋友聚餐、商务活动、恋人、一个人】

（2）在该情况下外出就餐，人均支出大约是多少元？

（3）平均每月去几次呢？

（4）最喜欢的中式餐饮是哪种口味？

（5）最喜欢的非中式餐饮是哪种口味？

（6）从餐饮类别上讲，最喜欢的正餐是哪个？

（7）喜欢的快餐/小吃是哪个？

（8）最经常去的××地区的餐厅或酒店是哪个？

（9）为什么会选××就餐？

4. 休闲娱乐消费习惯及需求

（1）最近一年内，您经常光顾什么样的休闲娱乐场所？

（2）休闲娱乐通常属于哪些情况？【家庭聚会、朋友聚会、商务活动、恋人、一个人】

（3）平均每个月在每类休闲娱乐场所，消费频次大约是几次？

（4）平均每次休闲娱乐，人均消费多少元？

5. 孩子培养及教育需求

（1）一年内花在孩子身上的钱总共有多少？包括吃、穿、用、玩的花费。

（2）每一项的花费大概是多少？

（3）每一项最常消费的品牌是哪两个？

6. 区域认知情况与项目测试

（1）这一区域当前的购物消费环境怎么样？

（2）如果在这里建一个商场，规模与××商场相似，集“吃喝玩乐购（包括电影院）”【访员强调业态齐全性】为一体的商业综合体，选择来这里消费的可能性有多大？

（3）可能来这里消费的原因主要是什么？

（4）不太可能来这里消费的原因主要是什么？

（5）商业体中引进哪些业态，最有可能吸引你来消费？【主力店类、非主力店类】

（6）希望这个商业体的消费档次是什么样的？【高、中、低档】

四、项目区域环境

区域环境调研与城市概况调研的方向基本相同，只是在城市调研基础上对区域状况进行更为深入的了解和分析。相比城市环境，项目区域环境对项目定位的影响更为直接和明显。

区域环境主要包括区域现状及发展规划、区域交通、区域经济发展状况、区域商圈及竞争对手等。鉴于此部分与城市概况调研方向吻合，在此不做详述，仅对区域商圈及竞争对手做重点分析。

商圈中的商业项目是竞争与共生的关系。首先，要从商圈整体发展的大环境中去找准竞争对手，分析在同一商圈中，分布哪些商业业态，通过对这一信息的分析，能基本得出该区域的消费水平和消费习惯；其次，研判竞争对手的商业定位、经营策略、经营业绩和经营趋势，通过这些分析，可以与竞争对手形成差异化定位。

常州武进万达广场商圈分析

常州武进万达广场所在的武进区已形成有规模的城市副中心，目前由乐购商圈、花园街商圈、大学城商圈组成。乐购商圈由湖塘乐购超市、武进购物中心、八佰伴、富克斯流行广场等商业项目组成；花园街商圈由第壹街、茂业泰富城、新天地不夜城、又一城、莱蒙城、新城吾悦广场等商业项目组成；大学城商圈以亚太财富中心等社区商业为主。可以看出，武进区商圈分散，竞争激烈（图1-1）。

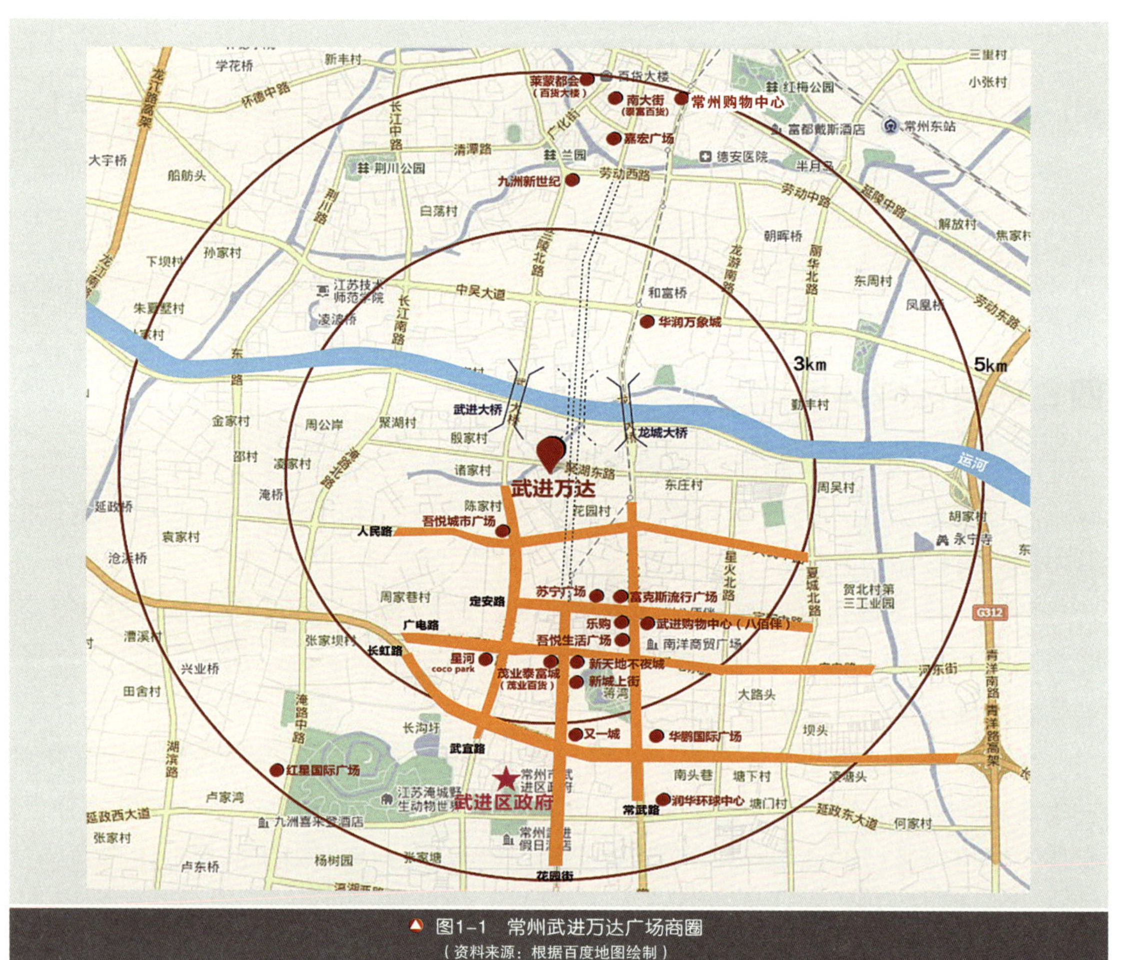

图1-1 常州武进万达广场商圈
（资料来源：根据百度地图绘制）

第二节 | 项目定位

项目定位是对项目的商业功能、市场形象、品牌级次、经营规模等进行定位，具体阐述如下。

一、商业功能定位

同样规模的商业项目，因其承载的功能不同，辐射的范围不同，对建筑规划和设计的要求也有很大区别。所以在商业定位中，功能定位至关重要。

从城市商业发展的空间布局角度出发，根据辐射范围、商业特征、目标客群总量和特征等因素的不同，可以将商业项目分为城市型购物中心、区域型购物中心、社区型购物中心。

1. 城市型购物中心

城市型购物中心位于城市中心区，配套功能完备，交通便利，客流量比较大，辐射整个城市，是业态齐全、全品类的购物中心（见表1-2）。

表1-2 城市型购物中心特征

区位	位于城市中心区、历史形成的商业集聚区，主要交通枢纽
功能	行业齐全，各类配套功能完备，形成购物、餐饮、旅游、休闲、娱乐、商务的有机集聚
商业	商业网点相当密集，市场最具活力，商业最为繁华，辐射力极强
客流	交通方便，客流量大，面向整个城市的消费人群，同时，外来消费人口也占一定比例
业态	业态齐全，资源配置合理，市场细分度深，选择余地大

案例呈现

- **泉州浦西万达广场**

泉州浦西万达广场是城市型购物中心的典型代表。该项目位于泉州市核心区，地理位置得天独厚。从城市功能配套来讲，泉州的经济发展及消费购买力能够支撑相当体量的商业购物中心，但是长期以来泉州市核心区却没有能够承载商业中心功能的商业体，浦西万达广场的建设恰好弥补了这一市场空缺。从社会资源来看，很多商家愿意到泉州投资。因此，在建设泉州浦西万达广场时，就将它定位为城市型购物中心，除配置标准的百货、高档院线、KTV、电子游乐和大型超市外，次主力店引进优衣库、ZARA国际知名品牌，步行街以国际二线品牌、国内主流零售品牌和知名餐饮共同组成。开业后的经营情况证明，这一定位符合当地市场需求，泉州浦西万达广场很快成为当地消费的主要场所，并且辐射到周边城市。

图1-2 泉州浦西万达广场

2. 区域型购物中心

区域型购物中收指将商业项目的目标消费群锁定在一定范围内，并根据本区域内商业环境及消费者的特点而打造的购物中心，旨在成为区域范围内的商业龙头。位于居民集聚区，功能比较齐全，区域辐射优势比较明显（表1-3）。

表1-3 区域型购物中心特征

区位	位于居民集聚区、商务集聚区，交通枢纽
功能	功能比较齐全，区域辐射优势比较明显
商业	网点比较密集，结构合理，业态多样
客流	辐射人口较多，区域内人口消费特征较一致，需求量大

随着商圈的不断发展，某些区位条件好、交通便利的区域型商业中心经过充分发展，有可能演变成为城市副中心商圈，甚至升级为城市型商业中心。

案例呈现

• 北京石景山万达广场、上海五角场万达广场

2008年开业的北京石景山万达广场是区域型购物中心的代表。它位于北京西长安街延长线，定位为北京市西部的区域购物中心，而非城市型购物中心。因为北京地域较宽广，石景山所处的位置并不具备辐射全城功能。但该区域居住人口密集，且具有较强的消费能力，因此项目建成即成为新的商业地标。目前向周边区域辐射，成为石景山区乃至西部地区新的商业航母。

上海五角场万达广场则是区域型购物中心升级为城市型购物中心的典型。2006年，五角场万达广场开业时，周边区域受地理位置限制，商业主体较少，商业氛围不浓，万达广场初期只能满足区域消费需求，难以覆盖全市。现在，随着城市轨道交通的持续修建和完善，五角场区域的商业配套日渐丰富，尤其是东方广场、又一城等商业项目兴起后，该区域已经成为城市级商业中心，五角场万达广场也升级成为城市型购物中心，日均访客量已达到20万人次。

上海五角场万达广场开业时配备的主力和次主力业态均不是国内、国际市场上知名品牌，步行街也以市场熟牌和中档品牌为主；但随着市场认知的扩大，品牌逐步提升，逐渐由区域型购物中心提升为城市级商业中心，这也说明项目定位是会随着市场和环境发生变化的。

图1-3 北京石景山万达广场　　图1-4 上海五角场万达广场

3. 社区型购物中心

社区型购物中心主要配置居民日常生活必需品及生活服务相关业态的商业集聚区，满足本社区居民生活配套和功能需求。

社区型购物中心依托于周边的大型社区，通常处于城市的边缘地带，有一定购买力但并不充沛。目标客群主要为项目周边社区居民，一般较少有外来购买者。

案例呈现

- **绍兴柯桥万达广场**

绍兴柯桥万达广场是典型的社区型购物中心。该项目位于绍兴城区20公里以外的绍兴县，距离绍兴核心商圈较远，但是该项目周边拥有大量成熟社区，居民有就近消费的需求。因此，结合定位所选择的业态组合和品牌也是在区域内销售和认知较好的品牌，较好地满足了周边社区的消费需求。

图1-5 绍兴柯桥万达广场

二、市场形象定位

市场形象定位可以从建筑风格和商品特征上，分为主题型购物中心、综合型购物中心；还可以从地段特征、产品特征、文化特征等方面进行划分。

1. 主题型购物中心

主题型购物中心主要是赋予购物中心个性化主题，并在环境、空间设计等方面对商业主题进行一致性表现，形成竞争中的差异化和独特性，以吸引目的性消费者。

主题型购物中心可以针对某个特定客层来定位，比如女性顾客，形成女子购物中心，该类产品齐全丰富，挖掘较深。主题型购物中心还可针对某一特定商品属性来定位，如香港的K11，就聚焦于做艺术品展示、体验、销售，是典型的艺术主题型购物中心。

2. 综合型购物中心

随着人们消费水平的提高，顾客的需求已经由单纯的购物，逐渐发展为休闲、娱乐、体验等与购物相结合的消费；而综合型购物中心能够满足全客层、一站式购物消费和全方位的文化、娱乐、休闲、餐饮享受。

万达广场是全业态、全品类、全客层的购物中心。通过多年的发展，在引入超市、影城、KTV、超乐场、特色餐饮等生活、娱乐业态的同时，也增加了书吧、美容SPA等体验业态，丰富了购物中心的业态内容，满足了不同客层的消费需求。

三、商品级次定位

商品级次定位是按照项目规划级次、时尚度两个维度对购物中心加以定位，分为三类：精品购物中心、时尚购物中心、生活购物中心。

精品购物中心通常以奢侈品为主，时尚购物中心则主要以时装和高端配饰为主，生活购物中心侧重经营百货及日常用品。

1. 精品购物中心

精品购物中心一般位于城市核心商圈、中心位置，往往都是城市的标志性商业建筑，主要吸引当地高端消费者，此类购物中心主要引进国际奢侈品品牌。

案例呈现

图1-6 长沙开福万达广场

- **长沙开福万达广场**

2013年9月开业的长沙开福万达广场，定位就是精品购物中心。因此在设计初期就规划了奢华室内步行街、国际精品馆，将引进劳斯莱斯馆及Giorgio Armani、BOTTEGA VENETA、CHUAMET、Maurizio Baldassari、Love Moschino、Dsquared2、CK等国际时尚品牌，以及Lancôme、ESTEE LAUDER、CLARINS、MAKE UP FOR EVER等化妆品品牌。开业后，开福万达广场即成为长沙高端消费的首选，并将成为湖南省高端奢侈品标志性购物中心。

2. 时尚购物中心

时尚购物中心主要满足中高端时尚人群消费需求，主要引进国际知名化妆品、珠宝、时装品牌。时尚购物中心一般会成为城市中具有较大影响力和号召力的购物中心，例如香港时代广场、上海正大广场、成都金牛万达广场等，都在当地具有极强的代表性。

案例呈现

- **大连高新万达广场**

大连高新万达广场定位于引领潮流时尚、注重品质消费的时尚购物中心。根据调查，在大连，以稳定工资收入为主的消费人群占主导地位，消费主体人群年龄为18~35岁，占大连总人口的48%，人均月收入5000~7000元，占总人口的49%。可见，大连以年轻的中高端消费者为主，且消费潜力巨大。对于追求时尚的大连年轻人来说，大连原有的商业项目时尚氛围不足，消费者对时尚购物场所有较强的期望。大连高新万达广场定位为时尚购物中心，充分满足了当地市场需求。

图1-7　大连高新万达广场

3. 生活购物中心

生活购物中心的消费群体主要以家庭为主，品类以日用百货、家居家饰、餐饮娱乐、配套服务等为主。随着经济的发展，家庭消费能力不断提高，家庭群体有能力购买更多的非必需品，享受更多的休闲娱乐和体验乐趣。生活购物中心已具备其发展的消费基础。

第三节 | 业态规划

购物中心根据项目定位及建筑条件(体量、空间结构等)，确定业态的种类、分布及比例，并制定相应的业态规划及业态组合。

业态规划是前期招商的纲领性文件，是招商实施的指南。购物中心业态的选择和规划应符合三个原则：（1）定位优先原则；（2）功能完整性原则；（3）业态相关性原则。

一、业态种类

购物中心的业态一般有：零售业态、休闲娱乐业态、餐饮业态和体验服务业态。以往，购物中心以零售业态为主，通过不断的发展，休闲娱乐、餐饮和体验服务业态在购物中心的比例逐渐增大，发挥的作用也日益明显。

1. 零售业态

零售业态主要有百货、超市、便利店、专业店和专卖店。零售业态品类的完整性，决定了购物中心能否满足消费者生活用品的需求。

百货涵盖珠宝、化妆品、服饰、家居用品等品类；超市主要以日常生活必需品为主，以较低的价格销售，满足消费者日常需求；专业店主要有家居、电器、数码专业店等品类，在单一品类中商品系列齐全；专卖店是专门经营或授权经营某一品牌商品为主的零售业态。

2. 娱乐业态

娱乐业态有电影院、KTV、电玩城、溜冰场、酒吧、健身馆等。与其他业态不同的是，娱乐业态更强调消费者的参考和互动。娱乐业态在选择相关业种时会更多考虑与其他业态的关联与互动。

娱乐业态，是现代购物中心满足消费者一站式消费的重要组成部分，具有群体消费和重复消费的特性，增强了购物中心的丰富性、活跃度。

3. 餐饮业态

餐饮业态是体验性消费的重要代表。王健林董事长曾说过，“中国的购物中心不是卖出来的，是吃出来的”，可见餐饮业态的重要性。餐饮业态具有极强的聚客能力，能充分满足人们社交和家庭生活的需要。

购物中心内的餐饮一般分为以下几种形式：中餐、西餐、咖啡水吧。

餐饮业态一般位于购物中心的较高楼层，可以实现客流由上而下，形成花洒效应，对拉动购物中心人气起到重要作用。规划餐饮业态时，应注重口味的丰富性，避免口味重复。只有丰富性的餐饮才能最大限度地为消费者提供多元的选择，对消费者保持长期的吸引力。同时，还要充分挖掘地方餐饮资源，因为地方餐饮品牌更贴合当地市场，早已为当地消费者广泛接受并拥有大批忠诚顾客。地方特色餐饮的进驻，会大大缩短购物中心的培育期。

4. 体验业态

体验业态是购物中心的增值配套服务业态，是对购物中心生活功能性的完善与补充，相比传统零售而言，体验业态更注重对消费者服务的价值，对空间和环境的要求也更高。

体验业态粘性较强，消费者滞留时间长；易于形成稳定的消费群，培养稳定的消费习惯；既能满足人们日常生活配套需求，又能迎合大众的精神追求（图1–8）。

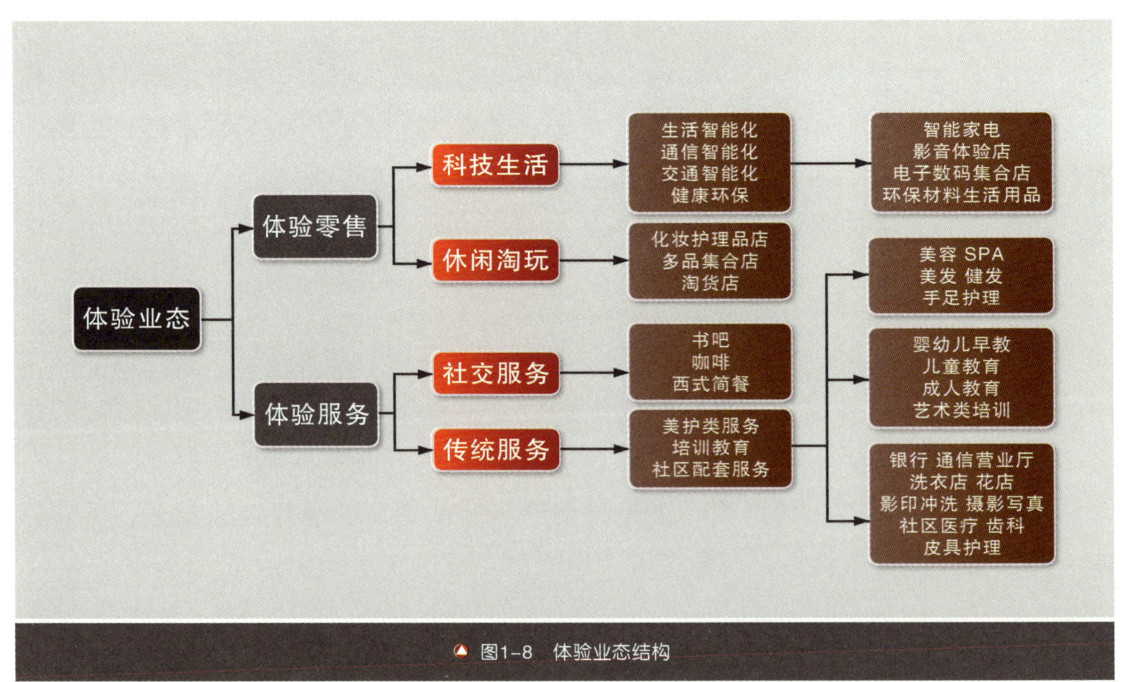

图1–8　体验业态结构

二、业态组合

业态组合主要涉及三个方面，即业态选择、业态配比及业态衔接。

1. 业态选择

业态选择必须符合购物中心的整体定位，同时结合购物中心的自身条件(建筑体量、空间结构等)及当地居民的消费习惯来展开。

1）商业功能定位对业态选择的影响

不同城市不同区域的购物中心，因其承载的基本功能有较大差异，业态组合的区别也十分明显。例如，上海五角场万达广场属于城市型购物中心，除设有百货、大型超市、电影院、KTV、儿童零售卖场、服装服饰、餐饮酒楼外，还设有家居家饰、书城、食品零售专业店、黄金珠宝城、数码卖场，业态齐全。而北京石景山万达广场为区域型购物中心，主要由百货、超市、电影院、KTV、电玩、儿童娱乐、时尚服装服饰和风味美食构成，以满足北京城西居民生活、休闲、娱乐的基本需求。

2）商品级次定位对业态选择的影响

精品购物中心、时尚购物中心、生活购物中心，这三种购物中心的商品级次定位不同，目标人群的消费特征就不同，这必然会影响到购物中心的业态选择。

精品购物中心通常选择国内外级次较高的品类，如奢侈品、名品、高端餐饮、精品超市及各类有固定高端消费群体的体验业态；时尚购物中心通常选择各业态中的时尚品牌，在确保人气的基础上保持整个项目的时尚格调；生活购物中心通常选择生活超市、美食广场及健身、教育、美容、美发等体验业态。

2. 业态配比

为了将购物中心的面积合理利用，必须对各业态进行合理的配比。合理的业态配比能够完善品类结构功能，更好地满足消费需求，提高聚客能力（表1-4）。

业态配比应遵循以下原则：

（1）适用性：根据不同业态的要求，提供适用的面积。

（2）高坪效：在满足适用性原则的基础上，在区间内尽可能适度地压缩，以提高销售坪效。

（3）互补性：业态要实现差异化，避免重复，注重业态间的关联消费，业态组合要符合目标消费群的需求。

表1-4 业态配比示意表

业态	品类	数量	面积（m^2）	面积配比（%）
零售	综合超市	1	10000	9
	综合百货	1	20000	19
	快时尚	2	2500	2
	专业店	1	3500	3
	品牌店	70	30000	29
娱乐	影城	1	6000	6
	KTV	1	3000	3
	健身	1	2500	2
	儿童娱乐	1	2000	2
	电玩城	1	2000	2
餐饮	酒楼	1	2500	2
	餐饮	40	20000	19
体验		10	2000	2
合计		131	106000	100

3. 业态衔接

业态布局和衔接首先要认真研究城市动线和购物中心动线，明确购物中心主次通道及冷热区域，根据业态经营特性，并结合购物中心自身的经营需求，合理规划。

各个业态之间衔接是否顺畅、合理，关系到消费的舒适感及流畅性，也在某种程度上决定了顾客逗留的时间长短以及交易量大小。因而，对购物中心来说，业态落位衔接的合理性是确保客流动线流畅、提高商铺到达率、提升总体销售的重要途径。

业态衔接需遵循以下原则：

（1）零售业态需放在热区，品牌级次和客单价高的品牌店应放置在热区主入口、主通道。

（2）娱乐业态因属目的性消费，应放置在冷区，通过业态自身带动周边客流。

（3）餐饮业态应放置在高楼层，布局要集中，形成规模化。

（4）体验业态作为业态补充，目的性消费强，但承租能力差，可放置在冷区次通道。

不同业态之间的穿插、过渡可从以下两个维度进行思考：

第一，功能互补性，即功能特征明确统一的业态彼此相邻。

第二，客群一致性，即根据客群的消费特征划分消费主题区域，并落实到功能业态的组合衔接上。

万达广场业态组合，如表1-5、图1-9所示。

表1-5 万达广场业态组合示意表（水平动线+垂直动线）

楼层	娱乐楼	百货楼
6F		万达百货
5F	影城	万达百货
4F		万达百货
3F	KTV+餐饮	万达百货+餐饮
2F	电玩城+儿童体验业态	万达百货+女性体验业态
1F	零售专业店	万达百货+零售专业店
-1F	大型综合超市	

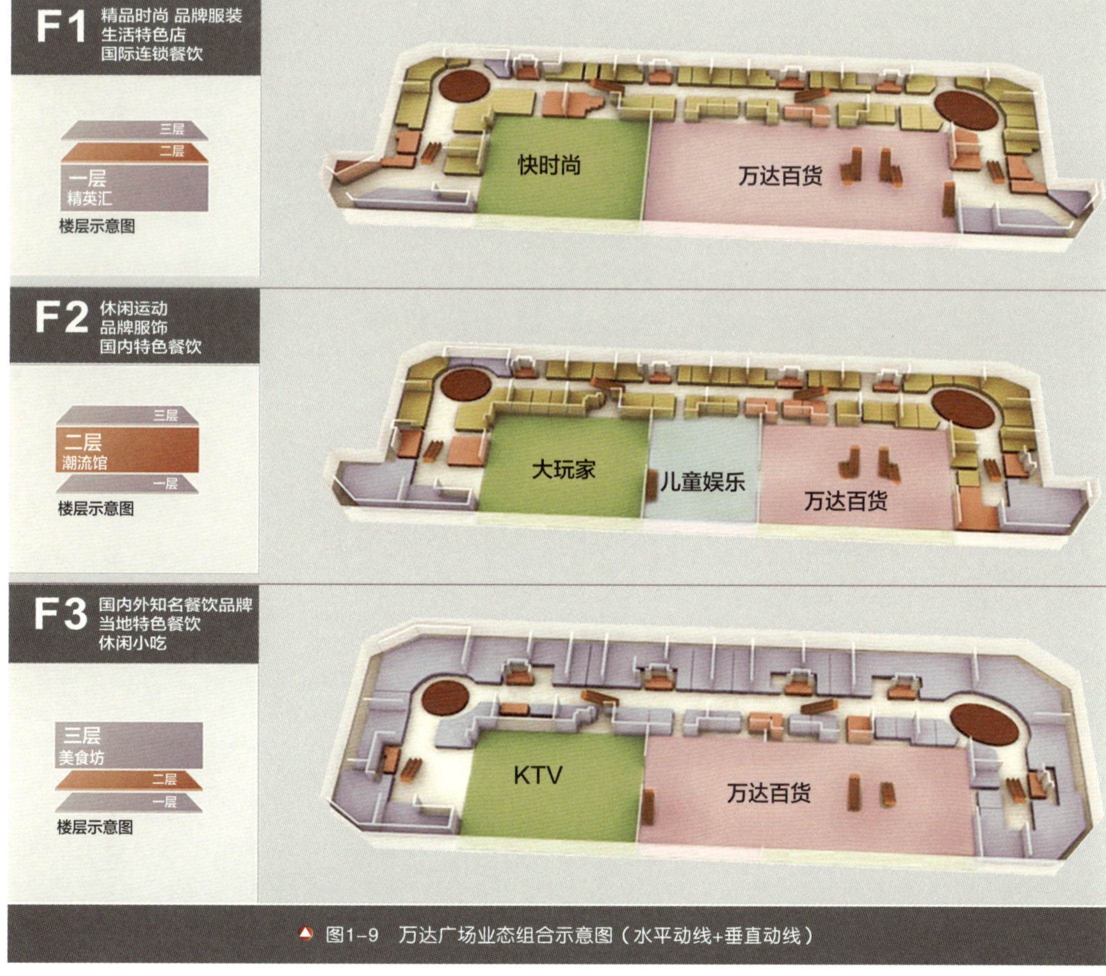

图1-9 万达广场业态组合示意图（水平动线+垂直动线）

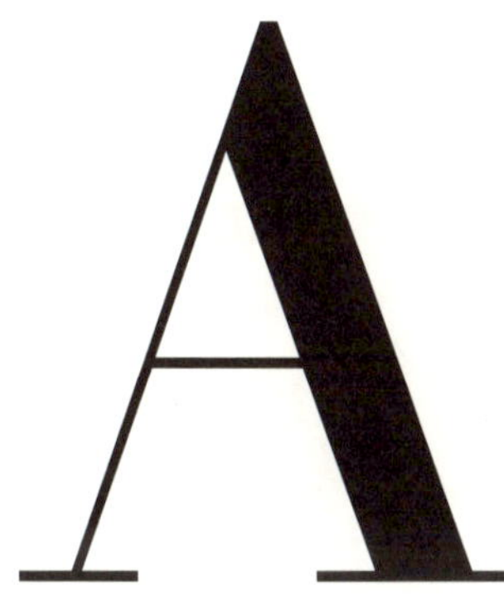

PART. 2

第二章 房产条件控制

PART. 2 第二章 房产条件控制

不同的主力店都有不同的荷载、高度、卸货的要求，只有招商在前，与主力店进行技术对接，才能掌握好这些东西。做了两三年，所有业态的特点就掌握了，再做就会很熟悉了，这需要时间积累。

——王健林董事长，商业地产的八点心得，2006年

商业的前期商业运作与开发建设之所以能够双线并行、同步推进，是因为两者间存在“房产条件”这样一个重要的衔接环节。房产条件是指购物中心建筑本身为满足商业公共空间及不同商业业态的经营需求，所提供的土建、机电等物业条件。它是商业地产区别于其他类型物业的重要属性，按照内容可以划分为土建结构（含装修）与机电设备设施两个部分；按照购物中心的商业属性可以划分为公共物业的房产条件与商家经营的房产条件。

房产条件是在规划设计和开发建设期，由规划设计、项目开发以及商业管理三方通过沟通协调，逐步形成满足商业功能、具备商业价值的购物中心。因此，房产条件可分为公共物业条件和商家技术条件。前者由商业管理公司参与各项规划设计评审、提出相关参数要求来实现，后者由商业管理公司依据各商业业态的经营需求，组织商家与规划院、项目开发公司持续对接来实现。

第一节 | 公共物业条件控制

购物中心公共物业条件控制是指在按商业定位整理出相应规划条件后，通过规划设计评审与落实，使建筑物达到与商业营运相匹配的基本物业条件。具体而言，应根据购物中心在规划设计各阶段所提需求的不断深入，从整体规划布局、各经营业态的位置、面积需求与布局、商业功能需求与公共设备设施排布、建筑整体商业环境效果与空间环境营造、外立面与内部装饰风格等方面关注各项基础物业条件的满足，这将对购物中心日后的经营以及资产的保值增值起到关键作用。

为此，公共物业条件的控制应从建筑规划评审入手，使项目的规划设计朝着体现商业定位、满足商业运营要求的方向提出规划设计建议，并按照规划设计各阶段的深度要求，逐步深化，从满足商业使用功能、更具商业属性的角度来看，规划设计的深化显得尤为重要。公共物业条件的评审主要包含规划方案评审和设计功能评审。

一、规划方案评审

为科学、合理地展现购物中心的商业定位，有效满足后期商业运营的需求，规划院、项目开发公司和商业管理公司需共同参与、相互协作、密切沟通，认真对各阶段规划方案进行评审，从项目方案设计阶段、初步设计阶段直到施工图设计阶段等各个阶段设计方案，逐步深入、逐步明确、最终达到指导施工的深度。

（一）方案设计阶段评审

按照项目开发与规划设计推进模式，土地摘牌后，先由规划院负责购物中心方案的设计，并组织运营等相关部门进行评审，评审成果最终在方案设计中得到体现。购物中心的建筑组合形式、业态布局、业态体量分配和交通动线组织应在本阶段基本明确。

参与方案评审的一般步骤为：

首先，规划院参照商业定位等信息，结合项目规划设计条件，提出购物中心建筑的单体设计方案；与此同时，商业管理公司按照购物中心的开发计划，有步骤地进行项目市场调研工作，根据项目总体定位，提出完整的购物中心商业业态的规划方案。

然后，商业管理公司对规划院的单体设计方案提出相关设计要求和优化建议，并通过参与规划院组织的设计评审会，共同研究设计要求与优化建议的落实和解决方案。

规划院将吸纳各相关部门提出的设计要求和优化建议，修订出建筑设计的单体深化方案，招商部门按照规划院移交的深化方案进行详细业态规划和房产条件的提资。

在此阶段的评审中，评审人员应主要从总图、面积指标、室内步行街及各层平面、地下室功能划分、交通状况和动线分析、商业管理用房及功能配套等方面进行评审，如表2-1所示。

表2-1 方案设计阶段评审要点（示例）

类别	分项	评审要点
总图平面	总体布局与周边环境关系	购物中心整体业态组合和功能空间布局
		项目与周边进行合理的客流动线分析和交通组织
	入口与外围交通组织	购物中心主出入口、地下车库出入口、地铁接驳口的位置和朝向
		分析购物中心与消费者出行的交通组织关系，兼顾市政道路交通条件，合理布局出租车位、超市大巴泊位、公交港湾以及非机动车停车区等设施
面积指标	各经营业态的体量分配和位置布置	超市、百货、KTV、影城、电玩、电器、儿童业态、大酒楼、快时尚等各主力业态的面积和空间布置满足业态组合互补需求
		商业步行街体量与主力店相匹配，购物中心各业态面积结构符合商业定位要求
	经营业态与功能配套、设备设施面积	总体经营面积与功能面积之间的面积分配匹配
		满足各业态需独立设置的功能配套及设备设施面积需求
室内步行街楼层平面	各业态平面布局与商铺划分	复核各主力店及室内步行街商铺铺型、面积划分和对各楼层层高的控制，保证其满足各层商业功能定位
		商铺划分，开门位置、面宽和进深应满足未来目标商家的需求
		室内步行街与主力店连通口的宽度要达到既界面清晰又过渡自然的效果
	动线及交通设施布置	客梯、观光梯、扶梯的设置应既满足单层平面的动线合理、自然，避免出现动线死角和商业冷区，又保证其在各层的可达性，特别是与地下停车场的联通
		影城售票点、酒楼前厅等特殊经营业态动线需求，要在平面中有所体现

（续表）

类别	分项	评审要点
室内步行街楼层平面	公共大空间区域或中庭	考虑其休闲与公共活动空间的功能特点，中庭的面积应满足未来举行室内活动的需求
	室内步行街公共平面	室内步行街街面、天井、廊桥等部位尺度设计需满足基本消费空间需求，并考虑满载客流情况的要求
		廊桥及挑空区域的变化应满足商业动线和休闲空间需要
	配套设施	设备机房、货梯、卫生间（含母婴室、化妆间）、吸烟区、闭店通道、后勤通道、橱窗等设置满足功能服务要求，避免影响商铺划分和商业动线设计
停车场及交通规划	出入口及坡道的优化	出入口的数量配置要与停车位数量相匹配
		出入口的位置设置满足地面交通设计参数，并有利于地下车库交通组织及管理
		出入口的开口方向：优选直交出入口；当条件受限时，可选择斜交或平行出入口，并与道路交通流主流向方向一致
		货运通道必须满足货车通行空间要求，考虑宽度、净高、坡度、转弯半径、荷载等设计参数要求
	地下车库主动线循环	地下停车场交通组织主动线应闭合成环并满足货运动线空间条件
	停车位配建指标	应以满足经营使用需要为前提，同时兼顾当地的停车配建指标
	客货电梯与卸货区在地下交通网的组织	客梯均应设置客梯厅，与地下行车区设置必要的退让区域
		每组货梯停站点均配套设置卸货区及小型干垃圾房
		交通货运动线设计应保证各卸货区可达性，并考虑合理的行车轨迹，保证地下行车顺畅
	地下服务设施的配置	收费岗亭设置满足地下车道渠化、停靠安全要求
		考虑洗车、宠物寄存、停车快速结费等服务设施点位设置，考虑人流动线安全
	非机动车停车区配置	满足规划条件要求，并按市民非机动车（自行车、摩托车、电动车三者之和）占城市出行比例，确定非机动车停车区设置
管理用房及各种功能配套	管理用房	确认管理用房、员工通道、员工餐厅等面积及位置设计条件
	功能配套	提出各类设备机房、出租库房、干湿垃圾房、卫生间、卸货区、保洁工作间等功能用房配置及面积要求

• 万达广场停车场交通方案评审

停车需求是购物中心规划设计中必须要关注和解决的重要配套设施之一,万达在停车场及交通规划设计中，与知名专业院校、设计公司共同研究，聘请多位知名专家和各广场负责交通管理的现场人员进行反复论证,相继颁布了《万达广场交通规划设计审核规范》、《万达持有物业地下停车场交通设施实施标准》、《万达广场商业综合体地下停车场导向系统设计规范》、《万达广场地下车库地坪施工规范》等一系列企业设计规范，对各交通动线设计环节制定了适合自身产品特点的标准。比如：

（1）将建筑结构的柱距调整至 8 米，满足双车道规划的需求；

（2）对停车场内客车动线分为主动线和一般通道，进行分级管控并提出相关设计要求（详见图 2–1）；

（3）在不同停车区域柱面采用不同的颜色和图标进行区分，便于顾客记忆和识别；

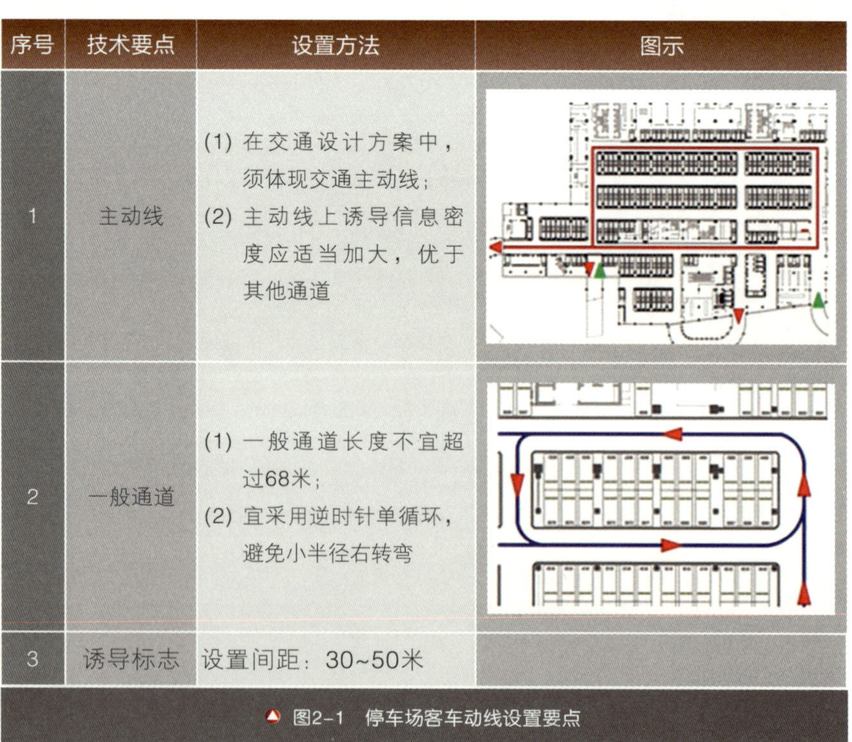

序号	技术要点	设置方法	图示
1	主动线	(1) 在交通设计方案中，须体现交通主动线； (2) 主动线上诱导信息密度应适当加大，优于其他通道	
2	一般通道	(1) 一般通道长度不宜超过68米； (2) 宜采用逆时针单循环，避免小半径右转弯	
3	诱导标志	设置间距：30~50米	

图2–1 停车场客车动线设置要点

（4）在地面人行区域增加导向标识，引导顾客步行通往地上各区域等。

此类规范的出台，保证了购物中心地下停车场秩序井然的交通环境。

各种设计规范的颁布，使停车场及交通规划设计“有法可依”；不过，如何在设计管控中有效实施才是关键。为此，万达从前期交通影响评价开始，启动交通规划设计，经过交通规划设计招标、交通动线规划方案评审、交通动线施工图评审，最后到现场各类交通设施施工规范的执行各阶段，制定了评审要求及评审全过程管控机制（表2-2、表2-3），确保每一个万达广场项目均按照万达的企业标准规范进行实施，保证了广场的设计品质，满足了广场的经营及使用需求。

表2-2 万达广场交通系统设计方案评审意见汇总表

序号	分项	评审要点	审核意见		情况说明
			符合	不符合	
1	交通背景分析	设计委托前，需向设计单位提供《交通影响评价报告》（如当地政府无相关要求，需在设计委托书中，增加交通背景调研分析的要求）	●	○	—
2		项目周边道路交通流量分析，需包括现状、项目建成年、项目建成后3~5年	●	○	—
3		项目交通流量分析中，需分别明确标定驾车顾客进入、离开广场各方向道路分配比例，用于指导各出入口功能定位	●	○	—
4	交通动线设计	如停车位数量大于500个时，出入口数量不得少于3个（6车道）	●	○	—
5		地下车库入口应设置在主要来客道路方向上，出口位置应便于离场客户快速疏散	●	○	—
6		车库出入口（无论是平交，还是直交）应与项目红线保持8米以上间距，以提供必要的行车安全距离和转弯半径	●	○	—
7		出入口坡道宽度、坡度、转弯半径符合如下要求： 货车出入口：坡道净宽≥9米，坡度≤12%，转弯半径（内径）≥6米； 小客车出入口：坡道净宽≥8米，坡度≤15%，转弯半径（内径）≥4.5米	●	○	—

（续表）

序号	分项	评审要点	审核意见		情况说明
			符合	不符合	
8	交通动线设计	车库坡道转弯处不得采用直角弯道，应为圆角弯道，且弯道角度≥90°	●	○	–
9		有超市卸货区停车入位、出车动线模拟图，并达到： (1) 可顺利泊车入位； (2) 卸货区不在客运主动线上	●	○	–
10		货运及垃圾运输动线设计符合规范要求：最少干扰、最短路径（超市及湿垃圾运输动线）全程净高确保3.6米以上	●	○	–
11		客运动线设计满足快速导入、快速离场的基本要求，且符合如下原则： (1) 地面顺时，地下逆时； (2) 单向行驶，更高效、更安全； (3) 具备全场通达性； (4) 单向通道宽度3.8米，双向通道宽度6米	●	○	–
12	交通安全设计	外围一、二、三级交通诱导设计符合规范要求	●	○	–
13		地下人行安全系统（区）设计： (1) 以垂直交通为圆心，体现聚拢效应； (2) 通道主动线原则上不设人行安全线； (3) 人行安全线由人行斑马线贯连； (4) 交通流量较少区域（末端）可不设人行安全线	●	○	–
14		停车收费闸口设置在起坡点之前的水平地面，收费闸口后方预留3~5个车位的缓冲停车区；如同一通道有两个以上收费岗亭时，收费岛需错位排放，周边尺寸满足规范要求	●	○	–
15	非机动车停车区	非机动车停车区设置满足如下要求： (1) 非机动车出行比例>20%，分别有地面及地下非机动车停车区； (2) 20%≥非机动车出行比例≥10%，只建地下非机动车停车区； (3) 非机动车出行比例<10%时，不设置非机动车停车区	●	○	–
16	其他	项目区域公交及出租车站为港湾式设置，并预留3~5个停车位	●	○	–
意见汇总					

表2-3　万达广场交通系统施工图评审意见汇总表

序号	分项	评审要点	审核意见		情况说明
			符合	不符合	
1	复核	全面复核施工图满足交通方案评审条件	●	○	–
2		关键部位现场复尺—出入口坡道宽度、高度、坡度、转弯半径分析，且符合如下要求： (1) 坡道转弯处为缓圆角弯道，且转弯角度≥90°； (2) 货车:坡道净宽≥9米,坡度≤12%，转弯半径（内径）≥6米； (3) 小客车：坡道净宽≥8米,坡度≤15%，转弯半径（内径）≥4.5米； (4) 超市、湿垃圾货运动线全程净高≥3.6米	●	○	–
3	交通动线设计	有外广场地面道路划线方案，且出入口与市政接驳位置直线距离≥8米,转弯半径满足货车≥6米,小客车≥4.5米要求	●	○	–
4		停车场分区原则： (1) 站立任一分区，视觉可见三个或三个以上分区； (2) 停车场每个分区车位数量≤250个	●	○	–
5		地下行车区有完整、连贯路缘线设计（不得以车位线代替路缘线）；路缘线宽度150毫米；双行道宽度6米，单行道宽度3.85米	●	○	–
6		人行安全线主要设置在垂直交通核附近，且以人行斑马线相连接；交通主动线原则上不设人行安全线，以避免主动线人车混行	●	○	–
7		停车位按“T”型或双“U”型设计，且有施工大样图	●	○	–
8		货运动线设计符合规范要求：最少干扰、最短路径，超市及湿垃圾运输动线全程净高≥3.6米	●	○	–
9	标识设计	外围一、二、三级交通诱导牌设计内容、规格及位置符合规范要求，有施工图	●	○	–
10		交通指示（空中吊牌、地面划线）内容、规格和位置设计符合导视设计要求，有施工图	●	○	–
11		对停车收费管理系统、超声波空车位诱导系统、交通导视系统设计有明确要求，有设计说明，可作为相关系统设计依据，能满足后期四方合图需求	●	○	–
12	交通安全设计	减速垄、防撞条、反光镜等安全设施的点位、规格设计符合《万达持有物业地下停车场交通设施实施标准》要求	●	○	–
13		有停车收费岛施工图详图	●	○	–
意见汇总					

（二）初步设计阶段评审

初步设计阶段是完善和实现建筑设计方案以及指导施工图设计的重要阶段，在方案阶段未落实的设计条件需在此阶段进行完善。因此，此阶段招商部门应移交已确定的设计条件，其中包括提供室内步行街商家的基本的房产技术要求等；同时，外立面、内装、景观等专项设计已进入方案设计阶段，为保证各专项设计的整体效果，初步设计方案应为各专项设计提供理想的建筑基础，并对局部设计进行优化调整。规划院依据已批准的建筑深化方案和商业管理公司移交的初步技术条件及功能点位需求编制初步设计文件，原则上不对方案进行颠覆性调整，并会同其他相关部门共同完成设计评审。

在此阶段的评审中应重点关注步行街建筑平面设计、各平面功能区域设计、平面与立面设计、内装设计之间的相互配合，以及管理用房布局等方面的优化设计并提出设计要求。表2-4列出初步设计阶段评审要点。

表2-4 初步设计阶段评审要点（示例）

类别	分项	评审要点
室内步行街建筑平面优化	室内步行街招商规划方案的设计落实	复核方案设计阶段评审意见在初步设计方案中的落实情况
		复核初步设计方案各机电管井、机房等设施设计完善后对商业平面的调整
		对各商铺铺型、面积划分和各楼层层高控制的变化进行优化和调整
	对公共区域的平面设计复核确认	步行街内各主力店连通口、疏散通道、卫生间通道、客梯通道、货梯通道等分隔步行街商铺的通道进行整合优化
		公共卫生间平面布置、后勤通道与货梯厅组合设计、疏散楼梯组合、员工通道设置等功能设计复核
		客服中心、金融服务区、吸烟区、导视及信息服务区等经营服务配套区域的设计复核
		观光梯、货梯、扶梯、步道电梯、中庭展示区及通道的尺寸及型号复核
功能区域平面优化	对各机电竖井和机房位置及数量的设计合理性进行确认	新风、空调机房、弱电托管机房、主入口风幕位置；特别是北方地区还应考虑首层地暖设计
		强弱电、给排水及消防竖井位置；设备和新风、排风、排烟竖井位置、数量及开口尺寸
地下室功能布局设计确认	交通功能组织	确定图纸方案，明确货流动线和客流动线、垃圾清运动线
		确定客梯厅开口位置、扶梯方向及竖向组织
	公共功能条件	确认干湿垃圾房、卫生间、电梯厅、收费亭、员工通道、库房、污水处理间等的位置设置和设计规格
	经营功能点位	对地下室洗车房、广告位布点等提出设计要求

（续表）

类别	分项	评审要点
商业管理用房和员工餐厅设计深化	管理用房布局	商业管理用房的动静分区、房间分隔、垂直交通、员工通道等功能分区
		会议室、财务室等部室及卫生间、淋浴间、值班室等布局要求和机电条件要求
	员工餐厅布局	员工餐厅的厨房与用餐区布局规划、货运动线设计
		厨房区、用餐区功能平面布置与机电条件要求

案例呈现

• 成都锦华万达广场餐饮商铺油烟排放设计标准的确定

成都锦华万达广场是万达2007年开业的项目，餐饮业态品类较为丰富，经营风格各有特色，对技术条件的要求不尽相同，特别是餐饮油烟排放条件的设计，需要从规划、招商需求、成本和施工各方面综合考虑。为使规划设计条件能够满足餐饮不同品类商家对油烟排放条件的功能需求，在项目初步设计阶段，商业管理公司会同规划院及相关部门就餐饮油烟排放的参数设计进行研究，分品类确定设计标准（表2-5），为该项目后续招商顺利落位、技术平稳对接和经营持续旺场奠定了重要的技术基础。

表2-5 成都锦华万达广场餐饮商铺油烟排放技术标准

餐饮类别	油烟排放设计要求
主力中式酒楼	应预留土建竖井，内衬镀锌钢板，同时预留油烟净化器及风机位置，并考虑其荷载，竖井尺寸要满足人工清洗及维护所需空间
	竖井尺寸按厨房面积占酒楼总建筑面积18%~20%、层高3.2~3.5米、换气次数50次/小时、风速8~10米/秒确定，衬管短边尺寸不小于500毫米
室内步行街餐饮商铺	采用共用竖井及水平管道集中就近排放。要求土建竖井内衬不锈钢板，水平管道采用不锈钢风道，并有一定坡度（0.5%），坡向排气罩，在最低端设泄油阀及清扫口。屋面设排风机维持管道内负压，并在屋面设置油烟净化器
	餐饮商家将油烟排入共用油烟井前，必须经过净化处理并满足相关规范
	合用的井道尺寸：标准室内步行街按餐饮面积占步行街商铺面积的50%、厨房面积占餐饮面积的25%、有吊顶的厨房层高按3.2~3.5米计算，无吊顶的厨房按照层高计算、换气次数40次/小时、风速8~10米/秒、竖井短边尺寸不小于500毫米确定风管尺寸
火锅、烧烤等特色店	餐厅排风按换气次数15~20次/小时计算，预留井道
排放点位置要满足国家及当地相关规范，尽量高空排放；距离较远不能高空排放的要尽量远离塔楼，距离不低于30米	

（三）施工图阶段评审

施工图阶段的设计管理有一个重要特点，即设计主管单位由规划院移交至项目开发公司。规划院负责设计变更及关键节点设计的审批，主要管控有以下两个方面。

一方面，对关系到购物中心整体外观、内在效果、设计品质的事项，如在内外装施工及改造、内外墙广告设置、场地设施及地面铺装改造、封样材料的改变、出入口门斗和遮风帘设置等实施过程中，对原设计方案的任何改动，都需要经过规划院审批；

另一方面，对于设备方案、机电容量、技术标准的调整也需要由规划院进行把关。同时，项目开发公司在所有施工图完成后，应组织完成面积测绘工作，测绘成果经过规划院备案并移交，作为招商对接的图纸和面积依据。

施工图分为两个阶段，通常称为一版施工图阶段和二版施工图阶段。

一版施工图主要作用：

- 各专业开展深化设计的依据
- 初步确定了基本的商业规划布局及区域划分
- 项目地下室工程施工及地上建筑施工的依据
- 项目进行消防性能优化设计的报建基础

二版施工图是在综合各商业业态房产条件对接成果、各专项设计调整意见及消防设计报审意见的前提下，经过机电、土建等各专业调整深化后的施工图纸，是后续指导现场施工的依据。

此阶段的评审，应重点对建筑外围设计、屋面设计、步行街各项设计要求的尺寸和面积、地下室综合设计、公共物业机房设计以及特殊业态的结构要求进行全面复核（表2-6）。

表2-6　施工图设计阶段评审要点（示例）

类别	分项	评审要点
室外	建筑外围	关注人防、通风井、管井的隐蔽设计
		整体铺装坡度控制及地面排水设计
		无障碍设计
		市政设施路由及管线综合设计
	屋面	关注雨檐及挡水设计
		通道门门禁与监控设计
		屋面管线综合设计
		幕墙及采光顶与建筑收边设计

（续表）

类别	分项	评审要点
室内	步行街	复核各层平面商铺、开口、通道、楼梯、卫生间等功能要素的详细尺寸、面积及结构要求
		初步设计阶段所提各项设计要求的复核
		各类竖管井、机房位置和面积复核
		对不同营业时间各业态分区控制的设计及防盗设计
		室内整体管线综合设计标高控制
		建筑变形缝、伸缩缝等施工节点设计控制
	地下室	地面整体排水设计
		人防、消防设计与动线优化布置
		人防、地下室管线综合与标高设计控制
		卫生间、超市、酒楼及设备机房等结构降板复核
	公共物业机房	各类公共物业机房（包括高低压配电间、弱电机房、消控中心、生活水、污水泵房、污水处理间、隔油池、消防水池及泵房、制冷机房、空调机房、热力交换站、锅炉房、自发电机房等）以及独立业态专用机房的设计复核

二、设计功能评审

在完成建筑方案各阶段设计评审的同时，设计功能评审也是应重点介入的部分。这项工作从项目整体建筑主题立意出发，具体到局部造型设计和主题元素设计，最后体现到机电系统配合、系统设备和末端执行机构的选型与参数设定。在这个逐步由宏观到具体的设计深化过程中，设计界面划分要明确，设计阶段要求必须清晰，通过不断的设计参与和实践，形成评审管控要点、评审组织及管理办法，确保设计评审的效果和效率。

（一）设计功能评审内容

购物中心规划设计管理有各专项业务划分，一般包括两个专项论证和六个专项设计。

两个专项论证：冷热源和供电方案；

六个专项设计：外立面、景观、导向标识、内装、弱电智能化、夜景照明。

每个专项设计均设有方案设计、初步设计、施工图设计三个阶段，其中景观、内装、导向标识设有第二版施工图设计阶段。

（二）设计功能评审要点

各专项设计在满足各专业本身的局部效果表现和功能要求外，还要达到整体协调一致、内外形象统一的效果；为此，规划院会组织相关部门对各专项设计方案在不同阶段进行联合评审。在此类评审中，一方面应着重于从满足经营管理需求和完善使用功能的角度提出优化意见并跟踪成果方案；另一方面应在各专项设计评审中，既要关注专项设计本身的完善，也要关注专项设计与建筑及其他专项设计的交叉合图中的设计优化，规避规划设计中可能出现的“真空区域”，保证规划的整体设计效果满足商业定位和商业使用的需要。

在设计功能评审中，重点从外立面、内装、景观、夜景照明、导向标识、弱电智能化等环节进行关注并提出优化建议（表2-7）。

表2-7 各专项设计功能评审要点（示例）

类别	分项	评审要点
外立面	建筑外围及屋面	关注各主朝向的立面、外街立面的一级VI（Visual Identity，视觉识别系统）尺寸、个数、位置和朝向
		购物中心主出入口及上方立面设计与室内关系设计、出入门的设置和宽高要求
		商家店招及广告位位置、尺寸、比例、数量及其使用要求
		首层橱窗设计、有首层门厅或对外开门业态的设计要求
		外立面材质、造型与清洁保养措施，商业管理用房、后勤通道等开窗要求
内装	满足经营使用者提出的设计需求	店面及店招设计合理
		多种经营点位设计到位
		中庭大型展示（如车展）的行车路线畅通
		信息服务台设计功能齐备
		LED信息显示屏位置合理
		公共区域的广告点位布置合理且尺度适当
		促销广告条幅悬挂方式方便合理
		采光天棚遮阳设施及公共区域机电节能控制
		采光天棚分照度模式的照明控制
		室内步行街休闲坐椅和垃圾桶的合理设置
	商业公共区域及地下室客用部位的设计优化	公共区域综合天花的合理设计与吊顶标高的控制
		公共墙面设计与商家经营立面的优化
		室内步行街走廊侧墙及地面铺装满足后期清洁维护
		护栏扶手及扶梯周边的安全设计
		娱乐业态（如电影院、KTV、电玩城等）超时经营独立设计的客用通道的装修设计
		装修与顾客的互动设计
		地下停车场与地上经营业态相联通的客用电梯厅、扶梯（含超市人行步道梯）厅的亮化设计
		地下室照明、通风等综合机电控制

（续表）

类别	分项	评审要点
景观	公共管理需求类	广告灯箱位置、旗杆、灯柱（灯杆旗）位置合理
		绿化的布置方式、绿植品种合理
		竖向设计、排水方式、地面铺装材料的选择
		保洁取水用电位置合理
		室外标识位置、移动式花钵及树池摆放位置
	广场经营管理需求类	广场的交通流线组织设计、非机动车停靠点、港湾式停车的位置及流线合理
		各业态地面卸货区域的设计
		售卖亭、垃圾桶及坐凳等位置及数量的设计
		商家举办促销活动的场地、配电容量和安装位置
夜景照明	夜景照明控制	须采用专业灯光控制系统集中控制并且按区域、夜景照明的类型划分不同回路，可实现多种情景模式预置；控制室设在物业变电所值班室内
	灯具选型	夜景照明灯具采用安全型LED光源
	控制箱安装	控制箱尽量室内安装，若室外安装，则必须为防水配电箱,防水等级不低于IP54，并有防外力破坏、防腐、设备重复接地保护等措施
	夜景照明	夜景照明应避免对周边环境造成光污染
	航空障碍灯	应设置双电源及供电电池，控制模式采取光控+时控均可单独控制的方式
	楼体动画楼体轮廓灯	应有多种效果模式可供选择（例如平时、节日、重大节日、晚间等可采取不同效果模式）
		塔楼、裙楼的楼体动画、轮廓灯应分开设置，单独控制；裙楼楼体动画、楼体轮廓灯共用同一主控系统，主控系统设置在大商业配电室内
	成本分析	提供各种夜景效果模式的耗电量分析
		提供各种夜景效果模式的运行经济分析报告（包含维护成本、能耗分析等）
导向标识	驾车消费者动线分析	外部导视动线分析，项目周边道路导视、车库出入口导视及使用功能
		内部导视动线分析，主要商业业态了解及分析（步行街、超市、酒楼、影城、KTV、健身、儿童等），各客梯、扶梯导视组织，车库分区分析
		返回寻车方式分析，便于消费者简单记忆（如数字、颜色等）

（续表）

类别	分项	评审要点
导向标识	其他消费者动线分析	外部导视动线分析，项目周边交通设施（公交站、出租车停靠站、地铁站口、非机动车停车区、人行天桥、地下人行通道、过街人行道等）导视分析，对项目整体业态、商业街及广场出入口、主力店门口等导视分析
		内部导视动线分析，室内交通设施（垂直动线分析和各层水平动线分析和导视组织），各层主力店门口引导分析及导视组织
	导示牌功能和定位	明确室外、停车场及广场内各级导示牌功能及定位（包括：总索引、各层索引、上下层吊牌索引、跃层索引、通道吊牌索引、服务台吊牌、通道指示牌、洗手间指示牌等），明确导向标识分级方式、各标识牌信息内容（功能信息、商家信息）
	导示牌布局及设置指引	室外导示牌（包括万达一级LOGO字、广场出入口编号、LOGO塔、车流引导塔、出租车、非机动车、广场综合信息索引、项目客流综合导视、大商业客流综合导视、室外步行街综合信息导视）的位置及数量
		地下停车场导示牌（包括车行吊牌引导、停车场墙面总索引、停车场墙面业态指示信息、（业态）垂直交通指示信息、柱面信息、客梯综合信息（含主力店）、地面人行指引信息）的位置及数量
		室内导示牌（包括综合信息牌、楼层吊牌、扶梯吊牌、客梯吊牌、扶梯楼层索引、客梯楼层索引、服务台指示牌、卫生间导示牌、通道指示牌、设备用房信息牌、消防安全疏散指示牌、楼梯楼层编号牌）的位置及数量
	导示牌设计规格	各种导示牌的牌体尺寸（包括：牌体截面形状、高宽厚度、吊牌距地标高、墙面指示牌距地标高），室外导示牌应有尺寸关系对比参照图
		各种导示牌功能分区尺寸，有效信息区尺寸，信息字体及大小，配图尺寸及信息承载量分析
		导示牌发光形式、造型安全且符合人体工学
		信息内容简约、信息形式便于记忆
		使用材料环保、符合消防规范、后期维护简单
	导示牌效果	确定形象设计主题、关键词、核心图形及应用概念符合广场整体经营定位
		车行导示牌符合司机识别习惯，室外导示牌白天、夜晚信息清晰易识别

（续表）

类别	分项	评审要点
弱电智能化	安防监控系统	室外广场各区域需全覆盖设置摄像机点位，选用带云台的快球摄像机（超低照度彩转黑），采用立杆安装
		室内步行街根据建筑情况需“全覆盖”设置，通道内采用固定镜头摄像机，其他公共区域采用三可变镜头摄像机（有吊顶区域采用半球摄像机）；均为低照度彩转黑摄像机并带红外辅助照明
		停车场“全覆盖”设置，停车区域采用带云台快球摄像机，车库出入口（含人行和车行）、非机动车停车区、收费亭、中央收费站采用固定镜头摄像机；均为低照度黑白摄像机
		通往屋面的疏散通道（屋顶）设置固定镜头摄像机；裙楼屋面分区域设置云台式摄像机
		电梯内设置微型摄像机，隐蔽安装，客梯、货梯的监控画面应具备楼层显示功能
		商业管理公司财务室、消控中心、消防泵房、生活水泵房、变配电室、数据托管机房、压缩垃圾房、餐饮楼层后勤通道等重要设备机房及部位需设置电视监控系统
		所有室内摄像机及有需求的室外摄像机选用低照度彩转黑摄像机并带辅助红外照明
		大商业各业态、写字楼、住宅的安防监控系统各自独立
		大商业安防控制中心与消控中心结合设置；百货安防中心同百货消控中心结合设置；超市监控系统自行设置
		监控系统点位容量至少有10%以上余量，以备后期系统扩容或调整
		系统能满足主控、分控要求，具备网络接口，可通过集团专网远程访问、上传图像，实现远程监控功能
		监控系统供电为消防电源，集中供电，并保证供电电压稳定
		室内外特殊重点部位，应增加摄像机辅助照明设备，提高夜间监控能力
	防盗报警系统	室内步行街首层对外玻璃墙设置玻璃破碎报警；其他重要区域设置双鉴探测器，主力店区域自理；防盗报警系统与安防监控系统联动
		防盗报警系统由安防控制中心统一进行撤防和布防，也可根据具体需求在现场通过密码进行撤防和布防；管理人员通过密码实现分级管理

（续表）

类别	分项	评审要点
弱电智能化	门禁系统	上人屋面通道口设置联网门禁，管理主机设在大商业安控中心
		通向室外的防火门、KTV、院线等封闭管理业态内部的防火门、业态之间疏散相互借用的防火门等增加带横杠锁和报警装置
		通往商业管理公司办公区通道设置门禁，采用一卡通系统，可实现门禁、考勤、就餐管理等功能，管理主机设在商业管理公司办公区域
	综合布线系统	运营商提供语音和数据干线引至百货和室内步行街区域内弱电井或弱电机房
		室内步行街每个商铺按4个语音、2个数据点位设置；万达百货区域每个柱网设置2个点位
		外广场、室内中庭设置语音、数据及音视频采集（LED屏幕）点位
		商管办公区域通过主干光缆，接入集团专网
		主要设备机房（变电所、制冷机房、换热站、生活及消防水泵房、锅炉房、消控中心、监控中心）考虑设置语音及数据点位，并接入集团专网
	背景音乐	按背景音乐要求设计，满足语音广播的要求，火警时强切为紧急广播，可分区广播不同音源
		系统主机设置在总服务台，可实现多种音源信号（电脑声卡输出、CD、录音模块）输入，定时自动播放，节目编辑功能
		室内步行街按楼层分区域、分回路设置，其他主力店背景音乐系统应接入大厦消防广播系统，紧急情况下可以由中控室切换至消防广播状态
		外广场结合景观、绿化设置室外广播设施
	有线电视系统	满足项目当地要求，信号源接至各业态弱电井内，主力店户内、室内步行街餐饮商铺户内、商业管理公司大会议室、员工宿舍、员工餐厅等根据需要预留接口，开通费用由使用者与当地广电部门接洽
	电话交换机	商业管理公司根据400门电话数量设置电话交换机，安装、使用费用咨询当地运营商
	电子巡更系统	采用离线式系统，系统主机设置在大商业中控室
		系统具有统计和报表功能，能通过密码实现分级管理，系统数据要有措施保证2月以上可查

（续表）

类别	分项	评审要点
弱电智能化	停车场收费系统	停车场所有出入口设置收费管理系统，并设置中央收费站或手持式刷卡系统，地下一层一处，地下二层二处，优先方式为超市出口与步行街扶梯厅处
		系统具备图像对比、车牌识别报警功能
		系统按分时段收费设计，计费方式满足临时、免费、充值、计时、包月等多种计费需求
		入场自动发卡（接触式、非接触式读卡）或具备其他停车计时手段，出口收费，并有电子显示屏显示相关中文信息
		闸杆具有轻质快速（抬杆速度小于2秒），防止人为抬杆（报警）、防砸车、故障手动操作等功能
		在停车场入口附近明显处设置电子显示牌，实时显示车场状况，如车位数量显示、满位显示、出车声控警示等功能
		主机设备设在监控中心，系统管理软件具备网络联网功能，满足财务实时监视所有出入口收费及刷卡抬杆情况并能自动统计、汇总所有收费信息，方便各级管理人员通过密码统计和查询
	超声波停车引导系统	停车场出入口设置车位数量LED显示屏；地下停车场车辆导视系统与停车引导系统结合设计，具备车位数量显示，以实现停车引导的功能
	楼宇自控系统	室内步行街、百货区域分别独立设置楼宇自控系统，楼控系统设置在中控室或弱电机房，各系统机房内设置联网控制终端；影城空调末端设备自控由影城自行完成；其他主力店楼控系统自理
		大商业所辖重要设备（如给排水、空调、通风、照明、配电、电梯等）的日常运行控制纳入楼宇自控
		系统具有多工作站联网功能，以完成各分系统之间的信息传输，实现物业管理对各分系统的集中监控
	移动通信系统	根据项目所在地移动通信运营商特点，接入移动通信信号
		根据商业运营管控需求，大商业（含主力店）无线信号全部覆盖，信号覆盖率不低于100%（地下室、重点机房、重点区域100%覆盖）
	防雷和防浪涌	所有重点设备及机房供电须有防雷、防浪涌措施
		所有弱电机房保证良好的接地，联合接地阻值不大于1欧姆
		所有弱电系统的外线进线（包括信号线和电源）需具有防雷措施。应参见当地防雷验收及检测标准

（续表）

类别	分项	评审要点
弱电智能化	弱电设备和数据托管机房	地下一层设置通信、网络机房(不同运营商分开设置）、有线电视机房
		室内步行街各层、各主力店区域设置弱电井或弱电机房，面积不小于6平方米；弱电井与强电井分开设置，并考虑水平主干有效传输距离
		弱电机房及其竖井、桥架、现场控制箱等须考虑防静电、等电位设计、设备散热、维修空间等要求
	客流统计系统	广场所有独立商业空间（含步行街商铺）与外部或相邻空间的出入口均设置客流统计系统
		采用视频识别方式，要求各客流计数点位单日累计准确率不小于95%
		系统需要能够支持远程访问和管理，便于集团及时掌握信息、统筹管理
	能源管理平台	低压配电系统计量表需配置带远传功能的数字电表
		对物业分区低压配电和制冷配电系统进行分项计量
		对超市等次主力店用电总量进行计量
		该系统只对大商业统计分析，不涉及外铺、住宅和写字楼

案例呈现

• 万达商业管理公司规划设计评审的组织与管理简介

为了使规划设计评审工作可以深入整个商业管理系统，保证各阶段设计成果及项目规划信息在系统内传递的连贯性，发挥系统统一协作的优势，万达商业管理公司建立了系统的设计管理分工，分专业、分阶段地编制了设计评审规范文件，并制定了相应的管理办法加以管控。

1. 商业管理公司的设计管理分工

万达商业管理公司在参与规划设计评审时，实行分级管控方式，由总部负责建筑和专项设计的方案阶段评审管理，区域公司负责初步设计及施工图评审管理，地方公司负责建筑和专项设计的施工图设计评审管理，建立了阶梯式对接机制。分级管控表现为：

首先是方案设计评审阶段，由总部负责参与建筑、景观、外立面、夜景照明、导视、内装等方案设计评审会，并负责审图意见的落实与跟进。区域公司负责参与停车场动线、供电、冷热源、弱电方案设计评审会及审图意见的落实与跟进。

接下来是初步设计评审阶段，由总部组织区域公司共同参与初步设计评审会及审图意见的落实与跟进。

最后是施工图设计评审阶段，各地公司负责参与施工图阶段各专业设计评审会及审图意见的落实与跟进；如区域或地方公司无法完成设计评审工作，则应由总部主管业务部门进行布置调整，确保各阶段评审工作及时有效的完成。

这样就形成了商业管理公司总部、区域公司、地方公司的梯队模式，实现与规划设计各阶段设计评审有机的融合，规范了评审管理的分工，保证了各阶段评审意见能够真正在实施阶段加以落实（表2-8）。

表2-8 商业管理公司图纸评审分工明细表

各阶段评审事项 \ 参与部门		商管总部					区域公司			地方商管		
		拓展部	物业部	工程部	招商中心	营运中心	区域物管	区域工程	区域招商营运	物管	工程	招商营运
概念方案评审	建筑	■	▲		▲	▲						
方案设计评审	建筑	■			▲	▲						
	景观	■	▲			▲						
	供电			▲				■				
	冷热源			▲				■				
	外立面	■			▲							
	夜景照明	■						▲				
	导视	■	▲			▲						
	内装	■	▲	▲		▲						
	停车场功能	▲	▲				■			▲		
	弱电		▲			▲		■		▲	▲	
初步设计评审	建筑	■	▲	▲	▲	▲	▲	▲				
	景观	■	▲			▲	▲					
	外立面	■			▲	▲						
	夜景照明	■	▲	▲				▲				
	导视	▲	▲				■		▲			
	内装	▲						■	▲			
	弱电		▲	▲		▲	▲	■				

（续表）

各阶段评审事项＼参与部门		商管总部					区域公司			地方商管		
		拓展部	物业部	工程部	招商中心	营运中心	区域物管	区域工程	区域招商营运	物管	工程	招商营运
施工图设计评审	第一版	▲	▲	▲	▲		▲	■	▲			
	第二版						▲	▲	▲	▲	■	▲
	景观						▲	▲	▲	▲	■	▲
	外立面						▲	▲	▲	▲	■	▲
	夜景照明						▲	▲	▲	▲	■	▲
	导视						▲	▲	▲	■	▲	▲
	内装						▲	▲	▲	▲	■	▲
	弱电						▲	▲	▲	▲	■	▲
	停车场功能	▲	▲				▲			■		

图例：■主要负责，组织评审并意见汇集、传递。▲参与审核，负责给予审核意见。

2. 商业管理公司设计评审依据

为了规范和指导商业管理系统各部门、各公司参与集团新建项目规划设计图纸的评审，商业管理总部组织各相关部门、区域公司及各地公司，总结了近年来的图纸评审意见以及实际经验，编制完成了《商业管理系统规划设计图纸评审管控要点》（以下简称《要点》），该《要点》涉及建筑、外立面、内装、景观、夜景照明、供电及冷热源、弱电、导视、交通动线、机电十个专业，内容涵盖方案、初设（方案深化）、施工图（一、二版）、专项论证各阶段评审关注要点；此《要点》成为商业管理公司参加各类设计方案评审会的业务指导和管控标准。表2-9为要点示列。

▼ 表2-9　万达商业管理规划设计图纸评审管控要点（示例）

序号	分项	评审要点	审核意见	
			符合	不符合
1	方案设计审核复核	审核方案设计审核意见是否已完全修改到位	●	○
2	室内步行街层配电间	面积不小于8平方米，间距不大于80米，且不少于4处，在消防楼梯间附近设置；其他参照《万达购物中心电井设计要求》	●	○
3	室内步行街商家新风排烟竖井	根据步行街一版业态规划审核商家新风和排烟竖井预留是否到位，竖井应紧靠楼梯间、柱子设置，不应设置在步行街商铺之间分割墙上，首层、二层竖井不能穿过三层商铺中间位置	●	○

（续表）

序号	分项	评审要点	审核意见	
			符　合	不符合
4	设备和新风排风排烟竖井	竖井应紧靠楼梯间，不应设置在步行街商铺之间分隔墙上，不能穿过商铺中间位置；在步行街和主力店之间分隔墙上不能设置竖井	●	○
5	室内步行街新风机房	外侧商铺新风机房设在外侧顶层商铺消防楼梯后侧或屋顶，内侧商铺新风机房设在内侧商铺屋顶	●	○
6	主力店空调机房	设于主力店区域靠近外墙、主力店隔墙和楼梯间旁边，室内步行街商铺和主力店连接处不应设置空调机房	●	○

三、公共物业条件落实

购物中心开发建设的过程中，如果能够全过程跟踪现场施工，且从后期使用的方便、节能来监管公共物业条件的落实，就可以及时发现施工过程中的缺陷并督促整改，进而及时满足商业经营需求，提升运营品质，节省运营能耗。

工程人员监管项目机电施工的依据有设计任务书、各系统的二版施工图、在二版施工图基础之上由设计部门发出的《设计变更单》等，还包括国家颁布的各专业施工验收规范，对各类土建、机电系统（表2-10）应给予重点跟进。

▼ 表2-10　公共物业机电系统落实要点（示例）

类别	现场落实要点
电气系统	线路敷设时关注电缆桥架内的电缆不允许出现接头，桥架内的电缆截面积不能超过规范允许值
	变配电系统安装时关注电流互感器的精度是否和设计精度相符
	变电站在正式送电之前，气溶胶灭火设备的安装及接驳需完成，各区域灭火器的配置到位，低压柜、转接箱的母线、各接线端子螺丝完成紧固
	使用热成像仪对不断增加的负荷进行检测，重点关注使用电磁炉的餐饮商铺
	步行街内装饰造型中的LED效果灯设置独立回路，各类型灯具设置间隔回路控制，室内各类照明及室外各回路景观灯定时控制，关注公共照明的功率密度与照度是否满足绿建一星要求
	供电电缆使用低烟无卤电缆
通风空调系统	关注空调末端冷凝水管安装坡度，避免受自然重力影响或交叉施工影响产生“倒坡”问题
	预留吊式风柜、风机盘管等吊顶上方安装设备的检修空间，确保回风滤网便于拆卸清洗
	商铺一级排油烟设备安装到位，屋面二级排油烟设备、油烟净化器及补风风机安装到位，并在燃气开通前调试完成
	卫生间、湿式垃圾房、污水处理间的通风设备安装、调试完成
	空调水管通道冲洗干净，确保无杂色杂物后，要求施工单位进行除污器拆洗；冲洗时应与板换、蒸发器等换热器隔离；空调水处理在空调试运行时应跟随作业，确保水质
	风机盘管空调水管电磁阀安装调试

（续表）

类别	现场落实要点
给排水系统	关注排水管道是否设置清扫口，坡度是否符合设计要求
	排水系统进行通球试验，确保无堵塞
	检查室外的污水井、雨水井、化粪池、隔油池和地下室排水地沟排水是否通畅，对残留杂物进行清理
	对地下室各污水井和综合排污设备的排污泵进行综合检查和调试，调整浮球位置，确保高低液位动作正常自动运行
	生活水箱间装修标准满足卫生清洁需求，生活水箱无渗漏，液位显示仪、紫外线消毒仪等设备安装到位，水箱浮球阀动作正常，供水压力正常，投用前清洗消毒完毕，取得二次加压用水卫生许可证
	虹吸雨排管道吊架是否牢固，吊架间距和安装位置是否符合设计要求
	检查屋面的虹吸雨排是否堵塞，如堵塞需及时清理
	对步行街的卫生间的设备设施进行排查
	开业前取得污水排放许可证
电梯	电梯运行需平稳、舒适，安全保护开关反应灵敏、准确
	电梯地坑干燥平整
	各类电梯安装调试完成，并取得检验合格证
	电梯内外装饰完成
	扶梯、电梯的人员满载测试完成
	扶梯的变频运行正常，上下倒梯正常
消防系统	消防系统阀门安装位置须与图纸相符，便于快速操作
	消防泵房、消防稳压泵房的设施设备能够正常启用，消火栓、消防喷淋系统水压正常
	消防联动、消防广播、背景音乐墙等消防设施设备正常
	消防湿式报警阀室各回路管道标识正确清晰
其他	员工餐厅装修及设备调试完成
	湿式垃圾房安装调试完成，具备使用条件
	托管信息机房设备安装到位，内装完成

第二节 | 商家技术条件的对接与落实

在前期规划评审对接过程中，除了规划院与商业管理公司在各设计阶段就公共物业条件进行意见交换外，商家的房产技术条件对接同样是必不可少的环节。商家技术条件，是指为了满足各业态商家持续经营对土建、机电等工程技术条件提出的需求。

一、商家技术条件

（一）商家技术条件特点

一个十几万平方米体量的购物中心项目，业态组合极其综合，不仅涵盖各种体量规模的商业单元，而且各种商业单元业态形式也相当丰富，如百货、院线、电器、电玩、KTV、超市、健身、酒楼等，每种业态都具有单独的技术条件要求，这体现了商家技术条件的复杂性。同时，每种商业业态都有大量的品牌商家，不同品牌商家由于商业理念和经营模式的不同对商家技术条件的要求也不尽相同，因此商家的房产技术条件又具有特定性。

购物中心的开发节奏有别于其他类型房地产的开发，如果技术条件对接的时间节点滞后，将严重影响到二版施工图深化设计、分项工程招标、设备材料采购、工程实施进度、成本控制等工作。因此，为了使规划设计推进与现场施工进度、商家个性化的房产技术条件要求达到平衡，商业管理公司应与规划院、项目开发公司共同研究梳理，确定商家技术条件分业态、分阶段对接，各阶段技术对接进行标准化管理，即保证对接成果的延续，又满足施工进度要求。

（二）各业态商家技术条件要点

通常而言，根据商家经营面积需求、合作年限、租金水平、管理方式等维度可将商家划分为主力店商家和步行街商家两类。这两类商家在进行房产对接时对技术条件的关注重点有所区别，因此应在尊重差异的前提下，尽量满足商家的需求。

1. 主力店商家技术条件要点

在与主力店商家进行技术条件对接中不难发现，这类商家对房产技术条件的关注程度是比较全面和深入的，不仅着重于自身租赁区域内技术条件的满足，针对购物中心公共物业条件也会提出相应的需求，这在对接中是不能忽视的。

以超市的技术条件要点为例，由于其租赁面积较大，所用的配电、暖通等系统相对独立，对于其对土建、配电、暖通、弱电、燃气、给排水、排油烟及消防等技术条件的要求，可以通过制度化的对接流程和模块化计划控制来安排递进式、阶段性的对接来逐步满足。与此同时，超市商家会特别关注项目整体交通动线组织、超市入口通道设计、超市步道电梯和扶梯设施的位置和动线组织、外立面LOGO及广告位设置、室内外停车场要求及公共区域环境控制等要求。

2. 室内步行街商家技术条件要点

步行街商家由于经营项目的不同，对技术条件的依赖和要求也不同，但主要应关注配电、给排水、暖通、弱电、厨房排烟几个功能方面的条件。

表2-11以万达广场室内步行街餐饮商家的房产技术条件对接为例。

表2-11 万达广场步行街餐饮商家的技术条件对接要点

类别	对接要点
配电条件	复核室内步行街配电各回路设计电量，确定商家合理需求电量，根据设计电量与需求电量的差异，需列表说明层间各回路的配电容量调整方案，满足各商家的用电需求
	一般餐饮商家可按250瓦/平方米计算；火锅店可相应增大至300~400瓦/平方米计算，但须要求商家提供用电设备清单并结合商家实际经营时设备运行状况进行复核，核算设计总用电量是否满足需求
	商铺内电箱避免安装在隔墙，以安装在柱边或后墙为宜；变电所内需设计并安装能源分项计量系统，便于日常用电管理及能源分析
	各回路还需装一块有功电表（有计量局检测证明），便于收费及与计量系统相互校核
暖通条件	根据空调设计图纸并现场核对统计商家内风盘规格及数量，餐饮300~400瓦/平方米的冷量配置，提出风盘调整方案，满足商家空调需求
	特殊需求商家在商家用电总量不增容的情况下，为满足商家换季时特有的营业要求，可采用自装空调的方式
	特殊餐饮商家全区域自装空调的，对接时需预留外置机位置及设备安装基础和冷媒配管路由；新风需按建造标准要求安装到位
厨房排油烟	餐饮商家厨房排烟量一般按照40次/小时计算
	厨房补风量按排烟量的80%设计
	餐饮商铺排油烟、补风系统需独立设置管井，即一户一排，排油烟主管道底部应预留检修位置或放油阀，便于后期清洗
	火锅、烧烤类就餐区排烟需做地排风设计
	燃气商家还需关注设计、安装事故排风，并与燃气报警系统联动，确保厨房用气安全
给排水	按照商铺面积设计，一般给水管径DN40、排水管径DN150，小于200平方米的给水DN32、排水立管DN100
	特殊餐饮业态考虑独立隔油池，排水管道接口位置与商家明确预留位置
弱电	设置POS备用线路；注意无线信号（WIFI）覆盖范围及设计施工，做到无盲点
	电子门吸线路的布设及电源设置，满足消防安全要求

二、商家技术条件对接

商家技术条件对接的目的是通过坦诚沟通协商，使品牌商家经营所需的房产技术条件最终形成交房标准，并在设计和施工中得到落实。而随着购物中心招商实施的逐步推进，商家技术条件的对接往往会按照双方认可的部分商务条件进行；即使是同一品牌商家，由于商务条件的变化，最终形成的交房标准也会有所调整，因此为顺利完成商家技术条件的对接，决不能脱离商务谈判技术，反之亦然。

通过商家技术条件对接形成的交房条件，与购物中心开发建设的工期和成本密切相关，因此，为避免商家的交房条件影响项目开发建设的节奏，商家技术条件的对接应尽可能与规划设计的条件相契合。这就要求商业管理公司根据购物中心各设计阶段的设计深度，在每个阶段提出商家技术条件中应明确的内容；同时，通过招商与商家技术条件对接，满足商家对技术条件的需求，从而促进商家合作意向的达成。

例如在方案设计阶段，规划设计单位提供规划设计方案，招商部门通过市场调研获得市场信息，结合购物中心的商业定位，就目标商家的租赁面积、区域范围、出入口位置、交通动线与交通设施设置的位置等需求提出规划设计建议，要求设计单位对设计方案进行优化调整。

再如施工图阶段，应通过组织商家技术条件对接，使规划设计单位明确商家租赁区域边界及基本的功能区域划分方案，及时提供招商所需的签约图纸，并据此作为与商家租赁合同签署的基础文件。同时，招商部门按照该阶段设计深度的要求提供商家正式的提资资料，组织规划设计单位与项目开发公司进行现场交房标准的确认。

商家技术条件对接工作，按照初步规划、提资反馈、条件确认三个步骤进行，并将对接的对象划分为主力店商家和室内步行街商家两种类型。

（一）初步规划

招商部门在进行商家技术条件对接工作中，起到牵头组织协调、意见充分交换、达成谅解平衡、最终引导签确的统筹作用。因此，在项目初步规划阶段就应做好必要的对接准备，这包括前期技术资料的准备和具有专业素质的招商人员的储备。

前期技术资料准备中包括商业综合体建造标准、商业综合体机电设计标准、综合体项目消防性能化论证意见书及各专业设计任务书等。此外，需要进行商务条件的说明，包括收租原则（面积收租、营业额抽成）、基本交房界面（毛坯或精装、消防和空调的完成方、店招的需求）、进场日、客户的特殊需求等；客户基本信息说明，包括业态的功能及组成、客户的管理架构、工作流程，其他客户关注信息的说明；对租赁区域与客户交流的信息反馈。规划院提出对租赁范围、平面、面积、房产技术条件及对门头、立面、店招、防火分割等方面的初步意见，对项目实施、消防等问题进行重点提示，并对现状图纸予以说明，对哪些工作需要通过各级领导的审批进行重点提示。

对招商人员的专业素质，要求应具有基本的技术判断能力，如对项目建筑结构的了解、对业态需求的判断、熟悉业态交房界面的基本原则、熟悉租赁面积计算原则、熟悉公司制度及相关流程要求。此外，还要具备专业技术判断能力，即读懂总图、单体、立面，并根据自身掌握的业态基本需求提供相关意见；了解所负责业态的基本需求（面积、楼层、层高、净高、天地墙装修标准、入口、垂直交通、店招、停车、卸货、垃圾清运、空调、供水、供电、通信、其他特殊需求等），包括能够判断客户提出的问题在既定条件下是否能够突破，并且可以提出突破后的解决方案。

（二）提资反馈

1. 主力店商家技术条件对接

对于主力店商家技术条件的对接，应组织规划院参加所有业态的技术条件对接会，并根据与各业态商家对接的熟悉程度以及对接内容的不同，对应调整对接会召开的频次。例如，对于万达百货、大歌星、万达影城等万达自主的品牌商家，第一次对接会安排在初设完成后到第一版施工图完成的前两周，目的是确定租赁区域；第二次对接会安排在第二版施工图完成的前一个月，目标是完成对这类商家的功能布局图及设计条件的确认。

对于超市商家的对接，第一次会议安排在初设完成后到第一版施工图完成前两周，目标是确定租赁区域及平面的确认，完成房产技术条件的第一次对接，确认提资内容及提资时间；第二次会议安排在第二版施工图完成的前一个月，目的是对提资内容的沟通及检查，完成房产技术条件的技术签确。

对于快时尚次主力店商家的对接，第一次会议安排在初设完成后到第一版施工图完成前两周，目标是确定租赁区域；第二次会议安排在第二版施工图完成前一个月，完成租赁区域的调整，在半个月后，完成对快时尚商家的功能布局图及设计条件的确认。

对于待定业态商家，尽可能让更多的待定业态在第二版施工图完成前一个月做好对接。如目标品牌商家已确认进驻需求，则应在短期内确定租赁区域及所有技术条件（要求在租赁区域确认后，15天内完成设计条件的确认及房产技术条件的签署），再安排商家与规划院的对接。

2. 室内步行街商家技术条件对接

与室内步行街商家的技术条件对接主要由两个阶段组成。一是规划院与商业管理公司的对接，表2-12为流程表。

表2-12 规划院与商业管理公司对接流程表

顺序	招商阶段	工作内容	招商工作成果	成果提供截止时间	图纸深度要求	工作成果
1	开业前15～12个月	市场调研	业态规划图	方案深化评审后15天	(1) 划分零售、餐饮、配套区域; (2) 提供厨房点位、独立卫生间点位、多种经营点位	完成初步设计
2	开业前12～10个月	市场研究	三色图（蓝色代表餐饮、红色代表精品及体验类、黄色代表服装）	初步设计评审后15天	(1) 在业态规划图的基础上进一步细化; (2) 三色图比业态规划图更准确表示招商意图	完成第一版施工图
3	开业前10～8个月	招商策划	品牌落位图	第二版施工图完成前15～30天	(1) 品牌在业态规划图的基础上落位; (2) 进入招商品牌库的次主力店原则上必须落位准确; (3) 上报燃气总负荷	完成第二版施工图

室内步行街的前期对接（二版施工图完成前）由规划院和商业管理公司完成。商业管理公司会提供业态规划图、功能点位图以及品牌落位图的模板，规划院审核确认后，按此模板对以后的图纸深度进行控制。

二是项目开发公司与地方商业管理公司的对接（表2-13）。

表2-13 项目开发公司与地方商业管理公司对接表

顺序	招商阶段	工作内容	招商工作成果	成果提供截止时间	图纸深度	工作成果
1	开业前8个月	招商开始	精装及招商确定图（现场签确图）	开业前4个月	(1) 提供准确的商铺分割图及砌筑要求; (2) 确认各商铺是精装（零售和配套）还是毛坯（餐饮等）交付; (3) 提供楼板开洞图（一层带二层）; (4) 提供燃气、供电、空调、弱电、给排水、油烟排放等最终需求	完成室内步行街图纸的最终调整
2	开业前6个月	品牌确定				
3	开业前4个月	招商完成80％以上				

室内步行街的后期对接（第二版施工图完成后），在不涉及效果类改动的前提下，由项目开发公司和地方商业管理公司对接确定。按照万达招商进度，一般在开业前8至开业前4个月是招商的主要阶段，商业管理公司为了保证招商的成果落实到工程上，并且保证拆改量尽可能减少，可以随着招商的进展，分阶段提供现场签确图，并与项目开发公司明确移交现场签确图的关门时间，以保证施工进度的合理安排。例如，对于楼板的开洞应在开业前5个月完成确认；再例如商铺需增设电扶梯等，需在开业前6个月报集团相关部门审核后方可实施。表2-14列出一个室内步行街商家房产技术条件对接示例。

表2-14 室内步行街商家房产技术条件对接表

铺位号	单铺面积	商铺面积	商铺名称	业态	供电								供气（然气热值8000Kcal/m^3）								
					商家预算参数		商管计划参数				设计参数		商家需求参数				商管计划参数	设计参数			
					三相五线/单相	总负荷（kW）	三相五线/单相	总开关容量（A）	总负荷（kW）	功率负荷高度（W/m^2）	三相五线/单相	二版图设计负荷	厨房灶头数	小时用气量（m^3/h）	供气管径（mm）	炊具名称、数量及耗气量	小时用气量（m^3/h）	厨房灶头数	小时用气量（m^3/h）	供气管径（mm）	炊具名称数量及耗气量
B1001	71	71		餐饮	三相五线	25	三相五线	/	25		三相五线	0	/	/	/	/	/	/	/	/	/
B1002	221	221		生活精品	三相五线	27	三相五线	/	29	130	三相五线	0	/	/	/	/	/	/	/	/	/
B1003	76	76		餐饮	三相五线	17	三相五线	/	17	220	三相五线	0	/	/	/	/	/	/	/	/	/
B1005	284	284		餐饮	三相五线	80	三相五线	/	80		三相五线	0	/	/	/	/	/	/	/	/	/

铺位号	单铺面积	商铺面积	商铺名称	业态	供暖与制冷									厨房排油烟							
					商家需求参数			商管计划参数		设计参数				商家计划参数		商管计划参数				设计参数	
					风盘制冷量（kW）	新风机平均指标（w/m^2）	冷量（W/m^2）	采暖指标（W/m^2）	制冷指标（W/m^2）	采暖指标（W/m^2）	风盘制冷量（kW）	新风机平均指标（m^3/h）	制冷指标（W/m^2）	排烟量（m^3/h）	新风量（m^3/h）	排烟量（m^3/h）	新风风机参数	新风量（m^3/h）	新风风机参数	新风量（m^3/h）	排烟量（m^3/h）
B1001	71	71		餐饮	/	/	/	/	250	/	/	/	/	1775	1420	/	/	/	/	/	/
B1002	221	221		生活精品	/	/	/	/	200	/	/	/	/	/	/	/	/	/	/	/	/
B1003	76	76		餐饮	/	/	250	/	250	/	/	/	/	2000	1600	/	/	/	/	/	/
B1005	284	284		餐饮	/	/	/	/	250	/	/	/	/	7100	5680	/	/	/	/	/	/

铺位号	单铺面积	商铺面积	商铺名称	业态	给排水									建筑平面需调整项目		电信与电视				
					商管计划参数			设计参数			商家计划参数			建筑平面需调整项目	商家需求参数	商家需求参数				
					给水管径（DN）	排污	排水管径（DN）	给水管径（DN）	月用水量（m^3）	排水管径（DN）	给水管径（DN）	月用水量（m^3）	排水管道预留条件		活荷载（kg/m^2）	POS收银	客流计数	电话	网络	有线电话
B1001	71	71		餐饮	/	/	/	/	/	/	DN32	DE110	/	/	400	2	按标准建造	1	1	0
B1002	221	221		生活精品	/	/	/	/	/	/	DN32	DE110	/	/	400	2	按标准建造	1	1	0
B1003	76	76		餐饮	25	/	100	/	/	/	DN32	DE110	/	/	400	2	按标准建造	1	1	0
B1005	284	284		餐饮				/		/	DN40	DE110	/	/	400	2	按标准建造	1	1	0

（三）条件确认

在条件确认阶段，原则上招商部门应邀请规划院参与所有业态对接，但对于待定业态，为提高对接效率，可以采取多种方式解决。除酒楼、快时尚次主力店、健身等业态的对接规划院必须参与外，其他业态可进行传递信息解决，如问题无法解决，仍需安排对接。规划院可视具体情况要求项目开发公司和设计单位共同参与对接。对接的目的是解决问题，在不涉及重大效果、成本、工期等问题的情况下，规划院尽可能想办法给予解决。商业管理公司组织商家与规划院、项目开发公司、施工单位就对接成果与现场情况共同进行确认，共同签署《商家工程交房条件》，并由规划院移交项目开发公司实施。表2-15为某超市技术条件交房标准局部表。

表2-15　某超市技术条件交房标准（局部）

序号	工作描述	甲方工作范围	乙方工作范围	备注及要求
1	结构工程			
1.1	总要求	设计/采购/施工 ☒	设计/采购/施工 ☐	对于现存建筑应根据乙方的工艺平面要求完成结构改造、加固且载荷满足乙方要求
1.2	结构梁、柱、墙、楼板、屋面板	设计/采购/施工 ☒	设计/采购/施工 ☐	荷载须满足乙方对不同区域的荷载要求并出具权威部门的合格检测报告；甲方应负责结构梁、柱、墙、天花打磨或修补；收货区楼板、墙面等与室外连通处要做外墙保温施工；楼板中空部分完成封堵，脚手架拆除完成
1.3	外（幕）墙、楼梯间墙体、乙方商场与公共区域分隔墙	设计/采购/施工 ☒	设计/采购/施工 ☐	外墙须按照乙方要求为乙方提供设置招牌的位置
1.4	货梯、自动人行道梯等结构留洞、支撑	设计/采购/施工 ☒	设计/采购/施工 ☐	根据乙方对工艺与位置的要求完成
1.5	人行混凝土（或钢）坡道结构	设计/采购/施工 ☒	设计/采购/施工 ☐	按照乙方要求施工安装，乙方提供设计方案

三、商家技术条件落实

（一）商家技术条件的现场预验收

依据各商家的装修周期安排及房产技术条件的要求，按照各业态梳理交付顺序，提前进行商家技术条件的现场预验收，确保符合商家进场装修的需求；实施预验收的时间应在商家计划进场前15天完成，依据《商业综合体建造标准》、《品牌商家的房产技术条件》等，对现场进行预验收，并做好记录。各商家的预验收工作项目相关责任人必须参加，对预验收中发现的问题，须拍照记录，填写《预验收问题清单》（表2-16），确定整改完成时间。

表2-16 预验收问题清单

预验收时间：				
序号	商铺名称	系统分类	工程问题	备注
1	某主力店	暖通	北侧空调机房保温未完成	
		暖通	风管未做	
		暖通	南侧空调机房水路、风路未做	
		消防	喷淋头未安装	
		装修	棚面尚未施工	
		装修	通道门未施工	
		装修	东南角墙面未做刮白处理	
		土建	伸缩缝未处理	

此外，还应要求商家在装修设计前到现场复尺和勘察，根据现场条件确定各项设备的安装位置，并进行签字确认，避免商家装修设计图与现场条件不符，装修施工单位无法施工或大量复工而影响工期。

（二）预验收问题的销项跟进

根据《预验收问题清单》，编制预验收问题销项计划和《商家进场前问题销项表》（表2-17）。须委派专人监督、跟进整改进度，确保在商家接收场地前完成各项整改工作。

表2-17 商家进场前问题销项表

工程项目		预验收时间			年 月 日
参与人员	项目公司				
	商管公司				
验收依据：万达集团《2011版建造标准》、《品牌房产技术条件标准》、《步行街房产技术条件对接表》					
序号	检查项目	问题描述	现场实际照片	整改负责人	整改完成时间
与会人员签字	年 月 日				

（三）商铺现场交付

当商家租赁现场满足商家技术条件要求后，商业管理公司要及时组织商家到现场进行验收复核，并签署《商铺物业交付确认书》（表2-18），至此商家装修现场完成建设者向使用者的交接，正式进入商家装修阶段。

表2-18　商铺物业交付确认书

______万达广场主力店房屋交接确认书
（餐饮/超市/影城/大歌星/电器等）

序号	项目	内容	单位	数量	现况			备注
					符合	不符	修复时限	
1	电气	节能筒灯	盏		●	○		–
		开关面板	个		●	○		–
		分户配电箱	个		●	○		–
2	消防	喷淋头	个		●	○		–
		烟感	个		●	○		–
		温感	只		●	○		–
		70度防火阀	只		●	○		–
		150度防火阀	只		●	○		–
		280度防火阀	只		●	○		–
		卷帘门	只		●	○		–
		卷帘门按钮	樘		●	○		–
		控制及输入监视模块	只		●	○		–
		输入监视模块	只		●	○		–
		手动报警按钮	个		●	○		–
		吸顶式扬声器	只		●	○		–
		疏散指示	个		●	○		–
3	空调	冷热源	台		●	○		–
		循环泵	台		●	○		–
		冷却塔	台		●	○		–
		空调处理器	台		●	○		–
		新风机	台		●	○		–
		风机盘管	台		●	○		–
		温控器	只		●	○		–
		风管/风口	个		●	○		–
4	信息点	电话	点位		●	○		–
		网络	点位		●	○		–
		有线电视	点位		●	○		–
5	装修	天花			●	○		–
		地面			●	○		–
		隔墙			●	○		–
		玻璃门（含五金）	扇		●	○		–
		门楣灯箱			●	○		–

（续表）

序号	项目	内容	单位	数量	现况			备注
					符合	不符	修复时限	
6	给排水	给水阀门	个		●	○		–
		排水点	个		●	○		–
		水表	个		●	○		–
7	燃气	燃气主管道			●	○		–
		阀门	个		●	○		–
		燃气表	个		●	○		–
		燃气泄漏报警器	套		●	○		–
8	送排风	送风机	台		●	○		–
		排风机	台		●	○		–
		风管/风口			●	○		–
		防火阀	个		●	○		–
		排油烟风机	台		●	○		–
		一级油烟净化处理器	台		●	○		–
		排油烟管道	个		●	○		–
9	其他							
	表底	电表读数：	水表读数：			燃气表读数：		
		电表表号：	水表表号：			燃气表表号：		

注：交房标准参照大连万达商业地产股份有限公司2012年10月17日下发的《2012版房产技术条件》4.2《大餐饮2012版房产技术条件》和租赁方所签租的万达广场《租赁合同》交房条件执行。

双方经现场核实确认，租赁场所已基本符合《租赁合同》约定的进场装修前交房技术条件。双方进一步确认，自交房确认书签订之日即为进场日，租赁方将严格按照《租赁合同》约定进场装修，并承诺服从万达广场建设单位和管理单位关于商铺装修管理规定和统一开业工作安排。

交房单位（公司全称）
交房单位代表：
交房单位公司章：
日期：

收房单位（公司全称）
收房单位代表：
收房单位公司章：
日期：

（四）商家装修基本施工条件的准备

商家基本施工条件的准备是商家装修顺利进行的前提条件。

在商家陆续进场装修时，项目公共区域的内外装修也在同步实施中，现场处于交叉施工状态。为使现场各单位施工有条不紊、并行不悖地推进，特别是确保商家进场后，顺利有序地开展装修工程，除了前期相关商家装修资料、手续准备、管理人员培训、系统的施工现场管理组织外，还要对现场施工条件进行准备，主要包括：

- 提供装修临时水、电；
- 装修材料的水平、垂直运输通道；
- 设备、堆放场地，垃圾集中收集点；
- 施工人员通道；
- 临时卫生间等。

PART. 3

招商实施与管控

03 PART. 3 第三章 招商实施与管控

万达集团是全国知名企业，社会公认万达两点，一是发展速度快，二是执行能力强。万达开发的所有城市综合体，都在两年内竣工开业，而且是几百商家同时满铺开业。到现在为止，万达开发的几百个项目，说哪天开业就哪天开业，没有耽误一天，这恐怕在世界上只有万达做得到。

——王健林董事长，创新的企业管理，2013年11月

项目要实现既定的定位与规划，必须通过精细化的招商组织实施和全程管控，从招商政策、品牌落位、市场推广、信息化管理多方面推动招商，从而提升项目的商业价值和持续经营能力。

第一节 | 制订租赁决策文件

商业项目的价值是通过租金收益实现的，制定租赁决策文件是保障广场收益、开展招商工作的重要指导性依据，同时也是项目持续经营、未来招商调整的依据。

租赁决策文件的制定须通过对整个项目的市场评估、投资收益测算以及结合城市总体经济水平、当地商业目前租金水平和竞争形势来制定。

一、租赁决策文件内容

租赁决策文件主要包括：项目总体指标、分业态指标及相关招商规定。其中，项目总体指标主要包括可租赁物业总面积、租金单价、总租金指标（表3-1）。

表3-1 开业项目租金测算表

序号	项目	开业日期	项目面积（m^2）	项目总租金指标（万元）	项目总租金单价（元/年/m^2）
			合计		
1					
2					
⋮					
合计					

分业态指标有各业态面积、租金单价、租金指标、递增率、免租期（表 3-2）。

表3-2 开业项目分业态租金测算表

序号	项目	开业日期	计租面积（m^2）			年租金指标（万元）			租金单价（元/年/m^2）		
			主力店	次主力店	室内步行街	主力店	次主力店	室内步行街	主力店	次主力店	室内步行街
1											
2											
⋮											
合计											

注：各项面积指标来源于商业管理公司结合当地市场实际需要，与规划院共同确认的前期规划参数。

其他招商规定有物业费标准、合格供方品牌引进比例等内容（表3-3）。

表3-3 开业项目其他招商规定

序号	项目	开业日期	物业管理费（万元）				免租期政策（月）		步行街品牌库引进比例（%）	
			总额	主力店	次主力店	室内步行街	主力店	室内步行街	品牌库品牌占比	当地品牌占比
1										
2										
⋮										
合计										

租金指标是租赁决策文件中的核心内容，制定租赁决策文件时，会进一步详细明确各业态租金指标，如万达广场会针对各项目分业态制定细化指标（表3-4）。

表3-4　租金指标测算表

区域	楼层	业态	面积指标（m^2）	租金单价（元/月/m^2）	标准年每平方米总租金（元/m^2）	标准年租金总价（万元）
室内步行街	1-3F	精品商铺				
娱乐超市楼	1F	快时尚店1				
	1F	快时尚店2				
次主力店						
百货楼	1-4F	万达百货				
娱乐超市楼	2F	儿童娱乐				
	2F	大玩家				
	3F	大歌星				
	4-5F	万达影城				
	B1	超　市				
室内步行街	3-4F	酒　楼				
主力店						
合　计						

有了租赁决策文件和租金标准，还需对购物中心的相关招商要求做进一步细化和明确，主要包括计租面积、各楼层租金标准、各品类的递增率及优惠政策等。

制订招商政策时首先要考虑租赁决策文件总体指标，其次要结合当地市场的消费偏好，对不同业态承租能力进行调研，制定不同的租金标准。合理的招商政策，能有效推动招商速度快速推进，同时保障项目收益的实现（图3-1）。

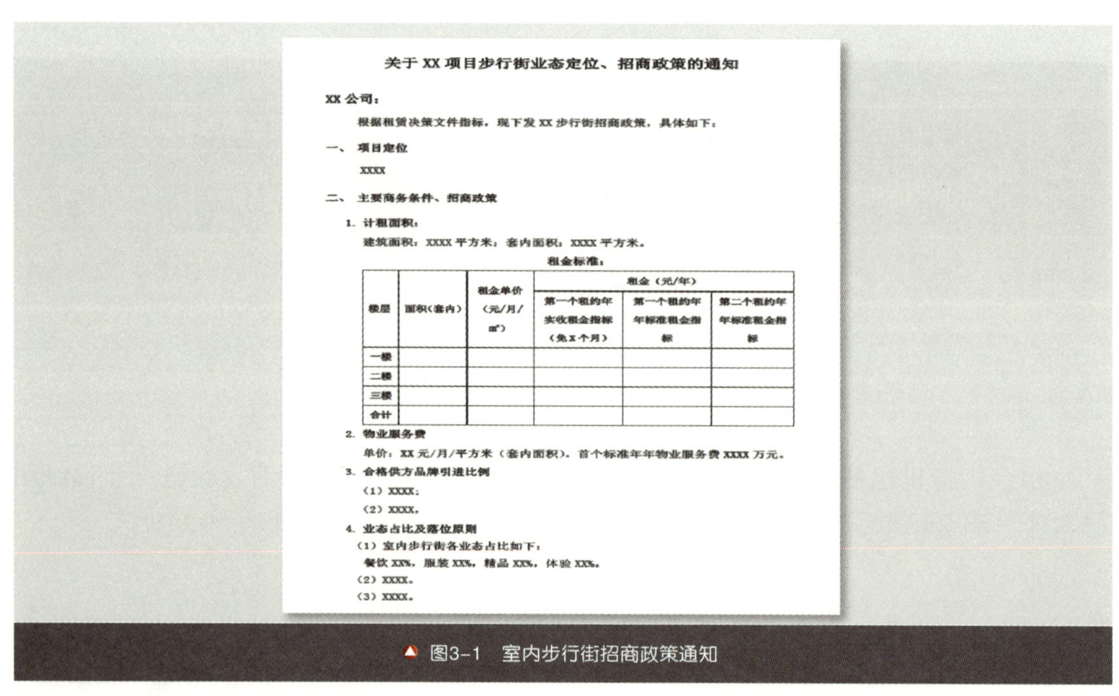

关于XX项目步行街业态定位、招商政策的通知

XX公司：

根据租赁决策文件指标，现下发XX步行街招商政策，具体如下：

一、 项目定位

XXXX

二、 主要商务条件、招商政策

1. 计租面积：

建筑面积：XXXX平方米；套内面积：XXXX平方米。

租金标准：

楼层	面积(套内)	租金单价（元/月/㎡）	租金（元/年）		
			第一个租约年实收租金指标（免X个月）	第一个租约年年标准租金指标	第二个租约年年标准租金指标
一楼					
二楼					
三楼					
合计					

2. 物业服务费

单价：XX元/月/平方米（套内面积）。首个标准年年物业服务费XXXX万元。

3. 合格供方品牌引进比例

（1）XXXX；

（2）XXXX。

4. 业态占比及落位原则

（1）室内步行街各业态占比如下：

餐饮XX%，服装XX%，精品XX%，体验XX%。

（2）XXXX。

（3）XXXX。

图3-1　室内步行街招商政策通知

二、租赁决策文件的制订

（一）市场调研成果分析

制订科学合理的租赁决策文件，必须对目标市场进行充分的调研。市场调研的数据分析结果，将为制定租赁决策文件的核心指标提供重要的依据。

其中，城市宏观环境是制定租金标准的主要衡量依据；消费市场分析是制定招商政策的重要参考内容；商业环境分析成果决定租赁优惠政策。制订租赁决策文件需考虑项目业态占比差异。

（二）租金指标测算

租金指标测算是制定租赁决策文件的关键步骤。租金的测算应该依据项目投资计划，计算分析单位面积物业成本、经营管理成本，参考当地市场的租金水平，并综合考虑项目经营策略。

指标测算通常会采用几种方式、多维度进行同步比对，最终得出一个较为准确、合理的结果。主要采用的方式有：项目指标测算法、市场比较法、商家反馈法。

（1）项目指标测算法：根据项目资金的投入，比照行业平均投资回报，测算出项目总体租金收益指标。此指标只作为长远收益的参考，不直接作为硬性标准进行使用。

（2）市场比较法：通过调研，取得项目所在城市或同等级别城市3个可比项目的租金水平，得出3个租金水平样本，并结合项目本身特点测算出租金指标。此种方法能较充分地说明市场现有业态或商家的租金承受水平，因此最具参考价值。

（3）商家反馈法：对于单个租赁区域或步行街业态品类，有针对性地对3个以上目标商家开展洽谈摸底，分析不同商家的营业额及租金承受水平，结合项目本身特点预估租金指标。

第二节 ｜ 品牌落位

品牌落位是招商管理的关键环节，将既定的项目定位通过品牌落位规划和执行来实现。科学、精准、符合定位的品牌落位，能够提高品牌的经营业绩，有效达成项目的租金收益目标。品牌落位分为三步展开：定位深化、品类规划和品牌落位。

一、定位深化

定位深化是对定位进行深入、准确的解析，找准与之对应的主力客群及其消费习惯，进而明确主要品类。一是要项目解读：对项目进行反复研究，做精确的定位分析；二是要了解消费构成：主力客群构成特征、消费习惯、消费能力，不同地域不同客群的消费构成有很大差异；三是要摸清商业资源，是否能够支撑定位。只有认真剖析与深化定位，才能明确主要品类及相应品牌范围。同时，通过定位深化，可以加深招商人员对项目的认知，强化对当地市场的理解，从而更精准地做好招商工作。

案例呈现

- **常州新北万达广场**

“潮流时尚购物中心”是2011年12月开业的常州新北万达广场的项目定位。在明确定位以后，组织对定位进行延展分析及项目解读，同时对主力客群进行再次调研，不难发现，项目所在的常州市新北区是常州市行政中心所在地，同时也是外资、合资企业最集中的高新技术开发区，汇聚了常州市最多的年轻白领和公务人群，目标客群充沛。在新北万达广场开业前，这里的年轻人要到传统市中心去购物和娱乐，巨大的消费需求无法在家门口满足。因此，落位规划前，做足消费特征、能力、习惯的分析研究工作，在落位规划时始终坚持选择年轻、时尚调性的品类，避免选择高客单、成熟商务类以及低客单、低时尚度的量贩类品类。该广场良好的运营结果证明该项目定位准确，消费贴合度高。开业后一年迅速实现旺场，不但成为新北区的商业地标，也逐步成为全常州年轻人热捧的潮流购物中心的标杆。

二、品类规划

在定位深化后明确主要品类及构成，开始品类规划工作。针对不同楼层、不同区域、不同品类，执行由整体到局部、从主到次的品类细化及合理规划。在开展此项工作时，要注意楼层主题突出，客流冷区与热区合理过渡，品类搭配符合消费习惯。具体做法如下：

首先，需要对零售、娱乐、餐饮、体验四大业态进行品类细分（表3-5）。

表3-5 业态业种品类划分

业态	业种	品类
零售	主力店　次主力店	百货、电器、大型食品零售店、超市、快时尚集合店、运动集合店、家居、书城、儿童零售集合店等
	服　装	女装、时尚男装、品牌集合店、牛仔等
体验	科技生活　休闲淘玩 社交服务　休闲服务等	珠宝钟表、个人护理、时尚配饰、潮流精品、时尚家居、运动、数码电子、专业美护、礼品、文教等
娱乐	休闲娱乐	影城、KTV、电玩、健身、冰场、球馆、迪吧、清吧等
餐饮	时尚餐厅　地方风味 快速西餐　西饼甜点 东南亚风味　西餐酒吧等	茶餐厅、粤菜、海鲜、江浙菜、本帮菜、川湘菜、创意融合菜、各地特色、火锅、烧烤、日式料理、日式寿司、韩式料理、铁板烧、西式正餐、西式快餐、中式快餐、咖啡、水吧、冰激凌、面包甜点、餐吧等

其次，在进行品类规划时要把握以下四个原则。

（1）唯一性：同一品类不能重复出现，避免内部销售分流，降低项目整体竞争力，同时也有利于项目特色经营业态的创建和保持。

（2）丰富性：丰富的品类规划有利于实现快速旺场，引领并改变当地的消费观念和生活方式，同时能带来整体租金收益的稳定增长。

（3）关联性：即同一楼层针对类似消费群体，将同一类客群喜好的商品集中于一个区域以增加销售机会，使得客流与销售的转化率最大化。

（4）针对性：品类规划要符合消费特性，有针对性地落在不同区域。这将有利于消费者能够在最短的时间内找到自己想要的商品或服务，达到快速成交、促进其他消费的目的，提高消费满意度。

三、品牌落位

1. 落位原则

品牌落位是最终招商实施的方案，应遵循以下原则：一是要符合定位；二是要遵循品类规划；三是可执行，在充分对商业资源进行认真摸底，选择代表品牌，全面沟通确认，可执行后开展落位；四是要适销，当地成熟、适销性强的品牌优先落位；五是协调性，关注相邻品牌风格要协调，顺畅自然、巧妙过渡。

2. 落位方法

品牌落位时，要对当地商家资源进行摸底，了解清楚项目所在城市的商业体各业态、各品类的业绩排行，掌握业绩好、“接地气”的品牌资源；同时，考察清楚当地经销商的经营实力、管理能力、拓展意向等。按以下方法进行落位：

标杆优先：标杆位置落位标杆品牌，有助于促进后续招商，提高销售业绩；

高租优先：租金承付力强的目标品牌优先落位；

间隔落位：避免新引入品牌连续落位，要与当地认知度高、销售好的品牌穿插，促进新品牌尽快融入市场；

规模适度：根据品牌经营规模需要，结合项目实际，为品牌提供合适的落位面积。

第三节 | 招商组织与实施

高效的招商组织与实施，既可保障按期满铺开业，又可为每个商家创造良好的经营条件和经营环境，形成项目规模优势和商圈效应，充分发挥项目的功能和价值。为此，须做好以下几项工作：

一、团队组建

招商工作顺利开展的关键是组建一支高效、专业的招商团队。招商工作需要在调研、定位、招商落位、计划管控、租金收益实现等环节落实到人；需要对专业招商人员，进行筛选储备和培训、考核。

1. 人员储备

招商人员需要具备很强的专业知识和能力的同时，还要具备沟通、统筹和协调等方面的能力。在项目开业前一年，企业严格筛选具有不同专业能力的招商人员，然后有针对性地进行分工；同时，前期还会储备一些招商人员，保证新项目招商工作快速开展，以避免过程中部分人员变化造成工作延期。

2. 培训考核

招商人员的培训，主要针对项目定位、招商工作标准要求及过程中常见问题等方面进行培训。培训目的是为了帮助招商人员准确把握定位，同时掌握各项工作标准，快速地开展各项工作。在培训之后，应对招商人员进行前期考核，主要包括项目解读、工作要点、节点完成等内容。只有充分了解项目的实质，才能转化成标准的招商要点，确保招商成功。

二、资源储备

1. 储备商家资源，做好准备

在项目定位阶段后期，要根据项目定位、地方实际情况，对商家开展市场接纳度、承租能力、经营方式、进驻意向等摸底工作。储备充足的商家资源，以备后续整合使用。

2. 掌握商家结构，制定策略

对储备的商家资源开展业态、结构、影响力的分析和梳理，制定详细的招商实施步骤和策略。这样既能明确招商作战部署，也能促进招商人员的工作开展。

三、合同管理

租赁合同，是购物中心与商家建立租赁关系的依据，是重要的法律文件。大量不同商家进驻购物中心，需要签订租赁合同，对租赁合同采用统一的标准化管理，可以大大提高合同签署的效率。

（一）租赁合同的分类

租赁合同主要分为三大类，分别为格式合同、标准合同及非标准合同。

1. 格式合同

格式合同，是根据企业自身特点而制订的制式合同文本，可用于所有相同业态的商家进行签署，一般采用统一印刷的形式，这种合同具有签署效率高、适用性强、法律风险小的特点，是租赁合同中占比最大的一类。

2. 标准合同

标准合同，是指在格式合同的基础上，按照商家的反馈意见，经过洽谈，形成达到管理标准要求的合同文本，一般多用于战略合作商家。不同商家，标准合同的内容也不尽相同。

3. 非标准合同

非标准合同，是指在客户提供的合同文本基础上，经过洽谈达成一致而形成的合同文本。一般多用于国际知名品牌。每一份非标准合同，都经过了与品牌商家多次的谈判之后才形成。

三大类租赁合同，是为了更好地结合招商实际，对不同类型的商家使用不同的合同文本；但在实际操作中，更多要求商家使用格式合同，在提高效率的同时便于管理。

（二）租赁合同的编写与修订

租赁合同的编制需要多个部门协同配合。格式合同文本的编写，需由商管、规划、财务、投资、法律事务等部门集中讨论，提出相关意见。格式合同文本制订后的有效期通常是两年。

标准合同和非标准合同都是根据商家的反馈意见修订，一到两年修订一次，每次修订时，都需与商家进行反复合同谈判，并经开发、商管、规划、财务、投资、法律事务等部门审核后使用。

（三）租赁合同的签署

合同作为双方必须遵守的法律文件，合同签署必须有规范的流程，以规避双方在后期经营中的法律风险。以万达为例，分为主力店租赁合同签署和室内步行街租赁合同签署。

1. 主力店租赁合同签署

主力店租赁合同签署，完全由总部招商部门负责。主力店的租赁合同，在商务条件报审完后，依据规划部门正式移交的租赁面积和双方确认的房产技术条件（甲乙双方施工界面划分），与商家进行租赁合同条款的确认。合同文本确定后，按照审批商务条件填写合同，并逐级上报签批，并按照法律部门确认的合同文本制作租赁合同供双方签署。

2. 室内步行街商铺租赁合同签署

步行街商铺租赁合同，由各地方公司负责签署。根据已拟定完成的步行街格式文本、联发品牌的标准文本，地方公司进行统一印刷、签署。如在招商过程中有商家对格式文本提出异议，经谈判后可拟定租赁合同补充协议加以修订，每份合同的补充协议，必须上报至总部审核确认后，方可签署使用。

四、计划管控

计划管控是商业项目前期招商中的一项重要管理方法。前期招商是一项系统工作，从前期市调、数据分析、建立模型、业态布局、业态组合、品牌落位、招商实施到商家进驻等各个环节，均需设定合理的工作周期和完成时限，明确责任人和完成标准，通过信息化手段，进行计划管控，确保招商过程各项工作的执行与落实。

（一）筹备期计划管控

建立筹备期计划管控机制，对工作计划的制订、执行、检查、调整采取全过程管理，采用信息化的管控手段，对前期招商工作关键计划节点进行管控，提前预警进度异常状况，确保真实信息传递到各管理岗位，使各项工作可预测、可管控，从而保证整个项目的进度和质量，确保项目整体开发计划中各项筹备工作节点按时、按标准完成（表3-6）。

将招商实施的重要工作节点进行分解，每个节点启动、完成时间的设置既要满足规划设计的进度，又要配合工程实施进度。

万达的做法是，除了对筹备招商推进进行计划管控，还要围绕商家从业态规划及铺位划分、品牌落位、意向签署、合同签署、平面布置与装修设计等环节来把控招商实施的计划。

（1）业态规划及铺位划分：即在项目开业前230天至开业前200天，完成步行街品牌落位前的业态分布图、施工图技术条件确认及移交工作，在这个阶段主要需确认餐饮、非餐饮平面位置及分割范围，提供商铺隔墙砌筑图，与商家确认的内容包括：业态名称、业态性质、铺位划分、结构开洞、机电容量等施工图条件，以满足施工图机电末端设计及容量负荷，同时，指导现场开始商家隔墙砌筑实施；

表3-6 筹备计划模块表

级别	阶段	业务事项	开始时间	周期	完成时间	完成标准	业务部门	
							发起部门	接收部门
1	招商	室内步行街品牌落位前的业态分布图、施工图技术条件确认及移交				(1)确认餐饮、非餐饮平面位置及分割范围； (2)商铺隔墙砌筑图； (3)施工图条件：业态名称、业态性质、铺位划分、结构开洞、机电容量	商管公司	规划院 项目公司
1	招商	室内步行街餐饮业态品牌落位图				按已确定的业态分布完成集团批准的餐饮品牌落位图	商管总部	审批部门
商1	招商	招商进度完成100%				完成意向签署	商管公司	商管总部 招商中心
1	招商	室内步行街非餐饮业态品牌落位图				按已确定的业态分布完成集团批准的非餐饮品牌落位图	商管总部	审批部门
1	招商	商家二次装修消防报审图及移交				完成移交	商管公司	项目公司
商3	招商	完成商家租赁合同签署及备案				完成租赁合同签署及备案	商管公司	商管总部 招商中心
商1	招商	商家装修效果图上报				完成OA批件	商管公司	商管总部 招商中心
1	工程	室内步行街餐饮商铺商家装修（消防验收）				吊顶及消防末端完成	商管公司	商管公司
3	工程	商家精装（非餐饮/自装）（消防验收）				吊顶及消防末端完成	商管公司	商管公司
1	工程	商家精装修完成				所有商家精装完成（天地墙）	商管公司	商管公司
1	工程	商家装修达到开业条件				所有商家全部精装完成达到开业条件（含：移动货架等）	商管公司	商管公司

（2）品牌落位：按已确定的业态规划，完成品牌落位方案。根据商家对房产条件的要求和所需装修周期的不同，分为餐饮业态、非餐饮业态的品牌落位，分别要在项目开业前的170天和开业前140天完成；

（3）意向签署：项目开业前150天，完成所有合作意向签署和意向金的收取，以保证项目业态规划的品质和目标品牌的最终落位；

（4）合同签署：招商工作的成果落地，工作周期一般为三个月，须在项目开业前90天完成，保证商家商铺设计及装修进场；

（5）平面布置与装修设计：一般分装饰设计及施工图，装修施工图须在项目开业前90天完成，确保装修周期及消防等相关验收的报审工作。

（二）商家装修计划管控

不同业态商家，装修周期不同，一般餐饮业态在60~90天，非餐饮业态一般在30~45天。因此设计装修进场管控按照业态不同，分阶段、分步骤进行推进，餐饮商家应在项目开业前120天开始进场装修，非餐饮商家应在开业前100天开始进场装修，才能保证消防及整体竣工验收。

商家装修计划管控设置“合同签署、进场装修、达到消防验收条件、装修完成、达到开业条件”5个节点，明确各节点的责任人和督办人，有效推进商家装修（表3-7）。

表3-7 筹备期装修管控表

一、商家基础信息								
业态（主力店/次主力店/服装/餐饮/精品/体验）	主力店租赁区域/步行街商铺号	面积（m^2）	签批落位品牌名称	原落位品牌第一次调整	原落位品牌第二次调整	负责部门	责任人姓名	交铺条件（主力店标准/精装A/精装B/毛坯）

二、合同签署		三、进场装修		四、达到消防验收条件		五、装修完成		六、达到开业条件	
是否完成（是/否）	合同签署日期	是否完成（是/否）	进场日期	是否完成（是/否）	新计划/实际达到消防验收条件日期	是否完成（是/否）	新计划/实际装修完成日期	是否完成（是/否）	新计划/实际达到开业条件日期

第四节 | 招商推广

招商推广是指在商业项目开业前，围绕前期的招商目标所进行的系列策划推广活动，通过特定的传播渠道将商业项目的定位特色、商业规划、招商政策、招商活动等信息传递给有意向的潜在商家，使其能够了解购物中心项目和招商内容，持续激发其进驻项目的欲望，推动招商目标完成。招商推广还可树立商业项目的知名度、美誉度和影响力，为商业项目的圆满开业和后期的稳场旺场经营奠定坚实基础。

一、项目解读

项目解读是市场推广策略和推广手段制定实施的前提。对于所推广项目的深入市场分析、产品定位、业态规划、产品组合及核心优势的解读，至关重要。

（一）项目卖点提炼

所有招商推广手段都要紧紧围绕提炼出的项目核心卖点（USP）来展开，形成有特色的推广主题、文案以及指导思想。对于招商活动而言，项目核心卖点的解读始终领衔活动开展的指导原则与方向。

1. 项目优势分析

项目核心卖点解读，必须以市场调研为前提。通过对项目优势的深入挖掘，提炼出项目的核心卖点。

第一是品牌优势。包括项目及公司的品牌效应、规模优势、产业优势等。强调品质与国际化。

第二是产品优势。以万达为例，强调其设施高端、功能齐全、品牌国际时尚、品质潮流等特点。

第三是经营优势。以万达为例，强调拥有国内商业地产唯一的完整产业链，与国内外2000家以上优质品牌“长期合作、共同成长”，拥有全球领先、亚洲第一的商业管理公司，在整合资源方面具有很强的优势。

第四是城市和区域优势。包括城市形象定位、区位概况、经济文化、发展战略、城市规划、交通规划、商圈情况、项目所在区域的情况等。

第五是本项目的优势。包括项目商业定位、区位优势价值、周边交通组织、商圈环境优势、人流量、消费力、辐射能力、建筑规划设计、业态规划等。

2. 主题提炼

主题是高度浓缩的项目定位描绘。主题贯穿于项目招商道具的方方面面，如招商手册、项目推介PPT、招商大会主题、招商说辞等。

以万达广场为例，新项目在主题提炼上，须紧紧围绕项目本身的商业定位和主题，参照之前的优势分析以及由此得出的几大产品卖点，并结合当地传统文化与城市特色，从文化、商业和时尚的角度，对新项目进行一次提纲挈领的主题把握。

例如哈尔滨哈西万达广场，主题为“东方夜巴黎，时尚看哈西”、大连高新万达广场主题提炼为“浪漫主义栖息地”，再如宁波余姚万达广场主题为“东南最名邑，风尚新定义”，诸如此类，不胜枚举。

3. 文案策划

好的文案要从项目卖点出发，对主题进行深化与延展。因为无论是主题还是文案，目的只有一个:招商。简言之，文案就是从卖点中不断地提取、组合和再提炼。

在具体操作中，例如招商说辞，其文案应该详尽、具体、条理清晰，涵盖全部核心卖点以及一些商务条件。而项目推介PPT的文字要少而精，注重总结和提炼，关键文字和数据要突出。

总之，文案要根据不同的招商道具侧重点的不同来调整内容，在商务化、实用、精炼的前提下，行文可兼顾一定的文采，以向商家传递最准确、最生动、最易传播的信息为目的。

（二）道具包装

万达广场招商道具有很多种类，最常用的有招商手册、APP电子书、案场包装以及宣传片和广告片四种道具。

1. 招商手册

招商手册是面对商家的“敲门砖”。既要传递重要信息，又要具有吸引力和可读性。

招商手册主要包括项目所在城市信息、区位交通优势、项目自身优势等几部分内容，封面体现主题，内容合理，语言严谨，形式设计时尚大气，注重每一处细节。

- **新境界·2013万达广场招商手册**

2013 年万达广场招商手册（图 3-2）涵盖所有在当年开业的项目。结构上主要分为三个部分。第一部分是万达集团（品牌）、万达广场（产品）、经营优势的总体介绍；第二部分是 2013 年北方项目情况；第三部分是南方项目情况。文案上每个项目的主题 SLOGAN 都很有特点，是用时尚的、商业的、文化的维度做的提炼和阐释。写法上均采用标准的三段式写法——城市、区域、项目。但具体到里面的内容，又尽量用比较富有品质的语言表现文化特点和当地特色，同时用严谨的语言表现区域规划、项目优势等内容。做到了“和而不同”。设计上在用色、排版、选图、整体设计的连贯性上做到精益求精。

图3-2　万达广场2013年招商手册

2. APP 推介书

APP 是目前较为热门的移动终端应用类软件，这同样能成为招商推广的道具。APP 相当于一部微缩版的电子招商手册。在招商大会或者与商家互动的其他活动中，现场使用 APP 进行项目推介，能兼顾体验与互动，提升品质，给商家留下好的印象。

APP电子书推介内容基本以招商手册为框架，进行合理简化，突出条例与关键词。设计上，可以通过360°旋转，全方位展现城市综合体项目所涵盖的购物中心、高级酒店、5A甲级写字楼、SOHO等业态，并可以进入到购物中心内部，观看内部空间构造、步行街效果、商铺装修特色、业态规划、品牌组合等各种信息，使商家产生最直观印象。

3. 案场包装

案场包装包括招商现场布置、人员统一服装、统一说辞等。

招商现场是项目推广的直接载体之一，通常情况下，新项目商业管理公司在公司组建一个月内，必须对招商现场及项目现场进行包装布置，万达的做法是按照商业管理公司总部统一下发的VI视觉应用标准，对办公环境、氛围及企业文化等进行布置，同时招商人员必须统一服装、统一说辞。

4. 宣传片、广告片

一般而言，招商阶段宣传片，其表现内容包括但不限于：企业概况，企业支柱产业介绍、商业管理公司介绍、管理团队介绍、本项目特色优势、主力店商家介绍、战略合作伙伴展示、业态规划、运营优势、商业物业条件及已开业运营项目的经营案例等。宣传片素材要与企业每年年初更新的统一宣传口径保持一致，并注意把握调性，体现高度和专业性。

广告片时长一般为5秒、10秒和15秒，但也可以拍摄系列电视节目。以万达为例：大连高新万达广场开业前拍摄了7集专题片，每集3分钟；从美学、购物、美食、娱乐、交流等角度对大连高新万达广场进行了全方位的解读。以记者体验的角度进行拍摄，既体现了项目的特色和优势，又把观众带入一个时尚轻松的展示氛围，起到了很好的推广效果。

二、推广节奏

新项目招商推广整体划分为招商和开业两个阶段，其中招商阶段分为招商预热期、招商启动期、招商强势期、招商收盘期。

（一）招商预热期

通常在新项目开业前12个月，要为项目进行为期2个月左右的招商预热。主要是完成媒体市场调研、合作资源调研以及编制《项目招商推广方案及费用预算》。

媒体调研以当地媒体市场为主，必要时须关注周边区域的主流媒体及行业专业媒体。调研范围包括平面媒体、电视及广播媒体、网络媒体、户外媒体、移动媒体、新媒体等。调研结束，形成媒体资源信息库，包括媒体调研情况、版面/版块情况、媒体记者联络单、常用媒体名单，并对该信息库进行适时更新。由于业务版块和业务内容不同，不同区域所拥有的媒体资源库也不同，但可以做到优势互补、资源共享。

以万达为例，地方商业管理公司市场推广团队与地方项目公司一起共享媒体资源，并延续良好的合作关系。合作资源调研包括专业设计、物料制作、活动执行等外部资源，这些是项目品牌推广和招商推广等得以执行的外部保障。

在招商预热期内，可适当选择当地主流媒体进行项目导入宣传，并与项目公司的媒体推广穿插配合；预热期还有一项重要工作就是项目招商手册的制作，具体做法前文已经有过阐述。

（二）招商启动期

通常在开业前6至10个月正式进入招商启动期。这一阶段重点工作包括地方招商接待中心的装修及气氛布置、招商宣传资料的准备。商业管理公司则会根据实际情况适时举办“万达中国行”，让商家对万达广场第三代产品有强烈的认知和体验，并通过已经营商家的“现身说法”，强化客户进驻欲望。另外此阶段需要启动媒体宣传执行。

该阶段媒体传播的目标是全面、充分地展示品牌实力，并对项目进行一个全景式的介绍，因此需要选择几家受众面广的主流媒体对项目进行宣传，在推广内容上还应对主力店、次主力店、国内外旗舰品牌、首度合作的品牌给予更多关注。如果是非首次进驻的城市，媒体策略应有所侧重，可以通过软文解读项目，实现推广目的。

（三）招商强势期

通常在开业前4至6个月进入招商强势期。这一阶段推广的重点工作是招商大会的举办以及招商成果的发布。招商大会旨在使目标客户及时了解项目情况，对客户关注的招商内容、招商政策等问题予以解答，同时展示品牌实力及管理团队的专业形象，增进商家信心，达成签约意向。在招商强势期，商家签约率通常会达到50%以上。

在招商强势期一般会配合招商大会进行媒体投放，采用电视、平面、网络

（专题、图文直播、图文报道、视频直播）以及微博等立体组合、密集投放方式。在主题上要对项目进行逐级深入解读，并发布阶段招商成果，吸引更多商家。通常在招商大会前两周开始预热，选择两三家主流媒体，以软文配硬广方式从不同角度进行阐释。招商大会结束后，要后续报道招商成果，选择三家以上主流媒体进行整版或半版软文报道，作为总结。可考虑与门户网站的地方分站进行合作，制作招商大会专题网页，进行会前、会中以及会后持续报道。另外，招商大会现场需要多家网络、电视、广播、视频类媒体现场参与报道，必要时还可以进行现场采访或现场直播。

招商大会结束到开业预热之间一般会有一个传播上的“空档”，此时，需要通过外部的视角来传播，继续吸引招商。首先联合当地各大媒体，报导商业项目进驻城市的意义；其次可以组织有效的商家及媒体参与体验活动，比如 “万达中国行”活动持续推进了招商的签约率。最后，要借助合作伙伴的视角，联合各大主力店投放一些广告或进行微博、微信等新媒体营销，发表已入驻商家的心声。此外，还可以利用项目公司开盘契机、以及其他活动进行推广，扩大传播效果。

（四）招商收官期

通常在开业前3个月为招商收官期，可开展“客户答谢会”等活动，并围绕这一活动在媒体上进行招商成果的发布。

此阶段通常临近项目开业，在媒体传播方面，可启动新媒体推广如社交媒体（SNS）、微博、微信以及原生广告。新媒体最早可以在招商大会前即实施启动。

招商期微博营销在内容规划上要考虑到招商的功能，需要有一个常规的招商信息发布的版块功能，能够第一时间将招商动态和招商信息进行发布，同时也要考虑联合已经确定的入驻商家，多发布品牌信息和产品动态。

新项目的微博营销需要注重两个维度，一个是时间维度，一个是空间维度。除了微博之外，新项目可以联合入驻商家尝试一对一的微信营销。与微博不同，微信的强制推送功能使得信息能够百分之百传达到目标受众，同时微信的特点是一对一、互动式的私密营销平台，通过微信能够与用户进行更为直接的深入沟通。

三、推广形式

在推广形式方面，万达有一些比较有特色的、独特的推广活动，比如“万达商业年会”、“项目招商大会”以及“万达中国行”等。

（一）万达商业年会

1．总体定位

万达商业年会从2008年至2013年已经成功举办过七届。年会的主题为“长期合作、共同成长”，主要由高端论坛、颁奖盛典和品牌合作洽谈会三大系列活动组成。

万达商业年会为国内外知名品牌商家、品牌代理商、商业地产方搭建了一个相互沟通交流的平台，诚如业内专家指出的：“万达商业年会的成立为商业地产企业与商家的合作建立了新模式、新标准，在中国商业地产发展史上具有重要意义。”

2．高端论坛

高端论坛是万达商业年会的核心内容之一。每年万达都会邀请国际品牌全球高层代表、著名经济专家学者来做专题演讲，同时也邀请国际高端零售业及国内外知名品牌的高层人员参加，规模盛大。一年一度的高端论坛现在已经成为国内外著名企业家、专家学者共同探讨中国消费市场发展趋势的行业峰会。

3．颁奖盛典

奖项的设置经过几届演变，最终确定为三项，分别为最旺人气奖、最佳设计奖、最佳合作伙伴奖。在评选上参考了多个维度。其中，最旺人气奖参考了近6个月日均客流量、日均销售坪效、品牌知名度以及网络得票数量等。最佳设计奖重点从门头店招、橱窗道具、功能平面布局、照明色彩与商品陈列、天地墙面与设计风格的协调性、绿色环保材料等方面进行评选。而最佳合作伙伴奖的评选维度是已开店数量、租金贡献、代表品牌的知名度和营运配合度。

奖项评选均经过申报提名、社会检验、网络评选、专家终审四大环节，由行业协会、学界专家机构、媒体及第三方机构评出，最大化保证了评奖的公正性，并具备了一定的社会性。所有奖项最终会在万达商业年会的颁奖盛典上隆重颁发。

4．品牌合作洽谈会

品牌合作洽谈会是万达商业年会的重头戏。活动现场，会以多种形式集中展现商业地产发展的可喜成果，并在现场展示一些重要项目，通过与参展商家的无缝对接和交流，促成现场签约或达成合作意向。

连续七届的万达商业年会，以参会商家之多、代表规格之高、推介项目之多，成为真正意义上的“中国商业地产的第一盛会。”

- **2013′万达商业年会**

继2012年万达商业年会创新升级后，经过一年的筹备，2013年第七届万达商业年会于2013年9月10、11日在北京国家会议中心举办。

图3-3 2013′万达商业年会创新再升级

此次万达商业年会，参会人数高达一万人，展出了140余个万达广场，有3000多家品牌商参与盛会，现场签约率高达80%。2013′万达商业年会较往年，增加了“品牌与代理商合作洽谈会”，有360个设展品牌，2000多个代理商，其中品牌商与代理商签约率达90%。2013′万达商业年会各方面都达到了新的高度，堪称最成功的一届。

品牌与代理商合作洽谈会

品牌与代理商合作洽谈会是万达商业年会的一部分，它为品牌商与代理商提供了一个无缝对接的商业平台。通过前期对品牌商与代理商的双向调研摸底，为双方邀请到最适合的接洽对象，最大程度上保证洽谈的成功率。

2013年品牌与代理商合作洽谈会上，图3-4为会议现场360多家国内外优质品牌设立展位或洽谈区，吸引了众多代理商前来洽谈，规模超过2000人。据第三方调研公司数据显示：品牌商的满意率在85%以上，代理商的满意率在93%以上，标志着万达商业年会从传统的交易平台向共享平台的转变。

▲ 图3-4　2013′万达商业年会品牌与代理商合作洽谈会

万达广场品牌合作洽谈会

万达广场品牌合作洽谈会是2013′万达商业年会的重要内容。在将近6000平方米的展厅内，已开业及2014、2015年计划开业的140余座万达广场悉数参展。由于按照区域和年份进行了合理划分，参会人员能够快速找到感兴趣的项目。与此同时，每个万达广场的展位都配备了专业接待人员，为参会人员进行专业细致的讲解。

展会帮助品牌商家对万达广场的项目有了更直观和深入的了解，短短两天时间，现场签约的商家数量就达到3000多家，签约率达到80%。合作协议签订后，商家会继续跟踪洽谈细节，而万达会根据所在市场的消费水平、品牌需求，对合作品牌进行筛选，以保证最合适的品牌入驻万达广场。

此外，"万达广场品牌合作洽谈会"在展区的中心位置推出"智能广场合作洽谈区"，集中展示了万达电子商务的研发成果和发展计划。

▲ 图3-5　2013′万达商业年会万达广场品牌合作洽谈会

主题论坛与颁奖盛典

年会还包括“中国商业新境界”主题论坛和“2013万达广场优秀商家颁奖盛典”等丰富多彩的内容。主题论坛更接“地气”，围绕中国消费市场趋势、连锁餐饮的标准化管理、企业新媒体营销、品牌时尚化等商家关注议题，邀请诸多商业领域代表发表主题演讲，观众反响十分热烈。

2013万达广场优秀品牌商家颁奖盛典颁出“最佳设计奖”、“最旺人气奖”、“最佳合作伙伴奖”三项大奖，以感谢众多优秀品牌商家为万达广场所做出的重要贡献。本次评奖历时4个月，由最具权威的行业评审团的21位专家，从已开业70多个万达广场的5000余品牌商家中，评选产生三大奖项各8名。所有奖项均由行业协会、学术专家机构、媒体及第三方公开机构评选。

图3-6　董事长在2013万达商业年会上为万达广场年度优秀品牌商家颁奖，并接受中央电视台记者采访

（二）招商大会

招商大会是针对具体项目特点，与地方商家进行面对面推介沟通的重要平台。在凸显企业和项目品牌形象的同时，迅速实现了招商目标的突破，而且拓展了新的战略合作伙伴。

1. 氛围包装

新项目的招商大会是招商推广中的重要亮点。要特别关注氛围布置，通过视觉营销传递项目定位和形象品质。大会总调性应做到庄重、大气、时尚，与商业项目的定位相符。时尚现代的舞台设计，配合科技创新的LED展示形式，精细贴心的服务，专业化的礼仪订制服务，丰富多彩的特色表演，震撼精彩的现场视频、音响、特效、灯光等，都会极力营造隆重热烈的商业氛围和地域文化特质。每一个细节，都应体现出对品牌内涵和外在包装的倾注，以整体彰显企业的品牌形象，吸引优质商家入驻。

2. 商家邀约

商家邀约是招商大会最重要的环节，它是决定大会成功与否及后续招商推进的前提，更是对招商团队整体营销实力的检阅。根据不同商家的品牌影响力和入驻商业项目的意向程度，需要提前几个月制定邀约计划，分多组方案落实邀约商家。

3. 项目推介

项目推介也是招商大会的重要环节。项目推介重点从商业项目的品牌效应、独特的产品组合优势和成功经营案例分享入手，详解项目优势和前景，包括企业整体发展概况、支柱产业、项目概况、所在城市商业格局及市场前景、区位优势、交通优势、项目商业定位和优势、后期经营管理。使商家能充分了解项目，坚定合作的信心。

根据万达广场各项目招商大会的统计数据显示，有40%以上的意向商家是通过感受万达实力、现场气氛和听取万达广场项目解读后签约的。

4. 商务沟通

商务沟通是品牌签约的催化剂，也是招商大会的重要内容。招商大会设有大型洽谈区和VIP室，有针对性地分几个层面进行洽谈。

其一是针对重点商家的洽谈。包括当年计划重点开拓的品牌，以及拥有深厚合作基础的品牌；

其二是针对有意向的区域品牌商家的洽谈，由专项品类的招商人员详细对接；

对于那些尚无明确合作意向的商家，也会安排专门招商人员进行接待和讲解。

5. 品牌签约

通常情况下，招商大会平均每场须有20~30家国内外知名品牌商家进行现场示范签约。因为合作伙伴尤其是战略商家的签约具有极强的示范效应，也会迅速带动各品牌商家的入驻，坚定他们借力当地的商业项目、进而把区域品牌做大做强的信心。

通常而言，在一个商业项目的招商中能拥有两三家国内知名品牌商家已属不易，但在万达广场，知名商家却是齐齐入场并结成战略合作伙伴，这得益于万达广场品牌的独特优势和几年来合作商家的支持。

- **福建开业项目招商大会**

2011 年 12 月 8 日，福建开业项目招商大会暨品牌签约仪式在福州万达威斯汀酒店隆重召开，这次活动是由晋江万达广场、泉州浦西万达广场、宁德万达广场、漳州碧湖万达广场、莆田万达广场等 5 家广场及万达百货联袂举办，是万达集团布局海西的一个重头戏。

本次大会共接待国内外知名品牌的 600 余商家代表，现场意向签约商家近百家，媒体发布报道百余篇，引起了社会各界的广泛关注与高度肯定。

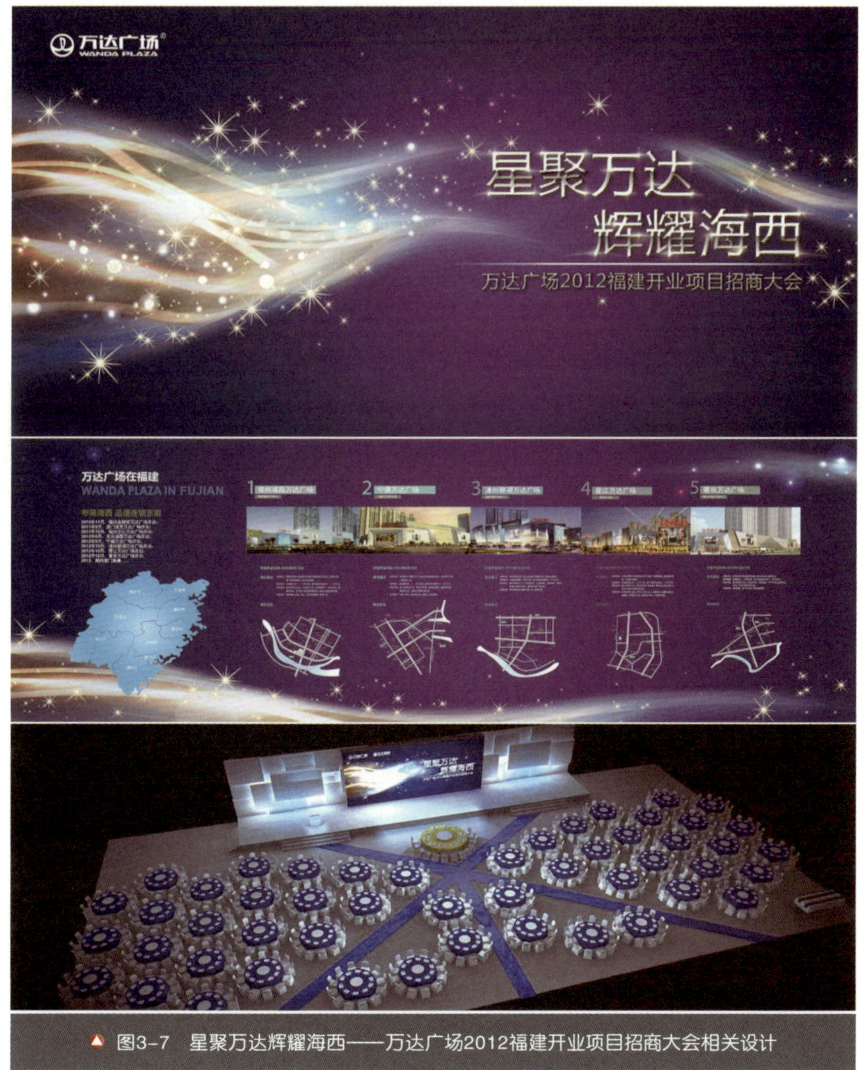

图3-7 星聚万达辉耀海西——万达广场2012福建开业项目招商大会相关设计

本次大会是以“五城联动”为契机的共同招商，这在以往地方招商大会中很少见。大会结合地域特色及本次活动的意义，提炼出活动核心视觉表现元素。整场招商大会设定成以“星耀”为主线；从主视觉到延伸设计、主会场“星路”规划、各环节视频创意点、串场表演、签约及启动环节创意点等，均成功融入了“星”元素，最终呈现了一场极具时尚震撼的感官盛宴。

在商家的邀约上，区域公司负责邀请集团联发战略合作商家、福建省级知名代理商家、已开业万达广场合作商家。地方公司邀请本地重点代理商及知名餐饮商家，现场邀请商家共计600多人。媒体资源的整合上，通过媒体的沟通对接，争取到最大力度的媒体支持和配合，制定并执行了招商大会的各项宣传推广工作。五个城市的万达广场将根据自己的商业定位，进行项目所在城市及项目整体优势的分项分析。如泉州浦西万达广场是万达集团首个华南区旗舰店，为华南、华东地区规划整合最全、业态互补最佳、品牌业种最优的城市综合体，是海西最值得期待的商业中心。其商业定位为：海西首席shopping mall，国际精致时尚中心。

此次大会十分注重活动品质的提升。时尚创意的灯箱签到、视听震撼的舞台效果、新颖紧凑的表演环节，全程星光熠熠、耀目生辉。开场节目新颖，采取了最流行的人屏互动技术，演绎最时尚的流行元素。中场舞蹈展示了五座未来繁华商业地标以城市综合体模型拔地而起的景象，形式新颖、寓意悠长。其次是现场包装，端庄大气的礼仪接待，典雅精致的花艺装饰，规模宏大的展廊，从细节打造商业盛会。

（三）万达中国行

“万达中国行”是万达集团独特的体验营销活动之一。活动参与对象通常为经营商家、代理商、政府官员、媒体记者、目标客户等，旨在根据新项目当地的招商进度和商家需求，向重点且有意向的商家充分展示已开业万达广场实际运营情况和经营优势，通过现场参观、专业团队介绍及商家经营现身说法等，体验万达广场时尚、大气、火爆的商业氛围，成熟的经营模式，以增进目标商家入驻的信心并成功签约。

1. 商家邀约

商家的选择和邀约是“万达中国行”的重点工作。通常根据招商实际情况，按品类分2~3批进行。首批可邀请餐饮、主力店商家参加，第二批是服装品牌商家的邀约，第三批是生活精品体验类商家。

万达中国行的人数以20人为宜，其中商家占总人数比以80%~85%为宜，其中当地重点商家比例需达80%。

另外，可根据需求安排随行媒体。媒体数量控制在2~3家（每家媒体1人）

2. 项目选择

万达广场全国已开业数量多，可供选择的范围很大。参观的项目通常选择已开业第三代万达广场的代表作及可比项目，以能有效激发意向商家签约为导向。由于每个万达广场的突出特点不同，对于餐饮客户，应选择餐饮氛围好、人流量高的万达广场；对于服装类和生活精品类客户，选择服装品牌级次高、体现国际化的万达广场。

路线设计遵循就近原则并充分考虑当地有代表性的项目，可选择两个城市，并合理规划城市之间合理的路线安排。

3. 现场体验

万达中国行要让参与的商家充分体验到万达广场的突出特点，例如别具匠心的布局，时尚经典的陈列，“一店一色”的装修，“视觉营销”带来的冲击力，优雅的经营环境，优质的品牌形象，庞大的客流量等，进而让商家认识到万达经营管理与专业服务相当成熟，能够为商家提供快速发展的平台。

4. 示范经验

重点安排当地广场负责人与商家进行深入沟通与互动，了解广场的运营、管理以及服务，针对不同品类的商家，进行不同的讲解。除日常运营外，当地的特色营销活动是吸引参观商家的重要内容。

另外，还要安排当地万达广场内品牌商家对自己经营的现身说法，以确保万达中国行活动的参观、交流效果和预期目标。现场主要是展示两个方面的“示范效应”：一是广场的“聚客效应”，二是万达广场为商家成就的经营业绩。

5. 迅速签约

招商瓶颈的出现有很多原因，其中最主要的原因是当地餐饮商家、零售代理商对项目认知度不足、经营信心不足以及看重短期利益。

然而，每一次万达中国行活动后，招商转签率基本能达到90%左右。原因在于通过亲身体验和经验讲解，万达广场的整体优势从根本上打消了商家的疑虑，刺激并带动意向及潜在商家签约，带来突破性成果。

6. 持续推广

万达中国行活动凸显的效果是：媒体传播效应和客户口碑效应。为了保障活动宣传到位，须充分调动媒体力量，邀请主流媒体跟随商家进行全程报道，也可以专门组织主流媒体的“媒体万达中国行”，从媒体视角看万达模式在不同城市的不同成功特色及各项目自身独特的优势，让媒体主动报道。

案例呈现

- **大连高新万达广场“万达中国行”**

大连高新万达广场是2013年计划开业项目中的代表作，也是万达集团再度荣耀回归大连的首个真正意义的城市综合体。由于位于高新技术产业园区，距离大连传统市中心12.5公里，并非大连商业核心地带，周边缺乏商业氛围，招商团队面临最核心的问题是：商家对投资大连高新万达广场及入驻经营缺乏一定的信心。

为坚定并强化商家信心，帮助商家全面了解万达广场在中国各大城市的经营状况，亲身体验万达广场成熟的经营模式，大连区域商管团队精心策划了两次“万达中国行”，成效显著。

商家甄选是前提。首先对所有已接洽的商家进行分析，从百余家商家中甄选出十余家重点商家，包括对万达广场商业模式不熟悉、犹豫徘徊的商家，通过面对面和电话沟通，邀请他们参加万达中国行活动，增强投资经营信心。

项目契合是关键。针对招商目标商家的侧重点，选择针对性项目参观。根据招商进度，合理地组织不同主题的“万达中国行”，如首次“万达中国行”主要侧重服装类商家，选定了当年最新开业的上海宝山万达广场；第二次“万达中国行”主要侧重餐饮商家，选定了上海五角场万达广场。

统一说辞是利器。鉴于商家与广场之间的商务洽谈处于摸底阶段，根据招商进展和关键点，必须经过招商团队多轮修改完善形成

“万达中国行”的统一说辞，清晰传递给相应的商家和媒体，也渲染了启动前的预热气氛。

同时，活动实施前制作了《项目考察手册》，介绍项目的考察要点及活动行程安排、注意事项等。保证交通、住宿、餐饮、行程等方面高质量配合，推进“万达中国行”活动的顺利开展、保证万达中国行的活动品质。

震撼的现场体验。上海宝山万达广场别具匠心的布局，合理美观的陈列，“一店一色”的装修都给考察团的每位成员在视觉和感官上，带来了极大的冲击。上海五角场万达广场成熟的经营环境，良好的品牌形象，庞大的客流量，让所有随行成员深切感受到万达广场的独特魅力和成熟经营模式。在参观考察过程中，针对商家关心的项目品牌进驻、销售额、客流量、店面装修等方面的问题，邀请当地团队进行详细的介绍和讲解。

通过考察和交流，商家间彼此也拉进近了距离，在融洽的氛围中，组织不同形式的座谈会，针对商家的需求和顾虑，给予及时解答，取得预期效果。

大连主流媒体、大连各大城市论坛、新浪微博、各大网站都发布活动讯息，极大地扩大了活动的宣传范围和活动的持续影响力。

通过万达中国行，商家合作达成率达到了90%以上，并由此带来不断增长的品牌资源及合作意向。

第五节 | 信息化管控

信息系统是指建立在信息技术基础上，以系统化的管理思想，为企业决策层及员工提供决策运行手段的管理平台。企业在高速发展的过程中，势必以严谨的制度和标准化的业务流程作为高速发展的要诀。有效地利用信息系统，企业能够贯彻制度更加严格，执行业务更加规范，统计信息更加高效，经营分析更加准确，达到事半功倍的效果。

事实上，伴随技术的发展，多数优秀企业在管理中都会采用ERP系统助力。在搭建信息化平台的过程中需要遵循以下原则，首先是统一规划，包括建设领域、软件、硬件设施，建设范围为全集团子公司全业务领域，统一实施；其次是高度集成、单点登录、数据共享，严格按照三个“一”的原则，即一个概念、一个数据、一个入口。

信息化是现代企业跨区域、精细化管理的有力工具，帮助高管人员实时监控，让他们如同亲临现场督战，形成较好的监管。整个信息系统不仅内部信息四通八达，而且打破了各个部门版块的界限，按照商业逻辑形成彼此交叉、又相对独立的循环系统。这种贯通的信息平台的构筑，对招商过程的完美执行提供了全面的支撑，也同时增强了对招商过程的有效管控（表3-8）。

表3-8 品牌全程管控要点

序号	管控要点	说明
1	品牌库符合性	确定各业态库内品牌占比标准
2	品牌落位方案审批	依据品牌库符合性原则管理品牌落位方案审批流程，记录品牌落位方案，为后续招商实施过程中租赁合同品牌落位符合性的审批提供依据
3	租赁合同品牌落位符合性审批	依据品牌落位方案审批租赁合同品牌落位符合性

一、信息化管理的作用

（一）后端倒推前端

信息平台的构建过程，实际是将企业原有的知识和经验固化的过程。一个信息平台好用不好用，很大程度上取决于最初的设计合理不合理。以万达资产租赁系统为例，为确保招商中的品牌落位不走样，招商部门提出希望把品牌落位图固化，一旦有变化就亮红灯；对租金线进行固化；整体租金总指标也进行固化。这些需求都在信息平台中得以有效实现。

同时将工作流程、计划实现信息化管控。将整个大流程拆分成若干个模块，各自对应相应的节点。所有节点都录入信息系统，各个模块实现即时自动生成，不但能确保流程，而且能解决虚假填报信息的问题。

（二）运用数据来管理

信息化平台，以详实精确的数据，为招商过程提供了有效的支持，以及更为严格的管控。

首先，在实行信息化平台管理之后，能够快速获得各种有效数据。以往，招商人员在招商过程中，想要打动商家，通常依靠描绘宏大的愿景来实现。但这毕竟是“空中楼阁”，听者只能形成模糊的概念。而在信息化平台建立之后，招商人员可以拿数据说话，科学性更强，也更有说服力。

租赁系统、品牌库、客流量、车流量，以及各个商家的业绩，所有这些信息都可以提供给招商人员使用，给招商工作带来了最为直观的依据。前期招商一般与项目的建筑同期进行，对于项目建成后的样子，商家看不见摸不着。而借助信息平台上的客流量分析，可以直接向意向商家展示项目总体客流量是怎样的；这可以具体到某个与商家品牌近似的品牌，它的客流量是怎样的。确定租金时也一样，让商家做到心中有数。

（三）实现管理目标

信息化平台不但为招商过程提供了有效的支持，而且也在很大程度上提升了招商管理的管控力度。

信息系统能够使各项工作有效地按制度严格执行，并使管理更深入。由于信息系统完全按商业管理公司制度及规范进行开发，对各项业务的执行起到了严格管控。比如必须严格按品牌落位图进行招商，支持租金标准等各项商务条件的核查，大大提高了管理效率，节约了人力操作成本。

1. 品牌库

合格供方品牌库采用信息化进行管理。招商时必须从品牌库中进行挑选，而且分为对应的等级。一旦有违反，无法履行报批的固化流程。这保证了招商中品牌结构不走样。

2. 租赁系统

租赁业务运行体系，为招商、营运、租金管理三项核心业务提供信息化支持，实现商管核心业务链的前后贯通，确保管控要点得到落实，详见表3-9。

表3-9　租金全程管控表

序号	管控要点	说明
1	租赁决策文件审批	管理租赁决策文件审批流程，记录项目总体租金指标，为后续招商政策执行书的审批提供依据
2	租赁合同商务条件审批	依据铺位租金分解指标审批租赁合同商务条件
3	租赁决策指标核算	招商完成后，复核项目实际租金相对于租赁决策指标的完成情况
4	租金/保证金台账建立	根据租赁合同建立租金/保证金台账，为租金收缴以及履约保证金收支的监控预警提供依据
5	租金收缴监控	实现租金收缴情况的监控
6	履约保证金管理	管理履约保证金的收支状况及合规性

商业管理公司根据决策文件，制定各个铺位的租金指标后，逐步指导每个品牌的落位后的租金谈判，形成较好的指标管控节奏。

二、信息化管理内容

（一）基础信息管理

建立品牌库、商家信息和项目基础信息数据库，确保品牌、商家、广场基础信息的唯一性和准确性，按权限对品牌库、商家和项目基础信息阅读，确保资料的保密性。

具体来说，整个业务分为9大模块：市场调研、业态规划、招商政策、品牌落位、招商实施、技术对接、装修管理、营运管理、租费管理，详见图3-8。

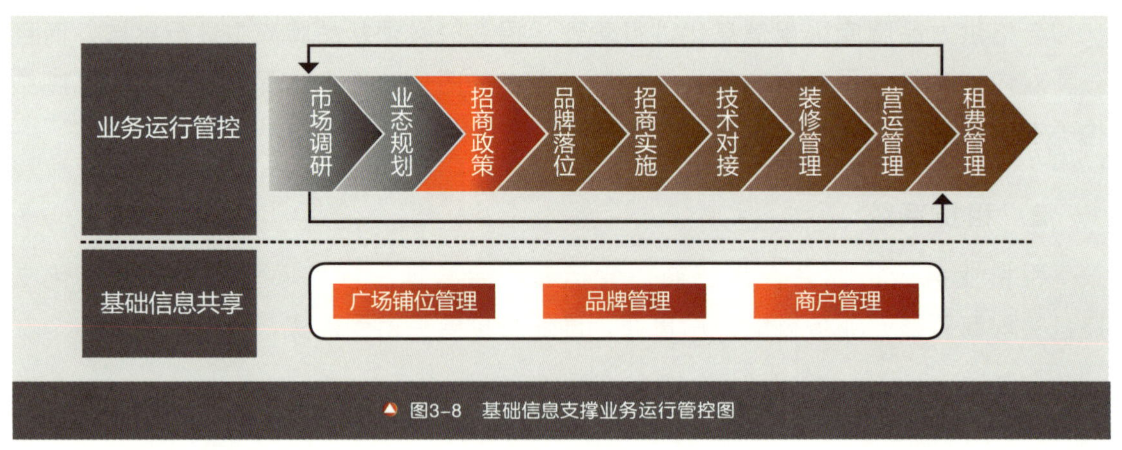

图3-8　基础信息支撑业务运行管控图

（二）万达广场信息化管控

1. 招商政策

在系统中录入《租赁决策文件》租金、免租期等指标，并对各项指标格式化，作为租金管控的源头。将租金分解表录入系统，作为判断铺位租金是否达标的管控依据，详见图3-9。

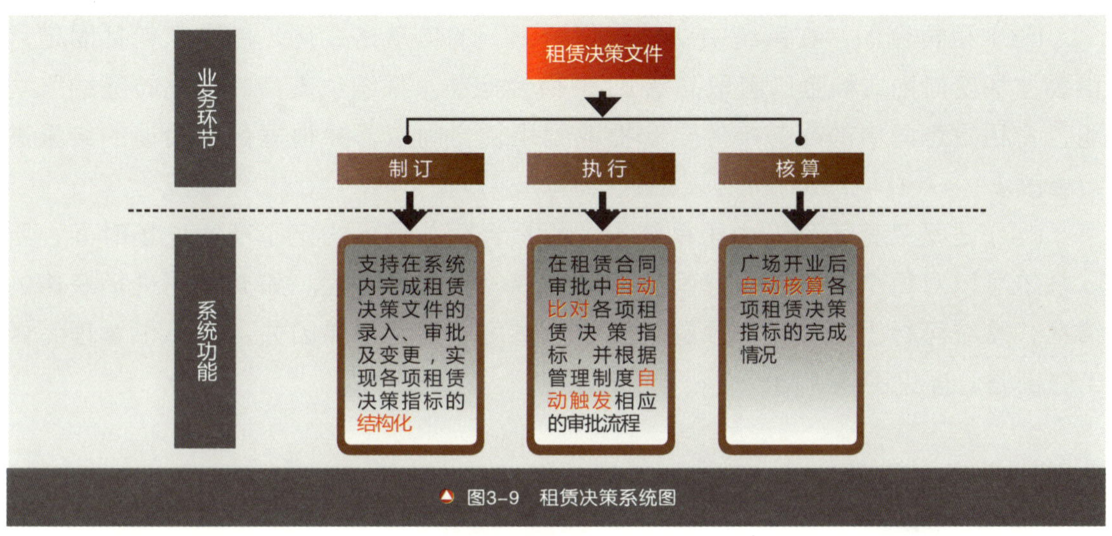

图3-9 租赁决策系统图

2. 品牌落位

将《品牌落位图》录入系统，拟落位的品牌与铺位一一对应，当签署租赁合同时，系统自动将该铺位的落位品牌带入到合同页面中，即合同签署品牌必须为落位图落位品牌，对品牌引进达到强制管控，详见图3-10。

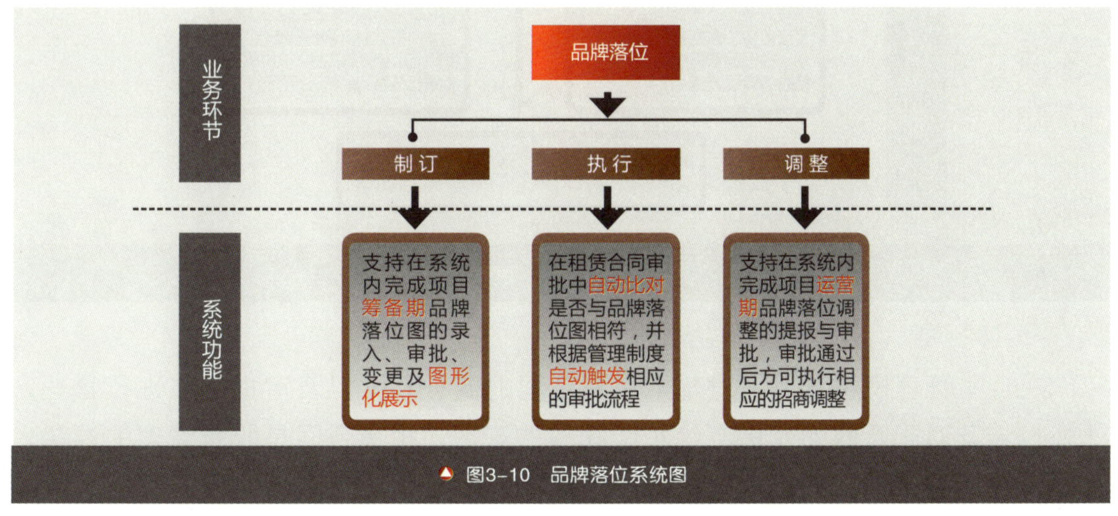

图3-10 品牌落位系统图

3. 招商实施

（1）商务洽谈：记录招商洽谈过程，跟踪招商人员报价和商家反馈的信息，利用系统管理招商洽谈工作。

（2）意向管理：在系统中对《意向书》的信息格式化，招商人员按格式录入，并按固化的审批流程在系统中审批。审批过程中，系统自动判断租金等商务条件是否符合决策文件指标和租金分解标准，不符合的亮红灯警示，便于审批人审批。

（3）租赁合同：在系统中对《租赁合同》的信息格式化，制定了包括固定月租金、保底与抽成租金二者取高等11种租金标准。系统也支持“意向转签约”功能，将租赁意向中的商务条件自动提取到租赁合同中，并根据最终洽谈的结果进行修改。

（4）进场装修管理：由于系统中《租赁合同》界面约定了商家进场时间，所以系统可以对每个商家进场时间和装修完成时间进行管控。如有延期进场装修的情况，系统可标识红色进行预警，操作人员可填写延期原因并上报，供管理者做工作部署，详见图3-11。

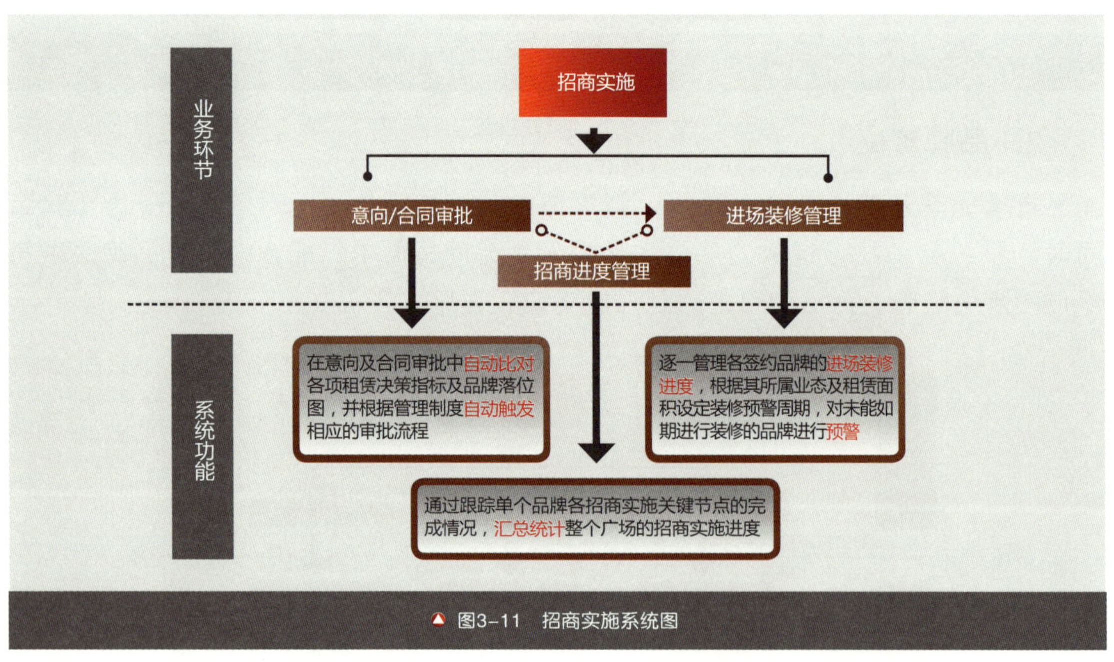

图3-11 招商实施系统图

在合同管理模块方面，对整个租赁合同的商务条款以及审批过程进行管理，此外也涉及对于合同的变更、终止和续签的管理，租赁合同是收费管理的源头，其确定的商务条件将成为后续每期租金账单、质量保证金和履约保证金等账单的生成规则，加大了对合同台账的管控。

4. 租费管理

《租赁合同》审批通过后，系统可以自动生成租金台账，包括租约年台账，权责发生制和收付实现制台账。系统支持打印《缴费通知书》、收取租金和保证金、预收冲抵等功能，并自动生成收款台账。这些功能大大降低了手工工作量，提高了准确性和工作效率，详见图3-12。

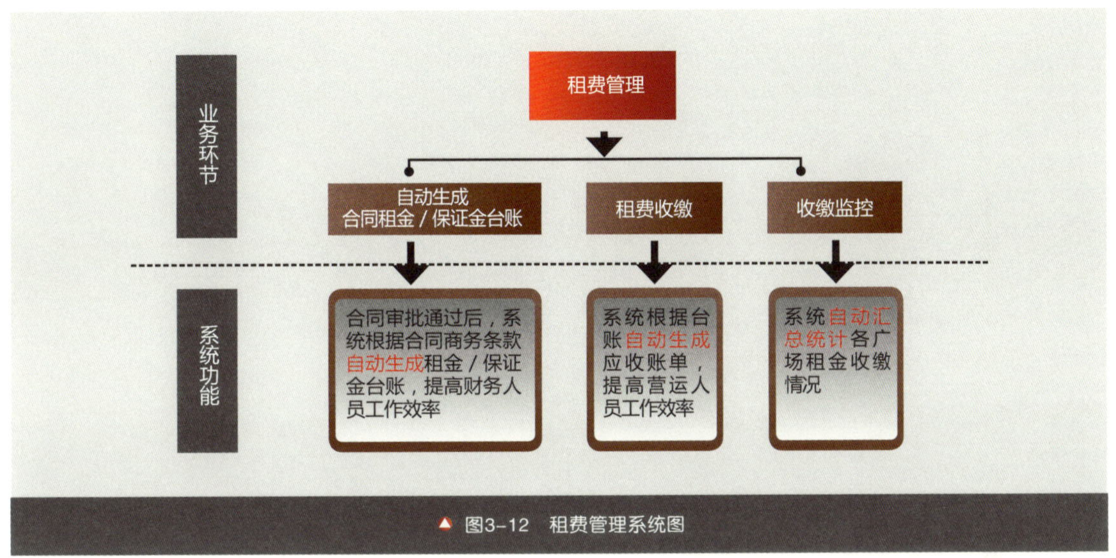

▲ 图3-12 租费管理系统图

从以上图示可以看出，在租金总指标管理方面，信息化系统更加科学地规划和切割步行街铺位，同时根据铺位位置制定铺位价值，得出铺位租金单价，更好地指导今后的租金分解，并以此形成具有权威性的招商政策租金分解文件，保证租金总指标的贯彻执行。

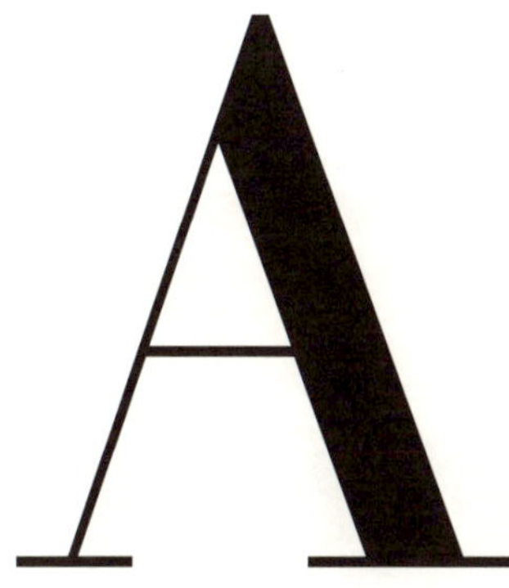

PART. 4

第四章 商业筹备计划管控

PART. 4 第四章

商业筹备计划管控

万达一直非常重视计划，我多年前就讲一句古语，吃不穷，穿不穷，计划不到就受穷。古人农耕时代都讲计划，大规模企业组织更应该讲计划。在前年试行的基础上，去年万达正式实施计划模块化管理，模块化管理软件同时上线运行，收到非常好的成效。

——王健林董事长，在万达集团2011年年会上的讲话，2012年1月

“凡事预则立，不预则废。”筹备计划管控是商业运营前置阶段的一项重要职能，在成熟的商业地产开发集团，商业管理公司必须建立起有效的计划管理机制。通过对工作计划的制订、执行、检查、调整的全过程管理，采用信息化的管控手段，提高工作效率，合理配置人力、物力和财力等资源，有效协调内外各方面力量，使商业地产开发运作的各项前置工作可预测、可管控，以最终保障经济效益。

所谓计划管控，就是指由集团上下各相关部门，按照在购物中心开发建设中所承担的各项工作，以购物中心精彩开业为工作目标，对整体工作推进过程进行目标分解，设定各分项具体工作的完成标准和完成节点；同时，按照影响购物中心建设的程度对各项工作节点进行级别划分和责任人设定，通过信息化管理手段，定时进行进度提醒和信息回应填报；此外，制定严格的管理办法，对逾期未完成的工作节点建立系统预警机制，并将工作节点的完成情况纳入责任部门和责任人的绩效考核。

商业管理公司在筹备期的计划管控体系中涉及三个模块，或称为三个层级。分别为：第一级，综合体项目计划；第二级，商业管理筹备计划；第三级，商铺装修管控计划。

第一节 | 综合体项目计划

一、构成及特点

综合体项目计划是根据业务推进和管理需要，以项目开发整个产业链的计划管控工作权责清晰、分工明确、管理规范、利于考核为原则，由集团总部组织编制并推行的项目开发建设计划，其结构设置主要有以下六大特点：

（1）管控节点：项目开发全过程分解为若干个业务节点；

（2）级别设置：根据每项业务管控的重要性，分成三个级别；

（3）时间规定：规定了每个节点的完成时间；

（4）明确责任：明确了每个节点的责任部门、分管领导和确认部门；

（5）制定标准：制定了每个节点的完成标准和工作模板；

（6）实施考核：每个节点完成情况可量化结果，直接纳入部门及责任人的绩效考核。

在编制综合体项目计划的内容时，所要遵循的原则是：满足综合体项目开发产业链内各管控环节顺利有效衔接，提升每个开发计划环节的工作品质，确保每个环节在节点时间内完成，保证合理工期、保证设计及工程品质，并确保圆满安全实现开业目标，实现对综合体项目计划规范化、标准化的有效管控（表4-1）。主要内容分为阶段模块和责任模块两个方面。

阶段模块按照工作内容划分，包含筹备、摘牌、交地、四证、经营、设计、招标、销售、招商、工程、验收、交付等阶段；责任模块按照工作职责划分，包括项目管理中心、规划院、成本控制中心、财务部、人力资源部、商业管理公司总部、项目公司等部门。

表4-1 综合体项目开发计划模块表（局部示意）

级别	阶段	业务事项	22个月模板			完成标准	发起部门	接收部门
			开始日期	周期	完成日期			
1	筹备	班子组建				公司班子配齐、编制确定	人力资源部	相关部门 项目公司
1	筹备	编制人员到岗				编制人员全部到岗	项目公司	人力资源部

（续表）

级别	阶段	业务事项	22个月模板			完成标准	发起部门	接收部门
			开始日期	周期	完成日期			
1	筹备	商管公司总经理到岗				人员到岗	人力资源部	商管总部
1	摘牌	摘牌				按发展计划节点摘牌	发展部	项目公司
1	交地	交地				合同约定的交地时间	项目公司	项目公司
3	四证	国有土地使用权证				正式土地证	项目公司	相关部门 项目公司
3	四证	建设用地规划许可证				正式用地规证	项目公司	相关部门 项目公司
1	四证	证件办理				正式土地证和用地规证、建筑规证和施工证为临时	项目公司	股份公司 财务部
1	四证	建设工程规划许可证				正式工程规证	项目公司	相关部门 项目公司
1	四证	施工许可证				正式施工证	项目公司	相关部门 项目公司
1	经营	融资				放款	股份公司 财务部	项目公司
1	经营	项目经营决策文件				编制签批完毕	总部 成本部	审批部门
3	经营	项目经营目标管理责任书				编制签批完毕	项目公司	相关部门 项目公司
3	经营	项目结算				所有总分包及供货商的结算确认	项目公司	相关部门 项目公司
2	设计	规划设计启动会				会议纪要	规划院	相关部门 项目公司
3	设计	摘牌条件移交				全部移交摘牌条件	发展部	规划院 项目公司
3	设计	施工图设计单位确定				定标	规划院 项目公司	项目公司
3	设计	售楼处选址				选址完成	中心 营销部	各部门 项目公司
1	设计	总图及指标签批移交				明确列出突破设计规范和摘牌条件的事宜	规划院	相关部门 项目公司

二、商业筹备、规划设计的对接配合

商业管理公司是综合体项目计划中重要的责任执行部门，商业管理公司直接负责的节点贯穿在整个计划的始终，推动商业管理公司与项目开发公司、规划院和其他部门自觉进行业务穿插和衔接，在保证整个计划在推进过程中，各系统既要按照节点计划平行推进各自业务工作，完成各项分解目标，同时还要了解各系统间业务工作衔接关系，相互配合、协调推进，确保关键阶段各项节点按期完成。

（一）项目前期办证

为规范商业地产项目办证工作的管理，保证综合体项目销售、接管、入伙各环节顺利推进，有关四证办理分拆原则要点如下：

（1）针对不同业态，按业态分拆办理土地证,无法按业态分拆办理土地证时，应考虑将可售、不可售、自留物业分拆办理土地证；

（2）销售物业应根据项目开发节奏（入伙计划）分拆办理建设工程规划许可证，以保证按期顺利办理竣工备案证；

（3）项目竣工验收后，产权证应至少按分拆后的土地证对应办理；

（4）住宅按独立区域，分拆办理土地证；

（5）回迁楼、自持写字楼、酒店、购物中心等，宜按业态分拆办理土地证、建设工程规划许可证、持有物业房屋产权证（原则上将购物中心再分拆成综合楼、娱乐楼、百货楼、室内步行街等具体业态分别办理）；

（6）地下室不销售部分应按商业物业用途办理各项证照。

（二）销售配合手续办理

这一工作在新项目开盘时完成（表4-2）。根据各地政策要求，办理销售许可证的前置要件，项目公司须对预销售区域完成物业管理企业招标，与物业管理企业签署前期物业管理服务合同，并报政府部门备案，重点如下：

表4-2 综合体项目开发计划模块表（销售许可）

级别	阶段	业务事项	计划周期			完成标准	发起部门	接收部门
			开始日期	周期	完成日期			
1	销售	预售许可证				每个地区不同，达到拿证的条件	项目公司	项目公司

（1）销售物业、回迁楼、自持写字楼、购物中心等，项目公司应对各业态独立进行物业管理委托；

（2）委托原则：属于持有物业的购物中心由商业管理公司接管，销售物业划分区域后分别由物业公司接管，自持写字楼单独由物业公司接管，回迁物业应移交当地政府进行委托；

（3）为给项目顺利接管和对外委托创造物理条件，综合考虑项目所在地区物业接管相关法规及政策，对项目实施分拆办证。

（4）项目公司会同商业管理公司尽早与房地局分管物管部门进行沟通，了解当地政策要求，尽快完成确权手续，保证销售许可证的顺利办理。

（三）销售配合正式开盘

这项工作是销售推广与物业服务的定位配合。项目公司与商业管理公司进行对接，明确物业管理服务标准、收费标准及宣传口径标准；保证销售顺利推盘，避免后期产生业主的投诉和纠纷（表4-3）。

表4-3 综合体项目开发计划模块表（正式开盘）

级别	阶段	业务事项	计划周期			完成标准	发起部门	接收部门
			开始日期	周期	完成日期			
1	销售	正式开盘				完成	项目公司	项目公司

项目公司尽早与商业管理公司对接所售物业的产品定位，以便确定物业服务标准，编制物业管理服务方案和成本测算，明确物业服务费用标准；项目公司还与商业管理公司共同确定物业服务标准及商业配套的说明，统一宣传口径，避免夸大和不实宣传。

（四）业态规划初步移交

规划院参照商业定位等信息，结合项目规划设计条件，提出购物中心建筑的单体设计方案并进行评审；商业管理公司按照计划，有步骤地进行项目市场调研工作，根据项目总体定位，提出完整的购物中心商业业态规划方案（表4-4）。

表4-4 综合体项目开发计划模块表（业态规划设计）

级别	阶段	业务事项	计划周期			完成标准	发起部门	接收部门
			开始日期	周期	完成日期			
1	设计	总图及指标签批移交				明确列出突破设计规范和摘牌条件的事宜	规划院	相关部门 项目公司
1	设计	单体方案签批移交				–	规划院	相关部门 项目公司
1	设计	单体方案深化签批移交				–	规划院	相关部门 项目公司
1	招商	业态规划签批移交				–	商管总部	规划院
1	招商	主力店业态及平面确认				–	商管总部	规划院

商业管理公司对规划院的单体设计方案提出相关设计要求和优化建议，并通过参与规划院组织的设计评审会，共同研究设计建议的落实和解决方案。规划院根据相关部门提出的设计要求和优化建议，修订出建筑设计的单体深化方案，商业管理公司按照移交的深化方案进行详细业态规划和房产条件的提资。

（五）业态规划修正移交

规划院组织项目公司、商业管理公司共同召开业态落实及消防设计对接协调会（表4-5）。针对项目公司反馈的地方消防设计意见、商业管理公司提供的主力店房产技术条件以及室内步行街业态规划图中存在的问题进行协调沟通，达成一致意见后，商业管理公司完成室内步行街业态规划的修正并移交。项目公司最终以消防性能化审批意见、商管总部确认并移交的主力店房产技术条件、室内步行街业态规划图作为设计依据，完成第二版施工图。

表4-5　综合体项目开发计划模块表（业态规划移交）

级别	阶段	业务事项	计划周期			完成标准	发起部门	接收部门
			开始日期	周期	完成日期			
3	设计	消防咨询意见上报				–	项目公司	规划院 商管总部
2	设计	业态落实及 消防设计协调会				–	规划院	商管总部 项目公司
1	招商	主力店房产技术 条件及步行街 业态规划图移交				–	商管总部	规划院
1	设计	第二版施工图 （大商业）报审				包括： (1) 管控要点自查会签表； (2) 各专业全套第二版施工图纸（与一版图差异主要为机电末端调整、墙体砌筑调整、结构开洞及加固等部分变更，原待定业态的房产技术条件确定）	项目公司	规划院
1	设计	二版签约租赁面积 测算移交				–	规划院	商管总部

（六）面积移交

第一版施工图完成后，规划院向商业管理公司移交第一次租赁面积，主要用于租赁决策文件的编制报批；第二版施工图完成后，规划院移交第二次租赁面积，供商业管理公司组织招商签约（表4-6）。

表4-6　综合体项目开发计划模块表（面积移交）

级别	阶段	业务事项	计划周期			完成标准	发起部门	接收部门
			开始日期	周期	完成日期			
3	设计	签约面积测算移交				–	规划院	商管总部
1	设计	二版签约租赁面积 测算移交				–	规划院	商管总部

（七）交通动线评审

交通动线方案设计是项目车流交通系统工程的基础，为后续的交通设施施工、停车诱导系统、导向标识系统的设计提供依据。项目公司应按照《地下停车场交通动线规划设计操作指引及审核流程》的企业标准及要求进行交通动线设计、单位招标、交通动线方案评审及车库动线施工图评审（表4-7）。

表4-7 综合体项目开发计划模块表（交通动线评审）

级别	阶段	业务事项	计划周期			完成标准	发起部门	接收部门
			开始日期	周期	完成日期			
3	设计	车库动线编写设计招标文件				确认	项目公司	项目公司
3	设计	车库动线设计单位确定				定标	项目公司	项目公司
2	设计	车库动线方案报审				项目公司与当地商管会签后，报商管总部和规划院审批	项目公司	规划院 商管总部
2	设计	车库动线施工图评审				商管总部总经理签确，移交规划院和项目公司，含机械车位平面图	项目公司	规划院 商管总部

（八）商家信息移交与导向标识设计对接

导向标识设计应作为一个单独的专项来进行设计管理，这是因为导向标识是建筑物与消费者直接沟通的工具，系统、完善的导向标识是购物中心对顾客无声的诠释和友好的对话，也是体现品质的重要环节。此专项设计由规划院内装设计所指导，专业的导向标识设计公司进行设计，商业管理公司对广场内各业态商家的信息进行统计并移交，最终由项目公司组织实施完成（表4-8）。

表4-8 综合体项目开发计划模块表（导向标识设计对接）

级别	阶段	业务事项	计划周期			完成标准	发起部门	接收部门
			开始日期	周期	完成日期			
3	设计	主力店及次主力店导向标识信息移交				明确各主力店及次主力店名称、性质、LOGO等	商管公司	规划院
3	设计	导向标识施工图及材料封样				满足导向标识招标	规划院	商管总部 项目公司

（续表）

级别	阶段	业务事项	计划周期			完成标准	发起部门	接收部门
			开始日期	周期	完成日期			
3	设计	导向标识现场施工封样				–	项目公司	规划院
2	设计	室内步行街导向标识信息移交				明确各商铺名称、性质、LOGO等	商管公司	规划院
3	设计	导向标识图文信息制作文件移交				满足图文信息的制作	规划院	项目公司
3	招标	导向标识工程				定标	项目公司	项目公司
3	工程	导向标识				开业日前75天完成与消防有关的导视	项目公司	项目公司

三、商业筹备与工程进度配合

（一）商家技术条件落实

对于十几万平方米体量的购物中心项目，业态组合的综合性很强，不仅涵盖各种体量规模的商业单元，而且各种商业单元的业态形式也相当丰富，例如百货、院线、电器、电玩、KTV、超市、健身、酒楼等诸多业态，每种业态都具有单独的技术条件要求，体现了商家技术条件的复杂性。同时，每种商业业态都有大量的品牌商家，不同品牌商家由于商业理念和经营模式的不同，对商家技术条件的要求也不尽相同，因此商家的房产技术条件又具有特定性（表4-9）。

根据商家经营面积需求、合作年限、租金水平、管理方式等维度可将商家划分为主力店商家和室内步行街商家两类。这两类商家在进行房产对接时对技术条件的关注重点有所区别，因此应在尊重差异的前提下，尽量满足商家的需求。

1. 主力店商家技术条件

在与主力店商家进行技术条件对接中不难发现，这类商家对房产技术条件的关注程度是比较全面和深入的，不仅着重于自身租赁区域内技术条件的满足，对于购物中心公共物业条件也会提出相应的需求。

2. 室内步行街商家技术条件

对于室内步行街商家的技术条件要求，各类商家经营项目不同，对技术条件的依赖和要求也不同，但主要应关注配电、给排水、暖通、弱电、厨房排烟几个功能方面的条件。

商业管理公司根据购物中心招商的实际情况，在计划时间内完成主力店、室内步行街商铺房产技术条件的收集、汇总、整理并移交，项目公司依此条件进行施工，确保商家进场条件实现。

表4-9 综合体项目开发计划模块表（商家技术条件）

级别	阶段	业务事项	计划周期			完成标准	发起部门	接收部门
			开始日期	周期	完成日期			
2	招商	主力店进场前招商对接确认会				按照图纸要求完成	商管总部	项目公司
1	招商	室内步行街品牌落位前的业态分布图、施工图技术条件确认及移交				(1) 确认餐饮、非餐饮平面位置及分割范围； (2) 商铺隔墙砌筑图； (3) 施工图条件：业态名称、业态性质、铺位划分、结构开洞、机电容量	商管公司	规划院 项目公司
1	招商	室内步行街餐饮业态点位图确认移交				机电点位图、厨房位置等	商管公司	项目公司
1	招商	商家二次装修消防报审图及移交				包括：商家装修施工图，平面图、装修图和水电图	商管公司	项目公司
3	工程	大餐饮商家精装（进场）				商家进场	商管公司	商管公司

（二）达到商家进场条件

项目公司在接到商业管理公司商家房产技术条件后，进行商家的墙体分隔、机电条件等各项施工。开业前195天，影城、KTV、超市和大型餐饮达到进场条件；开业前180天，完成室内步行街隔墙砌筑；开业前165天，电玩业态达到进场条件；开业前150天，室内步行街餐饮商铺达到进场条件；开业前135天，电器类主力店达到进场条件；开业前85天，室内步行街精装商铺达到进场条件。

（三）提供商家施工条件

项目公司应在商家进场装修前，与商业管理公司对接有关装修管控的方案和措施，明确管理人员组织、交通设施和场地条件，达到现场装修的基本条件。其中临时用电应将电箱引至商铺内指定位置，临时用水可分层、分区域集中设置，满足垂直交通设施使用，确定装修通道、卸货区域、垃圾堆放区、临时卫生间等（表4-10）。

表4-10 综合体项目开发计划模块表（商家施工条件）

级别	阶段	业务事项	计划周期			完成标准	发起部门	接收部门
			开始日期	周期	完成日期			
2	工程	提供商家基本施工条件				包括临时水、电、垂直交通、临时厕所等	项目公司	商管公司

（四）商家装修及验收

商家根据各自装修周期及装修管控节点要求进场装修。开业前75天达到消防验收条件后，项目公司开始进行消防系统调试、消电检，在开业前30天，完成购物中心的整体消防验收。在开业前40天商家装修完成，在开业前20天商家达到开业条件，10天后大商业具备开业条件（表4-11）。

表4-11 综合体项目开发计划模块表（装修及验收）

级别	阶段	业务事项	计划周期			完成标准	发起部门	接收部门
			开始日期	周期	完成日期			
1	工程	商家精装修完成				所有商家精装完成（天地墙）	商管公司	商管公司
1	工程	商家装修达到开业条件				所有商家全部精装完成，达到开业条件（含：移动货架等）	商管公司	商管公司
1	验收	大商业消防验收（大证）				完成	项目公司	项目公司
1	验收	开业前消防检查（小证）				消防部门核发安全许可证，才准许开业	商管公司	商管总部
1	验收	大商业达到开业条件				所有商家整体达到开业条件	商管公司	商管公司
1	交付	大商业正式开业				正式营业	商管公司	商管总部
1	交付	大商业正式移交				开业后四个月完成项目公司向商管（酒管）的移交	项目公司	商管公司

第二节 | 筹备计划管控

一、构成及特点

为使商业管理公司各项前期筹备工作能够按照项目开发整个产业链管控节奏顺利推进，确保项目整体开发计划中各项筹备工作节点按时按标准完成，商业管理公司在综合体项目计划实施模块化管理（表4-12）的基础上，以综合体项目计划模块化模板为蓝本，对商业管理公司前期筹备的相关工作计划进行细化梳理，编制了商业管理筹备计划模块化模板，并在所有新建的商业综合体项目中实施（表4-13）。

商业管理筹备计划在结构设置上沿用综合体项目计划的模式，用以保证两项计划在同一信息系统平台上同步运行。在内容编制上，充分考虑了商业管理系统组织模式和管理架构的特点，保证整个商业管理系统计划管控的实操性。主要有以下几个特点：

（1）管控节点：将商业管理公司在综合体项目计划中负责的节点与其内部工作节点进行汇编；

（2）模板设置：按照执行单位和部门的所属关系，编制“区域公司所属店”和“总部直属店”两个版本；

（3）责任模块：工作节点责任部门按照总部、区域公司和地方公司进行划分；

（4）阶段模块：按照商业管理公司的工作业务性质划分，设置了拓展、人力、招商、营运、物管、工程、财务、行政8个类别；

（5）级别设置：从综合体项目计划中提炼的工作节点仍沿用1~3三个级别，其他筹备计划节点根据商业管理公司每项业务管控的重要性，分成商1~商3三个级别。

汇编后的商业管理筹备计划工作节点共计281个，保障了整个商业运营前置工作的全面覆盖与有效实施。

表4-12 购物中心筹备计划模块总节点分析表

级别	节点总数	按所属模块分类							
		拓展	招商	物管	工程	营运	人力	行政	财务
总计	281	24	29	40	98	26	32	15	17
1级	31	9	9	1	9	2	1	—	—
2级	22	3	3	2	14	—	—	—	—
3级	40	6	1	2	30	1	—	—	—
商1	50	3	9	8	8	5	5	1	11
商2	40	2	4	5	5	10	9	—	5
商3	98	1	3	22	32	8	17	14	1

表4-13 商业管理筹备计划模块表（部分）

级别	阶段	业务事项	计划周期			完成标准	业务部门	
			开始日期	周期	完成日期		发起部门	接收部门
商1	拓展	下发商管拓展工作通知单				下发OA通知	商管总部拓展部	商管总部各部门区域商管公司
商2	人力	商管项目筹备负责人到岗				招聘到位或指派新项目筹备负责人	区域商管公司	商管公司
商1	拓展	商管项目启动会				会议纪要OA上报	商管总部拓展部	商管总部各部门区域商管公司
商2	招商	商业市调				商业调查报告	区域商管公司	商管总部招商中心
商2	物管	物业市调				完成物业管理市场调查报告并OA审批通过	区域商管公司	商管总部商业物业部
商1	拓展	商业筹备计划执行书编制并下发				完成公司筹备计划执行书OA下发	商管总部拓展部	商管总部各部门区域商管公司
商1	行政	商管公司注册申请				股份公司OA批复	商管总部人力资源行政部	区域商管公司
商2	人力	人力资源市调				同类项目人力薪酬调查报告的制定	区域商管公司	商管总部人力资源行政部

二、重点阶段管控

（一）公司成立及团队组建

为使商业管理公司与项目公司尽早建立对接机制，配合项目公司对项目前期销售、规划设计和工程进度等工作的有效推进，商管筹备计划设置了商业管理公司成立（表4-14）和团队组建的节点要求（表4-15）。

表4-14 商业管理筹备计划模块表（公司注册）

级别	阶段	业务事项	计划周期			完成标准	业务部门	
			开始日期	周期	完成日期		发起部门	接收部门
商1	行政	商管公司注册申请				股份公司OA批复	商管总部人力资源行政部	区域商管公司
商3	行政	商管公司企业名称核准				取得企业名称核准通知书	区域商管公司	商管总部人力资源行政部
商3	行政	商管公司完成注册后备案				完成营业执照备案OA审批	区域商管公司	商管总部人力资源行政部

表4-15　商业管理筹备计划模块表（人员到岗）

级别	阶段	业务事项	计划周期			完成标准	业务部门	
			开始日期	周期	完成日期		发起部门	接收部门
商2	人力	商管项目筹备负责人到岗				招聘到位或指派新项目筹备负责人	区域商管公司	商管公司
1	人力	商管公司总经理到岗				人员按期到岗	股份公司人力资源部	商管总部
商1	财务	财务先期人员到岗				人员按期到位	区域商管公司	商管总部财务部
商1	人力	（非同城）营运副总到岗				人员按期到岗	商管总部人力资源行政部	商管公司区域商管公司
商1	财务	财务经理到岗				人员按期到位	区域商管公司	商管总部财务部
商1	人力	物管副总、（同城）营运副总到岗				人员按期到位	商管总部人力资源行政部	商管总部人力资源行政部
商1	人力	工程副总到岗				人员按期到位	商管总部人力资源行政部	商管公司

（二）租赁决策文件

租赁决策文件根据项目开业时间在开业前一年分两批完成上报审批后，由商管总部招商中心编制各项目招商政策要求及租金分解工作要求（表4-16）。

表4-16　商业管理筹备计划模块表（租赁决策文件）

级别	阶段	业务事项	计划周期			完成标准	业务部门	
			开始日期	周期	完成日期		发起部门	接收部门
1	招商	项目租赁决策文件				编制签批完毕	商管总部	商管总部
商1	招商	下发招商通知				招商政策执行书下发	商管总部招商中心	区域商管公司商管公司
商1	招商	商铺租金分解上报审批				完成租金分解上报	区域商管公司	商管总部招商中心

（三）技术条件对接

商管筹备计划中的《完成第一版室内步行街品牌落位图商管会签并移交》节点（开业前260天），是商业管理公司完成项目计划《步行街商铺施工图技术条件确认及移交》节点（开业前200天）和《步行街商铺点位图确认移交》节点（开业前150天）的依据和前置条件。

表4-17　商业管理筹备计划模块表（技术条件对接）

级别	阶段	业务事项	计划周期			完成标准	业务部门	
			开始日期	周期	完成日期		发起部门	接收部门
商1	招商	完成第一版室内步行街品牌落位图商管会签并移交				完成第一版室内步行街品牌落位图商管会签并移交	区域商管公司	商管总部工程部 商管总部招商中心 商管公司
1	招商	室内步行街品牌落位前的业态分布图、施工图技术条件确认及移交				(1) 确认餐饮、非餐饮平面位置及分割范围；(2) 商铺隔墙砌筑图；(3) 施工图条件：业态名称、业态性质、铺位划分、结构开洞、机电容量	商管公司	规划院 项目公司
1	招商	室内步行街餐饮业态点位图确认移交				机电点位图、厨房位置等	商管公司	项目公司

（四）招商组织

对招商进度进行计划管控的总目标是按期圆满完成招商任务，实现商业项目满铺精彩开业。为了达成这个总目标，需要将招商实施过程中几个重要节点设置分解目标，每个节点的启动时间与完成时间的设置既要满足规划设计的进度，又要配合工程实施进度。此外，每个节点工作周期的设定，既要为保证质量和效果设置正常工作时限，还要考虑过程中可能出现突发情况的调整时间。

通常招商工作的启动，通过前期市调、商业定位及完成租赁决策文件等工作来确定招商目标，招商工作一般在项目开业前8个月开始落实、推进，通过项目业态规划及铺位划分、品牌组合落位、商家合作意向签署、租赁合同签署、商铺平面布置与装修施工图设计、现场技术对接及装修进场实施等几个环节来把控（表4-18）。

业态规划及铺位划分即在项目开业前230天至开业前200天，完成步行街品牌落位前的业态分布图、施工图、技术条件确认及移交工作，在这个阶段主要确认餐饮、非餐饮平面位置及分割范围，提供商铺隔墙砌筑图，与商家确认内容包括：业态名称、业态性质、铺位划分、结构开洞、机电容量等施工图条件，以满足施工图机电末端设计及容量负荷，同时指导商铺隔墙砌筑实施。

品牌组合落位即在按已确定的业态分布前提下，完成商业街品牌落位方案的签批决策。此环节可以根据商家业态对技术条件的要求和所需装修周期的不同，分为餐饮业态品牌落位和非餐饮业态的品牌落位，但分别要在项目开业前的170天和开业前140天完成，以保证后续合同签署与装修进场的周期。

商家合作意向签署即在项目开业前150天完成所有目标品牌商家的合作意向签署和意向金的收取，以保证项目业态规划的品质和目标品牌的最终落位。

租赁合同签署是招商工作的成果标志，贯穿整个招商实施阶段，通常工作周期为三个月，最终需在项目开业前90天完成，以保证商家后续商铺设计及装修进场的进度。

表4-18 商业管理筹备计划模块表（招商）

级别	阶段	业务事项	计划周期			完成标准	业务部门	
			开始日期	周期	完成日期		发起部门	接收部门
商1	招商	完成主力店租赁合同签署及备案				主力店租赁合同签署及备案	商管总部招商中心	区域商管公司 商管公司
1	招商	室内步行街餐饮业态品牌落位图				按已确定的业态分布，完成集团批准的餐饮品牌落位图	商管总部	审批部门
1	招商	室内步行街非餐饮业态品牌落位图				按已确定的业态分布，完成集团批准的非餐饮品牌落位图	商管总部	审批部门
商1	招商	完成第一版室内步行街品牌落位图，商管会签并移交				完成第一版室内步行街品牌落位图，商管会签并移交	区域商管公司	商管总部工程部 商管总部招商中心 商管公司
1	招商	室内步行街品牌落位前的业态分布图、施工图技术条件确认及移交				(1) 确认餐饮、非餐饮平面位置及分割范围；(2) 商铺隔墙砌筑图；(3) 施工图条件：业态名称、业态性质、铺位划分、结构开洞、机电容量	商管公司	规划院 项目公司
1	招商	室内步行街餐饮业态点位图确认移交				机电点位图、厨房位置等	商管公司	项目公司
商1	招商	招商进度完成100%				意向签署	商管公司	商管总部招商中心
商3	招商	完成商家租赁合同签署及备案				租赁合同签署及备案	商管公司	商管总部招商中心

（五）商家进场前预验收检查

为保证商家进场前场地条件达到约定的技术条件要求，各商家达到移交条件的前15天，由商业管理公司与项目公司一起对进场条件进行预验收检查，并会签“预验收报告”，未达到移交条件的要确定整改时间（表4-19）。

表4-19 商业管理筹备计划模块表（进场前检查）

级别	阶段	业务事项	计划周期			完成标准	业务部门	
			开始日期	周期	完成日期		发起部门	接收部门
商3	工程	大餐饮、超市、影城、大歌星进场装修前检查				主力店商铺进场装修前检查签确并OA审批	商管公司	项目公司
商3	工程	室内步行街餐饮商铺、其他主力店商家进场装修前检查				签字版商铺进场装修前前查表及OA报批	商管公司	项目公司
商3	工程	大玩家进场装修前检查				签字版商铺进场装修前前查表及OA报批	商管公司	项目公司
商3	工程	电器类商家进场装修前检查				签字版商铺进场装修前前查表及OA报批	商管公司	项目公司
商3	工程	商家精装(非餐饮/自装)进场装修前检查				签字版商铺进场装修前前查表及OA报批	商管公司	项目公司
商3	工程	室内步行街精装铺进场装修前检查				签字版商铺进场装修前查表及OA报批	商管公司	项目公司

（六）商家进场确认

为保证商家按照项目整体进度开始装修，确保效果及品质，筹备计划中要设定各业态商家进场条件确认节点，要求商业管理公司有效推进招商进度和装修进度，保证筹备期商装工作有条不紊的进行（表4-20）。

▼ 表4-20 商业管理筹备计划模块表（进场确认）

级别	阶段	业务事项	计划周期			完成标准	业务部门	
			开始日期	周期	完成日期		发起部门	接收部门
商3	工程	大餐饮物业交付确认书				大餐饮物业交付确认书完成签字并OA审批	商管公司	商管总部 工程部 区域商管公司
商3	工程	超市、影城、大歌星物业交付确认书				物业交付确认书完成签确及OA报批	商管公司	商管总部 工程部 区域商管公司
商3	工程	室内步行街餐饮商铺、其他主力店商家物业交付确认书				物业交付确认书完成签确及OA报批	商管公司	商管总部 工程部 区域商管公司
商3	工程	大玩家物业交付确认书				物业交付确认书完成签确及OA报批	商管公司	商管总部 工程部 区域商管公司
商3	工程	商家精装(非餐饮/自装)物业交付确认书				物业交付确认书完成签确及OA报批	商管公司	项目公司
商3	工程	电器类商家物业交付确认书				物业交付确认书完成签确及OA报批	商管公司	商管总部 工程部
商3	工程	室内步行街精装铺物业交付确认书				物业交付确认书完成签确及OA报批	商管公司	商管公司

第三节 | 装修计划管控

为了保证招商进度及商家装修进度符合项目整体计划模块化管理的要求，从项目开业日前7个月开始，就由商管总部的管理中心组织招商中心、各地筹建商业管理公司按照开业日倒排，完成《万达广场商铺装修管控计划》，分业态、分商铺编制每个商家在“合同签署、进场装修、装修完成、达到消防验收条件、达到开业条件”的5个节点完成日期，明确装修管控计划中各品牌和各节点的责任人和督办人。再由商管总部组织下辖各级单位进行确认后，移交集团信息管理中心，录入信息系统，进行“线上”运行。

一、招商进度管控

由商业管理公司总部招商中心负责对招商进度实施全程管控；招商进度按照招商意向、合同签署、保证金交付、进场手续等节点进行管控；招商中心每两天更新招商进度，每周例会通报；对于预警品牌，由招商中心会同各部门总经理重点跟进解决（表4-21）。

表4-21　商业管理筹备计划模块表（招商进度）

级别	阶段	业务事项	计划周期			完成标准	业务部门	
			开始日期	周期	完成日期		发起部门	接收部门
1	招商	室内步行街品牌落位前的业态分布图、施工图技术条件确认及移交				(1) 确认餐饮、非餐饮平面位置及分割范围； (2) 商铺隔墙砌筑图； (3) 施工图条件：业态名称、业态性质、铺位划分、结构开洞、机电容量	商管公司	规划院 项目公司
1	招商	室内步行街餐饮业态品牌落位图				按已确定的业态分布，完成集团批准的餐饮品牌落位图	商管总部	审批部门
商1	招商	招商进度 完成100%				完成意向签署	商管公司	商管总部 招商中心
1	招商	室内步行街非餐饮业态品牌落位图				按已确定的业态分布，完成集团批准的非餐饮品牌落位图	商管总部	审批部门
1	招商	商家二次装修消防报审图及移交				完成移交	商管公司	项目公司
商3	招商	完成商家租赁合同签署及备案				完成租赁合同 签署及备案	商管公司	商管总部 招商中心
商1	招商	商家装修效果图上报				完成 OA 批件	商管公司	商管总部 招商中心
1	工程	室内步行街餐饮商铺商家装修（消防验收）				吊顶及消防末端完成	商管公司	商管公司
3	工程	商家精装（非餐饮/自装）（消防验收）				吊顶及消防末端完成	商管公司	商管公司
1	工程	商家精装修完成				所有商家精装完成（天地墙）	商管公司	商管公司
1	工程	商家装修达到 开业条件				所有商家全部精装完成，达到开业条件 （含：移动货架等）	商管公司	商管公司

二、装修节点管控

商业管理总部负责对商家装修进度节点进行管控，通过制定商家进场装修预警管控周期，倒排各商家进场计划；由筹备开业的地方商业管理公司每日梳理商家装修节点，并每周上报；由总部管理中心每周汇总分析各地广场的商家进场装修进度情况，向集团汇报；对逾期未进场商家进行预警管控，商管总部品牌拓展部组织工程部与招商中心对预警商家重点管控。

（一）装修管控节点设置原则及目的

根据项目开发计划、商管筹备计划，结合招商落位实际情况、各业态装修周期，由商管总部最终确定装修管控各节点时间（最迟时间），确保商铺装修按时完成并达到开业条件。

（二）装修管控节点设置时间原则

（1）合同签署时间（进场前10天）

（2）商铺装修进场时间（根据模块进场时间确定）

超市：开业前165天

大餐饮：开业前165天

大玩家：开业前135天

其他主力店：开业前120天

餐饮商铺：开业前120天

非餐饮商铺：开业前100天

（3）商铺达到消防验收条件：开业前75天

（4）商铺装修完成：开业前40天

（5）商铺达到开业条件：开业前20天

表4-22 商业管理筹备期装修管控（预警装修周期表）

项目	分类	时间（天）
主力店	大型主力店	30-150
	次主力店	60-90
室内步行街餐饮商家	面积≥500m²	70-90
	面积<500m²	20-60
室内步行街服装、精品商家	精装	20-30
	毛坯	25-60

说明：预警装修周期仅为装修施工的最短时间，不含品牌授权报批、货品陈列等时间。

（三）装修管控节点完成标准

（1）合同签署完成标准：合同双方完成签字并盖章。

为了考核的公正与合理性，避免合同签字盖章的周期受到影响，实际工作中以将商铺录入资产租赁系统并审批完成，作为合同签署完成的标准（品牌意向已确认完成、商务条件下发并确认、录入资产租赁系统已审批完成、合同回执中）。

（2）装修进场完成标准：完成进场交付确认书、完成装修材料进场、完成装修人员进场施工。

（3）达到消防验收条件标准：商铺分隔墙体砌筑完成、装修天花吊顶封板完成、喷淋头追位完成、烟感安装到位。

（4）装修完成标准：商铺装修完成吊顶天花、地面铺装、立面装修、厨房装修、门头店招施工完成（含应急照明安装、疏散指示安装、电磁门吸安装完成）。

（5）达到开业条件标准：商铺装修收边收口完成，店招LOGO安装完成，固定、移动货架安装就位，灯光及其它设备设施调试完成，铺内保洁完成。

三、施工进度管控

地方商业管理公司负责商家装修施工进度管控，每天对进场商家装修进度计划进行梳理，跟踪装修计划进度、落实情况，每周两次上报商家装修进度的完成情况，对进场时间节点已预警的商家逐铺进行梳理，采取强制措施，保证施工进度达到模块化节点的要求。

表4-23 餐饮商铺装修工程进度表

商铺名称:		铺位号:			隐蔽工程验收时间:					
月份		8月			9月			10月		
日期		1	2	…	1	2	…	1	2	…
施工前的准备										
顶面	吊筋									
	龙骨									
	电工布线									
	异型设计									
	喷淋、空调									
	封板									
	油漆及乳胶漆									
	天花顶面施工									
	灯具安装									
	背景音乐安装									
	无吊顶喷漆									
	散流器及喷淋头									
	烟感及温感									
墙面	隔墙砌筑									
	形象墙									
	墙面布线									
	木工造型									
	墙砖及其他处理									
	油漆及乳胶漆									
地面	异型地面设计									
	地插与地下布线									
	特殊管道设计									
	地面铺装									
	地砖与地板									
	垃圾清理									
门头	现有基础设计施工									
	异型门招设计施工									
材料异地采购	地砖及地板									
	墙砖									
	成品柜									
	进口用具									
	灯具									
	特殊用材									
厨房	一次防水及闭水试验									
	排水沟及隔油池									
	布线及布管									
	自动灭火系统									
	二次防水									
	墙砖与地砖									
	厨具及安装									
	煤气安装									
	排油烟设备安装									
	餐具及配料									
卫生										
开业准备										

开 业 篇

- 从商家进场到开业后一个月
- 让一个项目万事俱备盛装亮相火爆开业

OPERATION AND
MANAGEMENT
OF COMMERCIAL REAL ESTATE

B

PART. 5

营运组织

PART. 5 第五章 营运组织

很多人都在探讨万达广场为什么没有市场培育期？一开业就火，我觉得这个行业一开始做到现在，我自己有体会，我觉得这里面核心的一个方面是我们的运营管理比较好，就是我们的商业管理公司，这实际上已经成了万达核心竞争力的一部分。

——王健林董事长，中国商业地产行业发展论坛2011年会，2011年3月

招商完成后，商家开始陆续进场装修，购物中心的筹备工作重心转向营运准备，从商铺装修、人员招聘、系统培训、营运物料、制度建立、证照办理、开业活动全方面展开，此时的主要工作是组织、管理和协调。这一阶段的工作内容多，涉及各个部门的配合和同步推进，分工和责任必须落实到人，各项准备工作须细致、周密、完整，最终的质量会直接影响广场的开业效果及长期经营的基础。

第一节 | 商家装修管控

商业品质的把控，一方面体现在招商品质的把控，另一方面则体现在对商铺装修品质的把控上。

不同商家对商铺的装修风格、环境布置、氛围营造都有自己的个性要求，是品牌文化的体现和延续。商业管理公司对运营管理有清晰的发展方向，为了保证整体形象氛围的效果，就需要整体协调控制购物中心内各品牌的商铺装修管理。

购物中心对商业品质的追求、对商家商铺装修的管理都是建立在为提升顾客感受、拉动销售业绩的共同目标上。因而，分析市场变化，把握及整合顾客对消

费环境的需求变化，是对商家商铺装修管理的方向。

这要求把每个店面作为一个元素考虑，同时把握连贯起来的整体效果。既要把握公共区域的设计方向，也要对每个品牌的店面展示设计进行审核把控，两者呼应才能实现完整统一的商业环境氛围，这是对商家商铺装修管理的目标。具体组织实施主要体现在店面展示的设计管控和施工管控上。

一、设计管控

设计管控的重点有以下两个方面：（1）品牌形象设计与品牌自身文化的匹配；（2）商铺装修设计与商业项目的整体内装协调。

受品牌定位、文化等因素影响，商铺装修设计会有很大的差异，因而需要和品牌商家开展有效的沟通，指导商家按照商业管理公司的要求优化设计方案，以满足商业项目对商铺装修品质的要求。通常采用以下方法进行管控。

（一）制定《商家设计指南》

商家的商铺装修设计要依据购物中心的项目定位及最新设计要求制定，商家可按照《商家设计指南》开展设计，《商家设计指南》会对店面标识、地面、天花及照明等基础设计提出设计要求（表5-1）。

表5-1 《商家设计指南》设计要求

	位置	要求	方式
控制区域	租赁线内1.5米内	需做防火分区	设计独特陈列橱窗及陈列饰物、内退造型、等候区域等
突出区域	租赁线外20厘米内	不超过整个店面50%	造型、雨蓬、标识、陈列设施、海报等
标识	与整体店面设计融合一体	允许放置一个标识，可多语种放置，主文字与辅助文字比例为3:1；当跨度超过10米时，可考虑增加高度等于500毫米的门楣，整体厚度不可超过30毫米；光源需暗藏在门头结构内	如在地面、顶部、墙体等采用悬空、嵌入等方式放置
地面	控制区域内外	完成面必须与公共区域地面持平，新旧地面需收边；地面装饰应富有吸引力	形成地面图案，采用玻璃、金属、石材等塑造拼花等造型效果
天花	控制区域内外	控制区域内外需设有石膏板吊顶，且与公共区域高度齐平；不允许使用裸露的格栅吊顶设计；裸露天花及相关设计应进行喷漆处理	鼓励采用多种造型及材质，形成有趣味的装饰效果，用图案造型表示，并在不同区域做相应的变化
照明	控制区域、铺内、灯具	控制区域内照明亮度需高于公共空间，以提高店面设计效果；铺内应采用不同层次照明，首选低耗能照明	采用暖光色调，优化商铺的可见度；采用高显色指数的照明配件；照明推荐嵌入式或凹槽内安装灯具，轨道灯需相应的局部天花做依托

如上，制定详细的《商家设计指南》并召集商家进行讲解沟通，让商家深入了解装修设计要求，才能保证装修设计不会偏离方向。为保证沟通效果，商家提交的设计方案还需要进一步审核。

（二）设计方案评审

商家依据设计指南的指导，完成商铺装修设计方案。为保证设计要求和效果的完美呈现，必须对品牌设计方案进行审核并反馈给商家加以完善。具体分为三个阶段：初审、设计方案调整、设计定稿。

1. 初审

初审要围绕设计图纸提交、设计范围把控、材质及工艺把控来展开。

设计图纸提交：设计图纸包括施工图和效果图。施工图包含：平面布置图、立面图（包含店面、橱窗和门头等）、标识材质及尺寸说明图、电路电器图、天花及地面的设计图等；效果图包含：鸟瞰图、外立面透视效果图、室内效果透视图。

设计范围把控：商家的装修过程需明确店面外消防栓、商铺间隔墙的衔接及设计处理、商铺之间的过渡处理，要注意色调衔接、材质及造型衔接、造型内退与公共区域的衔接过渡等。

材质及工艺把控：在对施工工艺深入了解的基础上，充分考虑消防标准的要求，对于不符合A级以上防火标准的材质做相应的修改；对于高质量的玻璃砖及烤漆玻璃、金属不锈钢、镜子及抛光完成面、经处理的石材（如花岗岩及大理石）、高质量的瓷砖、通体砖或马赛克、自然刷漆的木饰面等做相应的分类；不得使用铝塑板、大面积木饰面等不符合消防要求的材料。在设计审核的过程中，应对材质明确把控。

2. 设计方案调整

需根据业态、品牌文化的差异，制作相应的设计方案；对于不符合广场定位及业态特点的设计方案，需与商家充分沟通，及时优化，达到最佳效果（图5-1）。

商铺 ____________ 设计图纸审批回复意见

贵公司提交的图纸已收悉，经我司审核后，有如下修改意见，供贵司参考及执行：

1. 一字横眉处需做修改（如红色部分）；
2. 建议LOGO处也做重新设计，应改善传统的店招处理方式；（侧招、吊挂式、镂空等）
3. 建议加强主入口造型处理；
4. 请该商户重新调整外立面设计(可参考下图2）。

请贵公司于7月24日之前提交上述修改后的图纸予我司，以便我司进一步审核。

顺祝

商祺

▲ 图5-1 商铺设计整改函

案例呈现

- **长沙开福万达广场某餐饮品牌**

该品牌是一个域外特色菜系的餐饮品牌。

第一版方案，材质呈现出中性的暖灰色系和仿旧的历史感，镂空造型做隔断也体现了造型的变化，但整体店面设计稍显单调，异域风情表现不充分（图 5-2）。

第二版方案，加强了入口的立体感，增加了灯笼、窗格的设计元素，增加了浮雕和入口的美陈氛围，已注重场景设计，但层次段落不清晰，主题不明显（图 5-3）。

第三版方案，把右侧的隔断拆除，腾出空间塑造时空感的场景：马、枯藤、老树、城墙、让整体的氛围活跃起来，实现了餐饮与文化的融合，更契合了品牌文化（图 5-4）。

图5-2 第一版形象

图5-3 第二版形象

图5-4 第三版形象

3. 设计定稿

所有通过调整并最终确认的装修设计方案，需交付达到完整审核条件的图纸，并与品牌方、施工方达成一致并签字归档，后续的施工还原还需按照统一确认的图纸进行优化，避免后期施工的拆改。

二、施工管控

在将商家的商铺装修设计方案落实执行前，需对设计方案图纸进行深入了解和掌握，同时对照图纸全程监控施工过程，注重施工进度及细节管控，阶段性进行施工验收，才能实现设计效果的完美呈现。施工管控具体有以下三个方面：计划管理、现场管理及完工验收。

（一）计划管理

制定《施工进度计划表》，有助于有效把控商铺装修进度，达到设计定稿与商铺完工还原度的契合（表4-23）。

（二）现场管理

施工现场要及时跟进。在施工现场，如果发现不符合设计方案或影响整体效果的情况，要及时沟通、协调解决。比如，商家的橱窗陈列应保证内外视线的通透，不能直接在橱窗或幕墙粘贴广告画等；餐饮需考虑重点分区要求，应注意平面布局及设计动线，应注意到操作设备、明露橱柜等必须安装保护门，垃圾桶等清洁设施必须隐蔽。

在商家装修期，工作人员必须每日对施工方的图纸进行核定，确保按图施工。在跟踪每天施工进度的同时，对施工工艺造型和用材进行检查，对效果进行评估，一旦发现问题，及时督促整改，严控施工质量。

（三）完工验收

完工验收流程，如图5-5所示。

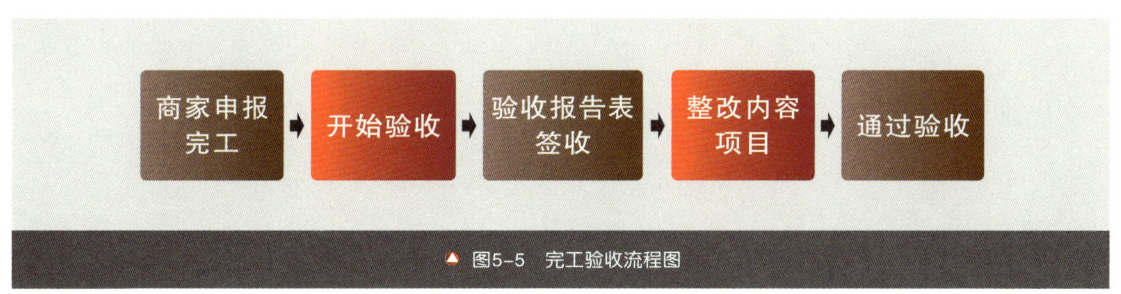

图5-5 完工验收流程图

完工验收必须为三方代表（商家方、施工方、管理方）同时到场验收，三方共同管控施工工艺及设计的还原度。具体做法是：采用《装修验收单》作为商家装修验收依据，根据各项要求来检验设计及施工细节，逐项进行确认并填写检查意见，三方代表共同验收后，对此验收单签字及盖章，如表5-2所示；验收完毕，将等待项目整体开业。

表5-2 装修验收单

<table>
<tr><td colspan="2">商家姓名</td><td colspan="2"></td><td colspan="2">商铺号码</td></tr>
<tr><td colspan="2">装修负责人姓名</td><td colspan="2"></td><td colspan="2">联系电话</td></tr>
<tr><td colspan="6">验 收 项 目</td></tr>
<tr><td colspan="2">电检报告 □</td><td colspan="2">消防局验收意见 □</td><td>隐蔽工程验收□</td><td>其他□</td></tr>
<tr><td>效果图</td><td></td><td>平面图</td><td></td><td rowspan="3">验收人:
年 月 日</td><td rowspan="3">营运部</td></tr>
<tr><td>立面图</td><td></td><td>电路图</td><td></td></tr>
<tr><td>整体效果</td><td></td><td>商铺店招</td><td></td></tr>
<tr><td>电源箱、容量</td><td></td><td>漏电保护器</td><td></td><td rowspan="8">验收人:
年 月 日</td><td rowspan="8">工程部</td></tr>
<tr><td>灯具、品牌</td><td></td><td>电线、接头、套管</td><td></td></tr>
<tr><td>开关、插座</td><td></td><td>棚面、墙面、地面</td><td></td></tr>
<tr><td>门、窗</td><td></td><td>给水、排水</td><td></td></tr>
<tr><td>盘管风机情况</td><td></td><td>空调送、回风口</td><td></td></tr>
<tr><td>燃气报警器</td><td></td><td>燃气(阀门、接管)</td><td></td></tr>
<tr><td>油水分离器</td><td></td><td>油烟分离器</td><td></td></tr>
<tr><td>电话</td><td></td><td>网线</td><td></td></tr>
<tr><td>消防喷淋头</td><td></td><td>消火栓</td><td></td><td rowspan="3">验收人:
年 月 日</td><td rowspan="3">物管部</td></tr>
<tr><td>消防烟感器</td><td></td><td>消防卷闸门</td><td></td></tr>
<tr><td>防火材料证明</td><td></td><td>防火涂料粉刷</td><td></td></tr>
<tr><td></td><td></td><td></td><td></td><td>验收人:
年 月 日</td><td>安全品质部</td></tr>
<tr><td colspan="6">主管领导:
年 月 日</td></tr>
<tr><td colspan="6">备注:</td></tr>
</table>

第二节 | 营业准备

营业准备主要包括商家营业准备与购物中心经营管理者营运准备，主要内容有商家证照办理、货品陈列、营销活动、标准体系建立等。营业准备工作的有效开展不但保证了购物中心的正常开业，同时也为后期营运管理工作夯实了基础。

一、商家营业准备

从营运管理角度来看，商家营业准备主要包括四个方面：商家证照办理、营业员招聘、货品陈列、营销活动。

（一）商家证照办理

租赁合同签署后，购物中心应督促并组织商家办理相关证照，具体需完成以下工作：首先，购物中心应召开商家办证说明会，为商家提供自主制作的《商家服务指南》手册（图5-6）；其次，要为商家和政府相关办证部门搭桥牵线，组织专场办证咨询会；另外，购物中心应设立商家证照办理专门岗，统筹商家办证所需资料，提高办证效率。

▲ 图5-6 《商家服务指南》样册

（二）商家营业员招聘

购物中心为劳动密集型商业场所，人员是其正常开业及运营的有力保障。因此购物中心管理者要与当地人力资源市场合作，主动提供招聘服务，开业前组织召开大型营业员专场招聘会。招聘会地点以项目周边客流集中的商业聚集点为最佳。另外，要求商家调配有经验的店长或销售服务人员，以老带新，确保商铺开业后保持良性的经营运转。

（三）商家货品陈列

商铺完成装修的最后工作是设施设备及家私货品的进场，购物中心经营管理者应提前一个月了解具体进场时间，并不断督促完成（表5-3、表5-4）。

表5-3　服装、生活精品类商家开业相关工作进度表

序号	品牌	装修进度				道具进场		营业准备						人员培训	是否有工程遗留问题	备注	责任人
		门头	灯具	清洁	装修队撤离	进场时间	完工时间	货品	布货	橱窗	POS机	营业用品	人员到岗手续办理	培训时间			
1	品牌A																
2	品牌B																
3	品牌C																
4	品牌D																
5	品牌E																

表5-4　餐饮商家开业相关工作进度表

序号	品牌	装修进度				相关设备								营业准备					人员培训		备注	责任人
		门头	天花	墙面	地面	厨房设备	排烟罩	水电灯具	煤气	功能区分	餐具进场	桌椅进场	设备调试	整体装修人员撤离	店面清洁	电话线、POS安装	相关证件办理	试营业	后厨人员培训	服务员培训		
1	品牌A																					
2	品牌B																					
3	品牌C																					
4	品牌D																					
5	品牌E																					

购物中心如期盛大开业，需要每家商铺都呈现出最佳状态。商铺货品陈列必须丰富美观、新颖醒目、卫生整洁，并要做到立体感强，以充分体现经营特色和经营范围，避免出现无货、少货现象，确保开业货品供给。橱窗陈列应考虑应时应景，设计效果由购物中心统一把控，服装、生活精品类商铺橱窗设计除要美观外，还需要符合开业期间所处季节环境（图5-7）。如：购物中心在12月份开业，当月最大的营销主题就是圣诞节，商家橱窗陈列要包含圣诞元素，或以圣诞为主题进行整体橱窗设计。

货品陈列，应根据当地物价部门要求，明码标价，使用统一印制的标价签，一货一签。

图5-7　开业货品陈列

（四）商家促销活动

商家促销活动是指商家在购物中心统一实施的市场营销活动基础上，根据自身商品的特性、品牌公司的要求而推出的一系列商品促销活动。商家促销活动主要包括满额赠礼、折扣促销、满额返券等形式。

二、营运管理者营运准备

购物中心管理者的营运准备主要包括标准体系建立、市场推广活动、营运物料准备及开业前培训等。

（一）标准体系建立

营运标准管理体系是对购物中心营运管理的各个环节运用标准化原理所做的规定，它涉及各个方面的管理，包括商家管理、营业员管理、信息管理、计划管理、物资管理以及标准化管理等。购物中心开业前，需要明确《筹备期营运管理工作倒排计划》，完成《商家装修手册》、《商家手册》、《营业员手册》、《运营期操作指引》、《开业应急预案》等体系文件的制定，并建立商家资产信息系统、商家资料建档、营运基础信息和台帐等。

“标准体系”是每一个购物中心的核心竞争力，通过制定标准化的商业管理标准体系，开展标准化、流程化的日常运营管理工作，可以有效地推动购物中心的正常运营。

（二）市场推广活动

开业活动，分为人气活动与促销活动，二者相辅相成，以最大限度吸引目标区域客群来购物中心，并激发消费者购物欲望，完成开业客流和销售目标。为持续保持开业热度，一般开业活动应保持一个月时间不间断，持续造势。

人气活动常规形式包括“狂欢大巡游”、“静态行为艺术”、“现场杂耍”及“夜场演出”等，视情况可增加明星类活动。通过组织人气活动造势，让各商铺借助高客流，达到开业旺场销售的目的（图5-8）。

图5-8 开业人气活动

促销活动形式主要为餐饮美食半价、满额抽奖、商铺促销。其中，主力店中百货、电器、超市三大业态的促销活动应切实落实到位。全部促销活动均应体现“实实在在的优惠”，以促进销售。

（三）营运物料准备

营运物料准备包括管理物料及经营物料。

管理物料包括电脑、电话、工牌、对讲机、各类表单印制、营业员打卡机等。经营物料包括POP[①]支架、手提袋、促销证、隔离线、围挡布、公告牌（立牌）、物价签、水牌、礼品包装、婴儿车、残障车、应急医疗用品、针线包等。

所有物料应在开业前2周内准备就绪。由于开业突发状况多，在物料的准备工作中，应制定应急计划。

（四）开业培训

开业培训主要包括经营管理者内部培训以及对商家员工的培训。其核心目的是通过培训让经营管理者和商家员工能够了解并掌握购物中心的相关制度标准以及工作流程，专业能力能满足开业要求。

经营管理者内部培训内容涵盖：项目介绍、基本制度、公司情况、工作流程、营运管理要点和职能、管理业务模块、管理方案、投诉处理、应急预案等。

商家员工培训内容以《商家手册》、《营业员手册》、《统一经营管理守则》为主，包含广场的动线结构、设备使用、管理制度、安全知识等内容。培训结束后，必须进行书面考核，考核通过后方可办理员工证，入职上岗。

此外，如餐饮类的厨师等需要具备专项技能的从业人员，商家至少要提前两个月招聘或组建到岗，并安排至其他分店提前培训学习。这样，待新店开业后，人员就能快速上手，并提供最佳的服务品质。

① POP（Point Of Purchase）卖点广告。

B

PART. 6

营销企划

PART. 6 第六章 营销企划

要做商业地产，一定要好好研究运营管理，把运营管理真正看成核心竞争力，这个企业才可以在这个行业成功，很多公司进入商业地产，宣布做商业地产的目的是更好地卖住宅，这种心态和打算，我判断十之八九不能成功。

——王健林董事长，中国商业地产行业发展论坛2011年会，2011年3月

对于购物中心而言，市场营销推广是吸引客流、促进销售、展示品牌形象、提升品牌美誉度的重要手段。购物中心的市场营销推广工作通常围绕商业气氛营造、人气及促销活动策划与实施两大部分展开。

第一节 | 商业氛围营造

传统的商业卖场氛围理论认为，卖场装饰最好的道具是商品，只需优秀的陈列、合理的布局就可以实现。但在现代商业经营中，除了刺激购买欲以外，我们更加关注顾客在卖场中的感受，现代购物中心商业氛围营造已经向艺术化、体验化、情景化及立体化迈进。商业氛围营造的效果已经成为顾客是否到店，及到店后是否产生消费的主要因素。商业氛围营造主要包括美陈装饰、橱窗陈列及场内宣传品三个主要方面。

一、美陈装饰

美陈装饰是指将产品元素占据一定空间，使其具有可视形象以供欣赏的艺术，主要通过材料、造型、颜色三方面来体现艺术设计理念，通过艺术创造公开而广泛地向公众宣传。其作用是商业营销的一种辅助手段，早期主要运用于橱窗陈列的商品展示中。随着城市经济的繁荣和发展，超市、百货以及购物中心将美陈的功能和形式进行了逐步放大和延展，尤其是购物中心的出现，迅速催生了美陈装饰的空前繁荣。现在，如何优化美化商业空间，满足消费者对体验式消费的需求，已经成为诸多购物中心和美陈装饰公司重点研究的课题。

（一）美陈装饰要遵循计划性、整体性原则

无论大型美陈（如元旦、春节、情人节、圣诞、季节性主题美陈等）还是日常美陈，都要提前提交设计方案和费用预算，留足美陈装饰实施的时间。美陈装饰要以门头、中庭、外场等大型美陈项目的主色调为基准，场馆内其他美陈项目应与主色调风格统一。

（二）美陈装饰要素点位

美陈装饰规划的要素点位可分为点、线、面。

点包括广场中庭、广场连廊、展览展示陈列品放置的位置点规划、吊幅、步行街侧旗、柱头和室内橱窗、广场外广告位、广场外灯柱。

线包括扶梯口及扶梯下方、直梯口、行进通道、POP、绿植及通道连接处景观布置、室内白墙、步行街消防通道、主力店与步行街连接通道、服务台，以及VIP会员中心。

面包括大门、外部橱窗、商业外立面。

（三）空间规范要求

1. 装饰面积

（1）总体美陈覆盖面积不低于中庭面积的70%，不超过中庭面积的85%；

（2）主体美陈所覆盖面积原则上不少于中庭面积的60%，辅助美陈装饰部分原则上不超过中庭面积的25%。

2. 装饰高度

自上而下方向：如中庭美陈、连廊吊幅等空间美陈装饰最低点不低于首层和第二层中间高度，装饰吊物顶部最高点应控制在最高楼层棚顶至阳光棚顶最底层玻璃之间（图6-1）。

▲ 图6-1　成都金牛万达广场美陈布置

（四）巡检维护管理

（1）美陈人员每天应两次巡场，制定巡场记录。

（2）美陈人员巡场时有责任对楼层的美陈内容做出检查、指导和纠正，必要时直接参与操作。如发现有明显违规直接影响商场形象的设置，美陈人员有权建议停止使用。

（3）举办活动时，美陈人员在完成整体美工工作的同时，还应该对楼层的美陈装饰做给出汇总建议、指导和直接参与操作。

（五）制作评估

（1）设计方案的还原度。

（2）工程施工计划性和协调性。

（3）细节执行品质（布线、电力配合、材质、加工以及后期维护）。

（4）与整体美陈系统性（有无配合导购手册及主视觉等）。

▼ 表6-1　美陈评估表

序号	点位	效果图	实景图	费用	部件数量完整度	尺寸一致性	效果还原度	施工时间情况	备注
1	中庭吊饰								
2	连廊吊饰								
3	中庭DP点①								
4	连廊DP点								
5	外广场DP点								

①DP点（Display）展览展示点位。

二、橱窗陈列

新开业购物中心的橱窗陈列规划，应注意除了充分展现该购物中心的商业定位、业态组合外，还要让消费者在第一时间从视觉角度快速的了解所陈列的商品品牌内涵（图6-2）。好的开业橱窗设计应遵循如下原则：

首先，在大商业橱窗陈列整体规划中，应结合场内商品的经营类别、经营理念，分区域有主次地设置不同风格和形式的橱窗，以达到橱窗的展示效果与场内所经营商品类别、档次、理念相呼应、相一致；并且在橱窗设计的形式上要与大商业的建筑风格、时代感、材质相互协调，以体现商业环境设计的整体美感。

其次，橱窗的结构设计要便于商品和效果的呈现，结合场内商家分别选择开放式、落地式、封闭式橱窗与拐角式、弧形门等多种橱窗款式相结合，以达到橱窗式样的丰富、不呆板，使橱窗外观造型更富有艺术效果。其内部结构和设施都能满足商品陈列设计和布置的施工便捷，给橱窗的使用提供保障，为橱窗布置打好基础。结构要考虑人体工程学的要求，合理设计橱窗底台的高度、照明位置、角度、亮度设计和灯具选择，橱窗的入口要合理，便于商品展示和出入。

最后，在橱窗内部陈列设计时，一定要考虑它的文化特征。现代商业环境中，橱窗陈列设计除了要与世界橱窗同步展现时尚、国际化，还要尽可能应用各种手法展现出符合城市、民族、文化定位的特征，并且还要在艺术性与真实性中找到平衡。橱窗陈列既要有艺术性的美感，又要本着实事求是的原则，真实并且恰如其分地展示商品特点、规格、质量、性能等；务必做到橱窗陈列的商品与出售的商品一致，做到有样有货，货真价实，否则就会失去顾客的信任，影响商场的信誉。当然，橱窗陈列在追求真实的同时，也可根据设计效果制作大型商品的

图6-2 橱窗陈列

展示道具、展示模型来展示，强调与突出商品的形象特征。这种美感是通过各种装饰艺术手段和现代展示技术与设计理念相结合来展现给人们的，如应用背景、喷绘、装饰道具、色彩组合、文字造型、灯光、展示模型等造型艺术技巧，艺术的、完美的体现橱窗的展示功能，使橱窗陈列布置既富有艺术性，又增强其陈列展示设计的渲染效果。

三、场内宣传品

场内宣传品是购物中心对外视觉传达的一种主要方式，主要通过道旗、吊幔、水牌等平面视觉向消费者展现购物中心的信息及形象。

1. 规范设计，格式统一

场内宣传品一经推出便意味着向公众展示了品牌形象，因此需要制定严格的设计规范。所有对外宣传必须设定必有元素，如LOGO、地图、地址、电话、网址、营业时间及配套服务等。

2. 形式多样，统一中彰显风格

购物中心场内宣传品表现形式多样，主要形式有POP宣传立牌、吊幔、侧旗、灯杆旗及手册等（图6-3）。

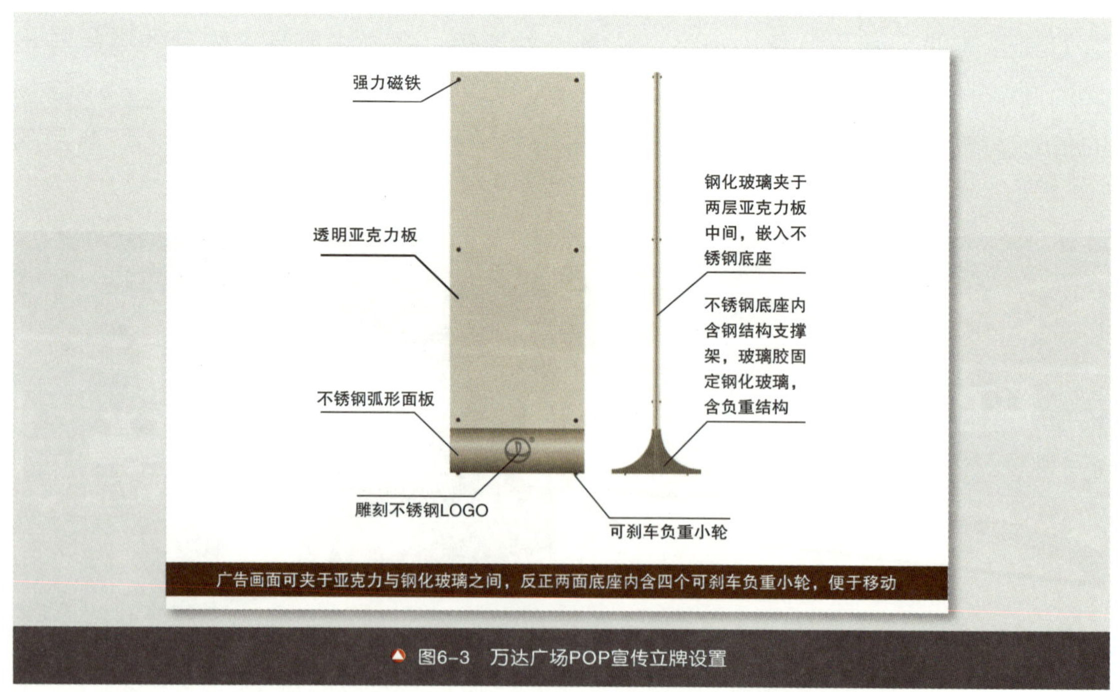

图6-3 万达广场POP宣传立牌设置

案例呈现

● 泉州浦西万达广场开业美陈装饰

泉州浦西万达广场在2012年开业时，为充分体现广场定位、营造视觉氛围，遵循商业氛围营造原则，度身定制了全套开业美陈（图6-4~图6-8）。

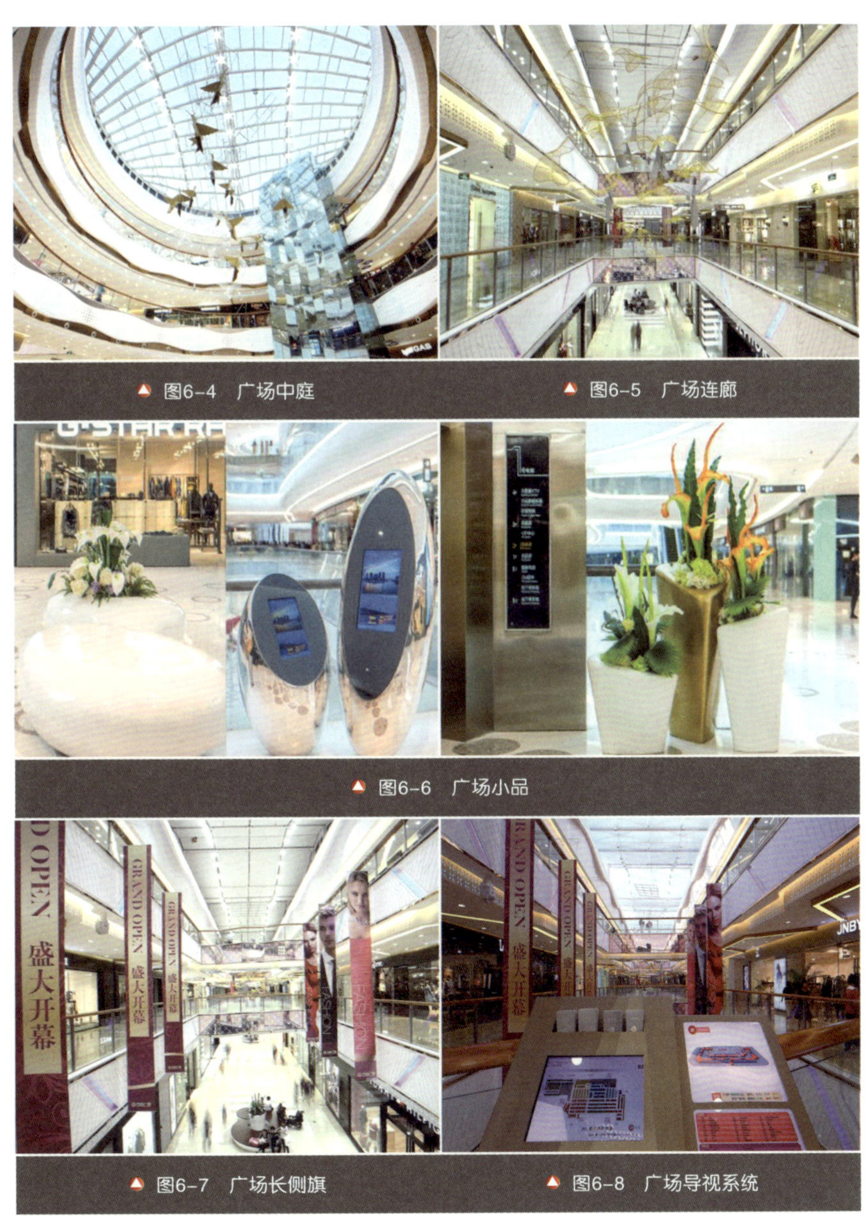

图6-4 广场中庭

图6-5 广场连廊

图6-6 广场小品

图6-7 广场长侧旗

图6-8 广场导视系统

第二节 | 市场营销推广策划

从项目开发立项开始，市场营销推广便贯穿于筹备、招商、开业及后期运营的各个阶段。每一阶段市场推广活动的对象和策略有所不同，在这里主要就购物中心从开业前预热到后期旺场经营的市场营销推广策划做重点阐述。

一、预热期活动策划

购物中心开业首先要解决客源问题，行之有效的办法就是要了解目标客群的需求。因此在实施预热期营销推广之前，必须要对目标区域内客群数量、阶层、教育背景、年龄构成、收入构成、家庭人口构成进行系统分析。根据目标区域内不同客群的消费能力、消费习惯、日常消费支出，有针对性地开展媒体造势和社区推广活动。

（一）前期媒体造势

前期媒体造势是指在购物中心开业前，通过全方位的宣传渠道及高频次的目标客群互动活动，向消费者集中、强势发布开业信息，强化开业概念，以实现成功的正式开业。前期媒体造势一般在开业前1个月启动，其特点可以概括为：早启动、分波段、全覆盖、重整合、讲策略。

1. 早启动

购物中心在开业前一个多月开始大量地增加媒体宣传，通过各大媒体连篇累牍的报道，将建设进度及开业时间不断向消费者介绍，使其长久保持高度期待感。

2. 分波段

宣传具有节奏感，在各个波段释放不同的宣传主题：早期从企业实力、项目区位、项目体量、硬件设施等角度进行宣传；中期重点宣传业态组合和品牌入驻情况，重点传导项目开业带给当地生活方式的转变；开业前则重点推介具体活动，如大型演出、美食特惠、劲爆折扣、明星助阵等，进一步引起消费者关注。

此外，在三个波段的宣传中要始终强化开业时间，使受众印象加深。

3. 全覆盖

临近开业，媒体宣传逐步加大，主要体现在两个方面：

（1）媒体覆盖区域：从最初针对性的地区媒体扩展到全市甚至全省范围媒体，尤其在开业前一个月要高密度地集中爆发，通过媒体包装将项目开业提升为当地热议话题。

（2）媒体类别选择：在传统的平面媒体、电视媒体、广播媒体、网络媒体之外，加大社区媒体（社区公告、物业通知等）、分众媒体（DM、短信等）、户外媒体（公交站牌、高炮、天桥广告、楼宇广告等）及新媒体（微博、微信等）的投放。

4. 重整合

在传播中，需将各类媒体资源进行整合，形成强大的宣传合力。根据每种媒体自身特点及优势，在整合中有所侧重，最大限度制造开业的强大声势。

（1）平面媒体：报纸具有信息留存的特点，在反复翻阅的过程中让人们增加对广告的记忆度，尤其对“××开业”这样本身就具视觉冲击的信息，通过大版面的告知会产生震撼的效应。同时，结合软性媒体包装，使“××开业”的信息细致地深入读者心中，既有“强攻”又有“慢渗”，在短时间内有效强化消费者认知。

（2）电视媒体：在资源分配的份额中占较大比重，这是因为电视能够快速塑造品牌形象，令消费者熟记品牌。要注重与民生类的专题栏目合作，能够让消费者同时熟记品牌和形成良好的品牌认知。此外，公交车上的移动电视媒体投放也不可或缺，这种媒体具有受众数量庞大、覆盖面广、宣传频次高、贴近大众客群等特点。

（3）广播媒体：广播电台目前主要针对私家车主，该群体消费能力强、能动性强，因此应重点选择私家车主关注的交通调频进行投放，除此之外还应在文艺调频及家庭客群关注的故事调频进行投放，与电视和报纸媒体形成长线的呼应。

（4）户外媒体：以高炮、户外LED、天桥广告、公交站牌、车体广告等渠道为主，这样可持续提升品牌知名度，在开业筹备初期塑造品牌形象，为开业前的大型活动进行宣传。一般来说，高炮、户外LED、天桥广告宜选择当地人群最密集、车流量最大的区域；公交站牌、车体广告一般选择项目周边区域。

（5）联播媒体：楼宇LED广告、液晶电视亦是非常适合开业前造势的媒体，这取决于其准确性、生动性和强制性几个特点。

5. 有策略

除户外平面广告外，所有宣传推广均须把握软性包装和硬性告知结合的模式，通过大面积硬广烘托，配合软性信息跟进，将开业预热迅速升温。一般来说，软性广告以新闻报道的方式表达项目理念，让消费者像读一则新闻一样“关注、认识”项目。硬性广告采用大版面、视觉画面来吸引消费者的关注，告知最重要的开业信息。

（二）社区活动

社区是购物中心最稳定的客群来源，拉近购物中心与社区距离是迅速打开市场的一条捷径。开业前充分了解项目辐射范围内人口基础、社区情况是成功开业的先决条件。同时，须结合时下热点，举办持续数月的专项大型社区活动，通过公益形象拉近与消费者的距离，同时不断强调开业信息。

1. 主题贴近大众

社区活动主题一般选择季节性、节日性以及时下的兴趣热点为话题，易于被大众接受，参与度和关注度高。

2. 活动突出系统性和公益性

开业前的活动要具有系统性，配合开业前推广的节奏，形成连贯及递进式的活动。为使活动参与者接受，活动主题要体现社会公益及社会热点。

3. 社区活动要适时传递商业信息

任何商业行为，都要为商业利益服务。在活动组织过程中，适时穿插商业信息，如开业信息、主力店信息、入驻品牌信息等，使大众在快乐体验中完成对商业形象的认知。

案例呈现

- **武汉菱角湖万达广场开业前社区预热活动**

2010 年 12 月 16 日武汉菱角湖万达广场盛装开业，为在开业前锁定目标消费群，为开业聚集人气，菱角湖万达广场与《武汉晚报》合作，联合举办“全家总动员，欢乐社区行”活动（图 6–9）。

▲ 图6-9　武汉菱角湖万达广场开业前社区预热活动

活动时间贯穿 11 月中旬至开业前，让商家走进社区、走进城市广场，传达菱角湖万达广场创造美好城市生活的理念；以主流报纸媒体与落地推广活动的整合宣传，从事件营销的角度对整个活动进行报道，持续形成新闻热点，最大限度地展开话题宣传，创造良好的品牌传播效应。

在活动环节的设计上，通过“实现梦想”、“欢乐挑战”与“亲子趣味”等活动，将菱角湖万达广场的开业信息、主力店推介融入游戏环节，以信息植入的方式进行渗透宣传；同时，通过主力店的拓卡活动、推广人员的介绍，来宣传主力店的特色，聚集现场人气，促进主力店的开业销售。

活动以互动小游戏和主力店游戏（如大玩家游戏设备）为主，提高现场参与率。活动现场设置趣味游戏竞技报名点，参与游戏的家庭和个人领取活动 LOGO 贴。游戏互动区为参与者自由参加，过关者可领取一张活动 LOGO 贴。所有参与活动的市民可凭此 LOGO 贴在兑奖处领取相应奖品。

现场设计《主力店通关卡》，凡获得指定数量主力店 LOGO 章的参与者，可抽出缤纷魔袋一份，获得指定礼包一份。另外还针对社区专门定制了换客活动，换客是目前环保节能型社会倡导的生活方式，以居民售卖、相互置换手中的闲置用品为主要内容，希望通过相互置换让换客不但体验到“乐淘”中低碳生活的意义，更能增进社区邻里之间沟通，借此倡导全新的低碳社区、和谐社区的城市发展新理念。

活动当天，现场多处地方都摆放了长达半米的拼图积木，由万达广场的区位图和六大主力店 LOGO 组成一幅画面，将这幅画面分成 25 块积木后，参赛的家庭需将积木块拼回完整的图案。活动现场游戏形式多样：选手用平底锅托住乒乓球，完成 S 形路障穿越，最先到达者为胜；参赛选手拿乒乓球砸向道具瓶口上的乒乓球，全部砸中即可获得奖品；将足球门用铁架分割成九宫格，安装上木板，挑战者如果用 9 个球能将 9 块木板全部踢中，即可获胜等等。现场成了欢乐的海洋，人们在游戏互动中增进了对万达广场的认知和了解。

二、开业活动策划

（一）开业活动

开业活动不只是一个简单的形式化的仪式，它标志着一个经济实体的成立，更代表了我们引领生活方式的决心和态度。开业活动通常由媒体宣传造势、美陈橱窗展示、促销和人气活动配合进行。通过开业前充分的媒体宣传，以现场活动、品牌优惠让利吸引消费者前往。开业活动的成功与否，与开业信息告知及潜在客户的参与度密不可分。

1. 基本调性：欢乐聚会

万达广场的开业时间一般在建设期间便已经确定。在一年时间里，通过媒体、活动等不间断告知消费者，使开业时间在大众心目中根深蒂固，临近开业其影响力和吸引力就逐渐发挥出来。因此，开业活动的基本调性是“一场全市的狂欢、全民欢乐的聚会”。此阶段活动安排上主要目的以体验和欢聚为主，通过欢乐大巡游、时尚剧场、明星见面会、好礼大派送等主题活动，营造欢乐聚会的氛围，力求让消费者在最短时间里认知购物中心。

2. 主要诉求：互动体验

开业活动紧紧围绕体验和展示两大目的进行。通过丰富多彩的文化活动和时尚秀场，使消费者体验到前所未有的购物乐趣；比如现场个性鲜明的品牌展示和现代感极强的互动游戏，使消费者体验到与众不同的购物氛围。购物中心场地开阔，展示空间充足，开业期间进行多种商业活动是提升消费者参与和体验的重要组成部分，也是购物中心有别于传统零售业态的一大特点。

3. 时间跨度：为期一个月

开业活动时间一般跨度较长，从开业当日起一直到开业后至少一个月内都有活动安排及媒体报道，以确保项目持续升温。

（二）开业后活动延续

开业活动可以为购物中心注入较高的社会关注度，但并不意味着从此便后顾无忧。随着时间的推移，消费者对开业的新鲜感逐渐降低，这就需要持续不断的市场推广活动来支撑运营。在此主要阐述两个基本原则。

1. 借势节庆热点持续推广

目前，国内较为成熟的购物中心开业时间大多选择在节日频密的旺季时机，比如11月、12月，便于开业后及时开展圣诞、元旦、春节、情人节等一系列节庆活动，通过这些大型主题活动，使广场始终保持着较高的社会关注和参与。

2. 紧扣品牌拉动客流销售

市场推广活动两个基本目的，一是提升客流，二是提高销售。开业后，活动策划的重心从开业初的告知和形象展示逐渐转移到销售提升和品牌推广方面，主要通过联动场内主力店及品牌推出相应的市场推广活动，如开展美食节、服装节、美妆节、珠宝节等大型系列活动拉动销售。

案例呈现

- **温州龙湾万达广场开业及圣诞节促销活动**

温州龙湾万达广场在2012年11月底开业，紧邻圣诞节、元旦和春节，在刚刚经历了开业高峰之后，12月初始，龙湾万达广场开业后迎来的第一个节日便是圣诞节。

在12月21–25日，12月29–31日活动期间，凡到万达广场购物满200元,凭有效购物凭证均可免费领取抽奖券一张。12月31日，统一组织开奖。另外组织10名圣诞老人，在外广场1号门、2号门免费派发圣诞帽、荧光棒及圣诞小饰品。广场内的顾客都戴着圣诞帽，并手持荧光棒，与圣诞巡游队伍及圣诞老人一起狂欢。

1月19日–2月24日期间，举行温州龙湾民俗文化实景展览展示、民俗文艺表演、非遗文化展览展示、民间文体活动及互动游戏等一系列的演出、表演活动（图6–10）。

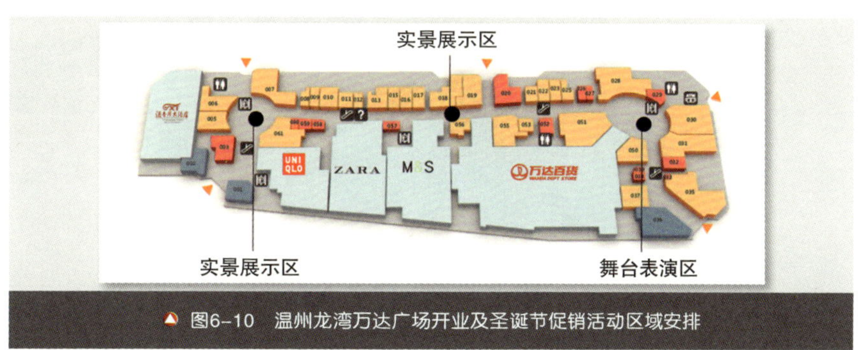

图6–10　温州龙湾万达广场开业及圣诞节促销活动区域安排

整场活动紧紧贴近温州风情，不仅有“温州鼓词”、“琼花木偶”、“永嘉昆剧”等传统曲艺表演，还有“黄杨木雕”的现场展出（图 6–11）。

“温州鼓词”由演唱者自己伴奏与说唱，伴奏乐器牛筋琴、檀板、扁鼓、抱月均为演唱者一人自己伴奏。十六弦的牛筋琴是一种十分独特的曲艺伴奏乐器，全国只有温州地区有这种乐器。常用曲调有“太平调”、“吟调”等，古朴而具温州地方特色。泰顺药发木偶迄今已有 300 多年历史，是烟花与木偶相结合的一种传统戏曲形式，在泰顺称之为琼花木偶。艺人将戏曲人物、神话人物等木偶造型混于烟花之中燃放，在烟花的带动下，木偶凌空飞舞、五彩纷呈、栩栩如生。其表演场合往往被用于庙会、祭祀、民间节日等庆典活动。明嘉靖、隆庆年间，昆山腔经过改革发展成昆曲以后，分化成雅、俗两部分，雅昆曲称为“正昆”，俗昆曲称为“草昆”。永嘉昆剧则是俗昆曲的一部分，是地方化、通俗化的昆剧。在永嘉昆剧中，不但保留有“海盐腔”的遗音，而且可能还保留早期“温州腔”的遗音，永嘉昆剧表演风格十分古朴、细腻，比较生活化。“黄杨木雕”则是我国木雕工艺的一个主要品种，以用黄杨木为原料而得名。浙江乐清是我国黄杨木雕的主要产地，故又称“乐清黄杨木雕”。黄杨木雕作为立体雕刻工艺品单独出现，供人们案头欣赏，目前有实物可查的是元代《铁拐李》，距今已有 600 余年历史。

图6–11　温州民俗文化风情展

在开业后续营销规划上，1月以名家书法春联手工艺现场派送、南狮拜年、川味变脸、传统弹唱、温州纸艺、民俗魔术等表演为主，至月底全档期穿插非遗表演及传统民间手工艺人现场民俗展示，实现现场制作互动，并整合商家资源与优惠折扣，形成购物买送的主基调；2月为年终盛会满额五级送礼，当日购物满99元，五级大礼狂送；并有通关欢乐送：集满美食、娱乐、服饰指定品牌送好礼。

第三节 | 市场推广活动实施与管控

对于市场推广活动来说，三分策划七分执行，营销活动的实施与管控是活动成功的关键因素之一。

一、活动实施

（一）依据年度计划，有序开展活动

市场推广工作必须“先计划、再执行”，因此必须制订一个完善可行的年度工作计划作为操作指引。购物中心应于每年年底前制定完成次年的市场推广活动计划，并在计划执行过程中根据实际情况进行调整。

（二）按照预算计划，实施市场推广

按年编制“年度市场推广活动费用预算”，以月度为单位进行预估和分解，每月的费用中，需包含所有的推广活动费用支出，包括活动道具制作、美陈布置、媒体投放、活动执行等；并对费用预算严格把控。

二、活动管控

每一项活动的成功，从策划到组织，从媒体表现到环境形象和现场呈现都必须严格控制。

（一）环境形象管控

环境美化与美陈装饰须紧密结合节日及活动主题，充分考虑到与现场环境的

颜色搭配，并要考虑到制作物的重复利用率。各个活动的美陈项目，要统一制作招标文件（明确美陈设计指导思想），统一进行美陈设计招标工作，以确保品质形象。活动结束当日美陈装饰必须拆除。

（二）媒体发布管控

媒体投放信息必须充分考虑商家的信息传递需求，做到准确无误，对设计美观、发布广场内容的VI（Visual Identity，视觉识别系统）控制、媒体制作的材质与材料进行全程控制，通过媒体发布审批以及验收核查信息，确保媒体报道的准确与真实。

（三）活动现场管控

（1）活动现场硬件设施及入场规范必须符合购物中心的制度要求；

（2）活动内容须符合商家需求及符合项目实际经营需求，解决经营中遇到的实际阻力；

（3）活动要实现持续提升项目的知名度与美誉度的目标，要符合项目的企业文化、形象、品牌定位并具有创意性、前瞻性和持续性；

（4）活动须具有参与性、趣味性和时尚性；

（5）活动需要考虑是否符合当地民俗、文化、礼仪、消费习惯，活动不易引起歧义、纠纷和安全隐患等。

（四）管控制度标准化

标准化管理可以促使企划活动和各项管理监控工作达到合理化、规范化、高效化。

1. 价格标准化

市场推广活动涉及的物料五花八门，来源产地工艺也不尽相同，这就要求分析各种物料的共同特性，比如材质及规格标准等，在实际执行过程中将这些具有相同特性的物料进行集中，通过多方询价的方式制定统一的价格标准，从而在方案实施中有效控制成本。

2. 资源一体化

活动执行过程中需要考虑资源一体化。不同资源、不同地域和不同资质的执行效果产生的价格千差万别。为统一资源标准，可根据不同活动性质要求建立合格资源供方库，将同类资质、同级同城资源进行分类统一，根据市场反馈及活动评估效果确定方案执行的标准和成本。

3. 数据标准化

数据是衡量市场推广活动的标准。在执行效果管控过程中须依据商家反馈的数据进行比对、分析，从而不断修正和更新活动方式，确保活动的有效开展。

4. 管控模块化

从活动实施到活动结束，需要将计划提报、资源洽谈、设计实施、合同审批等一系列相关环节按时间节点进行严格管控。什么时间需要完成什么事项，达到什么效果和标准均须严格要求，明确时间及责任。

案例呈现

- **宁波鄞州万达广场周年庆抽奖免单活动**

宁波鄞州万达广场在2012年周年庆时，为回馈消费者推出了购物抽奖全免单活动，其中发出有效抽奖卡18521张，共抽出125名免单幸运消费者，免单总金额为12950元人民币整（图6-12）。

1. 活动筹备

通过前期的宣传（DM单页、立牌、海报等），将整点免单活动与刮刮卡活动提升到同等位置进行表现。活动现场积聚的人气，为晚间留住消费者起到了一定的作用。活动现场抽奖现场兑奖，与台下顾客进行充分的互动，加上透明的大力促销，使得顾客好评如潮。

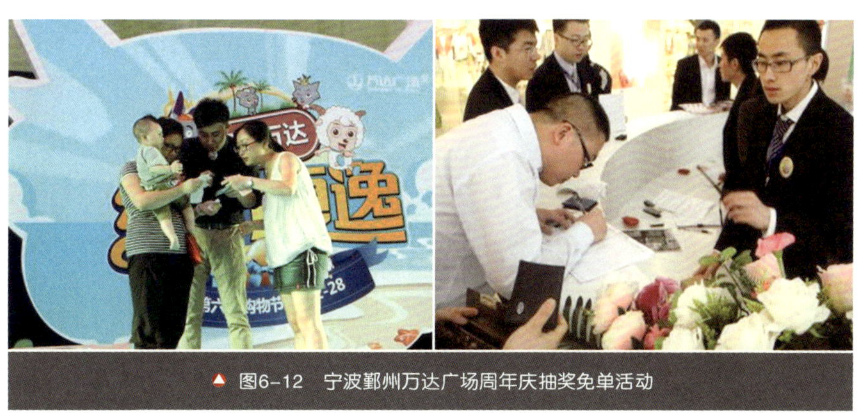

图6-12　宁波鄞州万达广场周年庆抽奖免单活动

2. 活动组织

购物中心营业员宣传引导充分，使顾客对活动的知晓率极高，兑奖现场氛围十足。在顾客参加刮刮卡活动的同时，又及时详尽告知免单抽奖活动的时间，方便了大多数顾客参与，抽奖现场气氛热烈，吸引来的客流量不断上升；加上商家促销配合力度较平时明显增大，使得参加抽奖活动的顾客积极性持续走高。

3. 活动效果

在抽奖卡金额设置上，可获得免单的购物单价突破 800 元；从数据和参与度上来看，免单对客单价提升有极大作用，比平时有大幅提升，这说明购物中心在刺激销售提升上、在活动组织和设计上仍有很大空间。从客流来看，购物中心客流在晚间上升明显，20：00 后依次呈同比 40%、50% 和 70% 逐点上升，出现晚间客群滞留效果。

B

PART. 7

开业保障

PART. 7 第七章 开业保障

购物中心的开业，对购物中心是个考验。不是什么开业大吉，开业其实意味着大麻烦，开业后经营不好要掉铺。商业物业管理第一重要的是商业开业之后的补充招商调整，还有机电、保安、保洁等管理。

——王健林董事长，商业地产的八点心得，2006年

购物中心开业时，客流、车流都很大，对现场进行安全管理非常重要。为确保盛大开业和各项活动安全、精彩、顺利地进行，就需要做好周密的安全保障、工程保障、环境和交通保障等工作。

第一节 | 安全保障

确保购物中心顾客人身安全、商家财产安全是购物中心运营管理的重要内容。与其他商业物业形态相比，购物中心具有空间大、层数多、功能复杂、人口稠密的特点，因此给安全管理工作提出了更高的要求。

开业期间的安全保障工作更是一个至关重要的环节，是对整个购物中心安全体系的综合评估和实际检验。对此，需要充分进行风险评估，根据现场实际情况，进行合理的监督管理及有效控制，为后期正常营运奠定良好的基础。做好开业安全的保障工作，要从基础准备和现场管控两方面入手。

一、安全管理体系构建

（一）安全管理规范的建立

安全管理规范是购物中心安全管理工作的重要基础和运行保障。开业前须由相关管理人员牵头成立安全管理小组，并搭建完善的安全管理组织架构，由组长全权负责安全管理工作的落实并承担安全管理的直接责任。

安全管理规范主要包括安全管理架构、开闭店管理规定、岗位职责、器械使用要求、交接班管理规定、内场门禁管理规定等。有效的安全管理制度有助于安全管理工作的落实及推进，让大家明确认识到安全管理责任及其重要性。

（二）政府职能部门对接

购物中心运营安全保障及各项营销企划活动的安全工作都是当地政府关注的重点。商业管理公司应积极配合政府部门，履行相关手续，完成实地勘察工作，根据购物中心的主体结构、面积、功能、配套、城市消费能力等，结合辖区内同类商业项目及管理经验，对购物中心开业期间的安全保障工作进行评估，以便更有效地应对现场安全状况及突发情况，制定完善的保障方案和应急预案。同时，商业管理公司要分别与当地治安、交通、消防、城管等职能部门沟通、配合，定期召开现场工作协调会议，将政府要求及企业诉求有效结合，反复讨论并制定出切实可行的安全保障方案及应急预案。

（三）开业安保方案的制定

开业安保方案是购物中心盛大开业的基础和保障。开业安保方案应重点关注人员管理、区域管理、交通动线管理、物资管理、应急预案五个方面。

人员管理旨在从制度上明确安全组织架构、落实责任人、划分职责范围及时间节点，充分整合内外资源，分层级、全覆盖地将安保力量进行合理布控及调配；区域管理要重点落实好庆典会场、VIP参观路线、客流动线、促销场地、超市等人员密集区域的安全秩序及流量控制；交通动线管理主要关注贵宾、嘉宾、顾客等车辆进出、停放及引导，并与社会车辆有效分离，确保购物中心周边交通顺畅；物资管理包括通信设备、隔离警戒、指挥引导、应急物资等提前到位且落实到人；应急预案主要根据天气变化、突发情况等制定有针对性的管控办法及应急措施。

（四）岗位设置及人员调配

购物中心安保人员岗位设置分为两类：一类从岗位分工进行设置，分为固定岗和巡视岗；一类从工作时间段进行设置，分为24小时常设岗和营运岗位。安保人员重点岗位设置包括购物中心主出入口、员工货物出入口、客流密集区域及贵重货品区域（固定岗一般设置在主要出入口及技术安防盲区等重要位置，主要负责人员、货品、物资等进出检查及登记；巡视岗一般分区域设置，负责巡回检查，巡回频次时间一般在30~45分钟以内）。

购物中心开业期间，安保人员岗位设置应结合地方政府资源、内部安保人员及外聘安保人员联合布岗管控；并设置临时安全管理控制指挥中心，对开业现场情况随时监控，随时调配各类资源，确保现场情况及人员全部处于可控范围。

二、突发事件的预案及演练

构建开业安全管理体系时，应根据购物中心现场实际情况及安全需要，对可能发生的突发事件进行评估，制定突发事件应急预案和进行全员模拟演练，确保突发事件处理的及时有效。

（一）现场突发事件评估

购物中心突发事件重点关注火情、人员拥堵及踩踏、偷盗打架、电梯困人、停水停电、水管爆裂、雨雪（恶劣）天气等。通过对以上潜在突发情况的产生原因、风险程度、发生频率及造成的后果等事先根据经验进行分析，对这类情况可能发生的区域进行重点或分级布控，能够更有效地预防并控制发生重大人身及财产安全事件。

（二）突发事件预案制定

突发事件预案的制定重点包括：报警信号、人员安排、职责分配、指挥系统、物资装备、防护措施、抢救过程及流程图等。预案的制定必须有预见性、全面性、有效性和可操作性，能使预案的执行人员在紧急情况下快速反应并直接操作。应急预案主要包括：防爆事件应急处理预案、火灾应急处理预案、购物中心盗抢事件处理预案、人员走失应急处理预案、车辆拥堵处理预案、防恐疏散及抢救处理预案、斗殴事件应急处理预案等。

（三）实施演练至关重要

突发事件预案实施的关键在于管理团队要能对其熟练掌握、灵活应对。为了在紧急情况下能够快速、准确地进行指挥和作业，必须定期进行预案的培训和演练。预案培训一般采用书面培训及现场培训的方式进行；预案演练一般采用模拟演练和实战演练的方式进行，以达到让指挥人员和作业人员熟练掌握专业技能和提高心理素质的目的。

三、开业现场及庆典安保组织

做好安全工作是确保购物中心盛大开业的基础保障。开业期间的庆典及各类营销企划活动，是购物中心聚拢人气、打造声势、拉动消费的重要方式之一。为确保安全管理工作的顺利进行，就要重点做好现场安保人员组织、社会资源协调、活动现场管控、人员密集区域客流疏导等方面工作（图7-1）。

图7-1　万达广场开业人潮涌动

（一）现场安保人员组织

现场安保人员是整个安全管理体系的执行层，根据《开业安保方案》设置内场指挥组、外场指挥组、交通指挥组、外联协调组及后勤保障组，并结合岗位设置、工作职责、管辖范围等进行分组式管理，有效分解安全管控目标。

内场管控组主要负责购物中心内开闭店及客流控制；外场指挥组主要负责对购物中心周边道路的非机动车、机动车及广场秩序进行管控；交通指挥组主要负责地下停车场停车秩序维护；外联协调组主要负责与政府职能部门及外聘安保人员进行对接及统筹调度；后勤保障组主要负责机动人员及应急物资管理。同时，各组应配置和建立畅通有效的紧急联络通信方式，便于快速处置各类突发性事件，确保有效管控。

（二）内外资源有效结合

由于购物中心开业时各类庆典及促销活动频繁，现场安全保障工作应提前做好内外资源的统筹规划，对内做好开业准备，合理调整运行班次及人员岗位；对外协调公安、交管、城管、消防、通信等政府部门予以支持配合。

开业期间，首先应设立安全保障指挥中心，各职能部门负责人在开业期间对购物中心的安全工作进行现场管控和调度。开业期间应协调公安警力配合对庆典现场、营销企划活动及促销活动等客流密集区域进行管控；交管部门配合对购物中心周边道路机动车进行疏导；城管部门配合对购物中心外围广场的环境秩序进行管控；消防、通信及相关保障部门在现场随时处理应急突发事件。

（三）庆典活动的现场管控

庆典活动的安全保障是购物中心开业期间安全工作的核心。在开业庆典期间受邀参与者均要求持有请柬或证件出席，并要对活动现场的封闭管理、人员进出管理、参观路线管控和交通组织等工作进行重点关注。

活动现场的封闭管理，应根据场地位置及面积用固定隔离栏、礼宾杆等进行封闭控制并预留进出动线；人员进出管理应严格控制，贵宾、嘉宾凭请柬入场，媒体及现场工作人员凭证件出入；参观路线应事先规划，商业管理公司选拔VIP特

▲ 图7-2 2011年武汉汉街开业盛典

勤护卫人员陪同贵宾及相关人员按既定路线进行参观；负责交通组织的人员应重点指挥来宾车辆，引导车辆按指定区域停放，确保车辆进出及时有序。

（四）人员密集区域的客流疏导

购物中心人员密集及客流集中区域一般分布于庆典现场、主力店、促销活动场地、电梯、出入口等。对于客流集中区域，应尽可能做好相关导向标识及指引，并采取有效隔离、动线规划、机动引导等措施，避免发生人员拥堵及踩踏。

有效隔离是指在各类大型促销及企划活动现场与顾客之间利用固定隔离栏分割出安全距离，确保活动有序及安全；动线规划是指针对主力店出入口等客流密集区域，事先进行路线设置，增加缓冲区，有效控制客流，避免发生拥挤；机动引导是指根据现场需要及突发情况，随时控制门的开启、隔离栏的位置、扶梯的方向等，疏散集中客流，缓解拥堵。

图7-3　重庆万州万达广场开业盛典

图7-4　哈尔滨哈西万达广场开业客流疏导

第二节　工程保障

设施设备的正常运行，是购物中心开业经营的物理基础和核心保障，任何一个系统的故障和事故都会造成品质下降、营业中断甚至是人员伤亡等不可估量的损失。因此，开业筹备阶段所有设施设备系统必须试运行、满负荷测试，确保开业后安全、稳定、高效运行。

一、设备运行方案建立

购物中心每天开店时，商场内的数万盏照明灯具、近百台电梯扶梯、近千台空调风机等相关设备要投入运行。要保证不出纰漏，必须建立、实施可靠的运行方案。

（一）设备运行方案建立前准备工作

购物中心设备运行方案的建立是一项系统工作。设计者的设计意图、项目所在地的气候条件、租赁合同的约定、餐饮娱乐等不同业态的运营时间等，都是设备运行方案编制时应该关注的要素。作为购物中心的工程管理者必须充分了解内外部的各种要素，结合各类设备设施的运行特性，制定编制出符合本项目实际需求的设备运行方案。

1. 了解设计意图

购物中心在方案设计阶段，会根据建筑方案规划和各业态经营需求确定设计意图；而各类设备设施的选型、配置，是完成设计意图的物理条件和途径。只有充分理解设计意图才能保证管理人员编制的设备运行方案更加准确、更有针对性。例如，在购物中心的夜景照明方案设计中，按照平时效果、重大节假日效果两类进行灯光控制，并考虑在效果方面分时段进行控制，从而保证照明设计效果富有时代气息，突出城市地标性建筑和购物广场热闹繁华的商业氛围。工程管理部门应该了解以上夜景照明设计方案，制定符合设计意图的运行方案，确保夜景照明效果的实现。

2. 了解当地的环境

不同的地域，有不同的气候条件，人们的休闲、购物出行时间差别很大。例如在北方城市哈尔滨，百货商场在冬季晚上八点以后，顾客就很少了。但南方城市的夏天，晚上六点到十点是人们休闲购物的黄金时间。所以，只有经过详细的调查，才能制定编制出符合本地消费习惯的购物中心设施设备运行方案。

3. 了解合同约定和营运需求

保证商业综合体的营运需求是对购物中心工程管理部门最基本的要求，因此在编制设施设备运行方案时，必须充分了解购物中心内不同业态商家的合同约定和营运需求。

目前国内的购物中心项目汇集的商业业态主要包括：超市、百货、电影院、

KTV、家电连锁、大型餐饮和商业步行街等。在编制设施设备运行方案时必须充分考虑各业态的特点和营业时间上的不同。一般情况下，商业综合体内百货、商业步行街的营业时间与当地传统百货的营业时间相同，上午十点开业，晚上十点闭店。而电影院、KTV一般晚上六点以后逐步进入黄金时间，十二点至次日两点之间结束营业，因此，相关电梯、空调、通风等设施设备需要延长运行时间。

（二）设备运行方案内容

1. 制定运行计划

根据购物中心运营需要，对各类设施设备的开闭时间和控制标准进行系统规定，形成设施设备运行计划。运行计划首先是保证营运，然后才是设备的经济运行。例如，中央空调系统冬、夏季运行时，为了保证开门营业时广场温度达到设计要求的温度，空调系统需要提前运转。至于提前运行的时间长短，需要通过对实际运行效果的分析和调整，确定一个既适合本广场实际的营运需要又达到经济运行目标的设施设备运行计划。

设施设备运行计划通常分为月运行计划（表7-1）和年度运行计划，是工程运行管理的重要组成部分。

表7-1 购物中心设备设施的月运行计划表

<table>
<tr><th>序号</th><th>设备名称</th><th>开启时间</th><th>关闭时间</th><th>责任部门</th><th>备注</th></tr>
<tr><td>1</td><td colspan="5">电梯</td></tr>
<tr><td rowspan="2">1.1</td><td rowspan="2">电梯
（步行街客梯）</td><td>AM 06:50 开启一台</td><td>PM 22:00 关闭一台</td><td>强电班组</td><td>主力店内电梯自行管理</td></tr>
<tr><td>AM 09:20 开启另一台</td><td>闭店后10分钟</td><td>电梯技工</td><td></td></tr>
<tr><td rowspan="3">1.2</td><td rowspan="2">电梯
（步行街货梯）</td><td colspan="2">一台24小时运转</td><td>电梯技工</td><td>货梯24小时运行</td></tr>
<tr><td>AM 08:30
PM 14:00
PM 21:00</td><td>AM 09:30
PM 15:30
AM 09:30</td><td>强电班组</td><td>PM 21:00后开启
至第二天AM 09:30</td></tr>
<tr><td>电梯
（主力店货梯）</td><td>AM 08:30</td><td>PM 18:30</td><td>电梯技工</td><td>两台电梯只开一台
轮流使用</td></tr>
<tr><td>1.3</td><td>步行街观光梯</td><td>开店前15分钟</td><td>闭店后5分钟</td><td>电梯技工</td><td></td></tr>
<tr><td>1.4</td><td>主力店观光梯
（影城）</td><td>开店前15分钟</td><td>PM 24:00</td><td>强电班组</td><td>保留一部观光梯供晚间客户使用。由物业部通知关闭</td></tr>
<tr><td rowspan="2">1.5</td><td>步行街扶梯</td><td>开店前15分钟</td><td>闭店后5分钟</td><td>强电班组</td><td>闭店前10分钟所有扶梯往下运行</td></tr>
<tr><td>主力店扶梯
（影城）</td><td>开店前15分钟</td><td>PM 24:00</td><td>强电班组</td><td></td></tr>
</table>

（续表）

序号	设备名称	开启时间	关闭时间	责任部门	备注
2	照明				
2.1	卫生间照明	开店前15分钟	–	保洁员	开店前15分钟之前仅开启供保洁使用的照明，开店准备口令下达后开启全部照明
		–	清场后	商管员	
2.2	步行街内照明	开店前1小时	闭店后30分钟	强电班组	留部分照明备保洁及监控所需（20%）
2.3	通道照明	开店前1小时	闭店后10分钟	强电班组	留部分照明备保洁及监控所需（20%）
2.4	车库照明	AM 08:30	闭店后10分钟	强电班组	开启数量为总灯具的50%~80%
2.5	裙房屋面广告	市政路灯开启时	闭店时	强电班组	
2.6	外立面照明	市政路灯开启时	市政路灯关闭时	强电班组	符合当地要求
2.7	LED大屏	开店准备口令	闭店准备口令	消控员	
2.8	外围景观灯、广场广告牌	市政路灯开启时	闭店时	强电班组	

2. 编制操作规程

设施设备的正常运行是设施设备运行方案有效落实的体现，而设施设备操作规程是设施设备运行的指导文件。编制设施设备操作规程时，首先要对系统设备的性能、技术参数、匹配特性、安全防护注意事项等资料进行详细的了解，然后通过归纳总结，编制出既符合现场实际情况，又能保证人和设备安全的设施设备操作规程。

例如，在变配电设备倒闸操作规程中，对倒闸操作票的编制、审批权限、操作过程中人员分工、操作流程中使用防护用具以及安全注意事项等必须有明确的规定，保证设备正常运行，避免安全事故的发生。

3. 编制维修保养方案

对设施设备进行系统、有效的维修保养，是保证设施设备正常高效运行的前提条件。设施设备的维护保养方案是设备运行方案不可或缺的组成部分（表7–2）。编制时须遵循的原则有：计划预修与事后维修相结合、合理确定保修周期、正确制定维保内容和方式、维保与改造完善相结合等。

表7-2 某万达广场2013年设施设备（强电系统）维保计划

系统	设施设备名称	位置	维保内容	维保单位	维保频率	实施时间	责任人	预计维保费（元/次）	合计维保费（元）
强电	高压配电系统维护	C\D座地下一层开闭站	(1) 清洁除尘、紧固螺丝、摇测绝缘； (2) 测试开关及线路的使用情况，开断性能，保护回路是否正常； (3) 预防性实验	自维	2次/年	春、秋两季检修			
	高压配电系统检测	C\D座地下一层开闭站	(1) 综合保护的灵敏度测试； (2) 开关之间的保护定值校验； (3) 传动关系测试	外委	1次/年	秋季检修时			
	高压绝缘用具检测	C\D座地下一层开闭站	委托供电部门专业检测单位进行耐压测试	外委	2次/年	每六个月检测一次			
	低压配电系统维护	地下二层大商业配电室	(1) 接线螺栓紧固； (2) 除尘； (3) 效验电流表指示准确度； (4) 检测开关机控制线路	自维	2次/年	春、秋两季检修			
	低压配电系统检测	地下二层大商业配电室	(1) 接地电阻测试； (2) 避雷器泄漏电流测试； (3) 楼顶避雷网检测	外委	1次/年	每年一次			
	避雷、接地系统检测	屋面 层间配电柜	(1) 接地电阻测试； (2) 避雷器泄漏电流测试； (3) 楼顶避雷网检测	外委	1次/年	每年一次（雨季前5月份）			
	车场照明及步行街照明	步行街一二三层 娱乐楼1~6层 地下车场B1、B2层	(1) 接线螺栓紧固； (2) 照明灯具更换； (3) 开关元件更换	自维	1次/月	每月一次			
	广场照明系统、排污泵、车库配电、层间配电及其他	外广场 步行街一二三层 地下一二层	(1) 接线螺栓紧固； (2) 除尘； (3) 效验电流表指示准确度； (4) 水泵电机遥测绝缘； (5) 手、自动控制功能是否正常； (6) 保护回路控制是否正常； (7) 电气元件更换	自维	1次/月	每月一次			

4. 编制应急预案

在重点设施设备运行过程中，须针对可能发生的意外状况制定应急预案。应急预案主要包括：电梯困人、停电、停水、停气、中央空调系统故障处理、管路漏水、污水外溢、气体灭火系统误动作等。

应急预案内容要包含：应急处置组织机构及其职责、预案启动方式、应急设备设施的要求、应急处置程序、紧急事故后的评估程序、培训及演练要求。

（三）进行运行方案培训

设备运行方案实施主体是工程管理人员。开业前，商业管理公司工程部须通过系统的培训，使工程管理人员充分了解、掌握运行方案的内容，了解每个人的职责所在，即明确“什么人、什么时间、完成什么工作”，保证设施设备运行方案得到有效执行。培训之后，在购物中心试营业阶段，对培训效果进行测试，确保开业时准确无误。

二、设备接管

在购物中心即将开业的阶段，设备设施已进入安装调试后期，此时变电站、消控中心、空调机房、水泵房等重点机电设备已进入试运行阶段，商业管理公司须安排工程管理人员进站值班，对各类设备进行看护管理，这就是设备接管。

（一）接管条件

接管工作一定要在项目开发公司对设施设备的施工安装达到运行管理条件时，方能接管；接管要分系统、依步骤进行落实。主要设备的接管条件有：

（1）变配电站：高低压变配电设备安装完毕；高压防护用具配置齐全；至少开通一部外线电话；变电站土建、装饰施工完毕，各房间能够锁闭管理；具备人员值守条件。

（2）空调主机房：各类空调设备安装完毕；机房内排水设备安装调试完毕；空调主机房土建、装饰施工完毕，各房间能够锁闭管理；具备人员值守条件。

（3）消控中心：消防报警控制主机、监控系统主机等安装完毕；消控中心土建、装饰施工完毕，房间能够锁闭管理；具备人员值守条件。

（4）电梯、扶梯：安装调试完毕；经特检所验收合格；电梯钥匙、随机配件、随机资料移交完毕；培训完毕。

（5）其他设备：安装调试完毕；所处机房土建、装饰施工完毕，能够正常投入使用。

（二）接管工作要求

（1）设备接管的首要任务是保证设备完好。在项目建设过程中，由于购物中心项目体量比较大，建设方的安全保卫管理通常无法做到全面覆盖；因此，通过设备接管，可有效保障设备完好、顺利调试。

（2）严格清点记录。接管过程中详细填写接管记录，对交接的所有设备仔细清点、分类记录，并按照图纸和合同核对，确保没有漏项。记录完毕后由项目开发公司、移交单位、接管单位三方代表签字确认。

（3）提前熟悉机电设备。设备接管后，项目开发公司组织的调试、现场培训将陆续展开，商业管理公司工程人员要全程跟进，学习操作方法、收集设备资料，快速掌握设备操作，确保开业时设备正常运转。

（4）接管期间要严格控制现场人员进出，对相关施工调试人员做好出入登记。

（5）接管期间涉及安全的设备操作，如停电、送电等均应要求项目开发公司出具书面工作单据后方能实施。

（三）遗留问题处理

设备接管后，商业管理公司工程人员需深入现场排查，对发现的遗留问题，分类收集整理并拍照取证，要组织项目开发公司、施工单位到现场核实、签字确认。

1. 遗留问题分类方式

按问题属性分为施工质量问题、施工未完项、设计未含项和商业经营需求；按专业分为：土建装饰、消防安全、强电、弱电、电梯、暖通、给排水等。

2. 遗留问题处理方式

工程遗留问题需要长时间反复统计。商业管理公司工程部门应作为推动工程遗留问题整改的责任部门，与项目开发公司沟通确认工程遗留问题，确定工程整改计划。整改措施主要包括：

（1）发函给项目开发公司，陈述问题的影响，督促整改；

（2）对影响经营较小、有能力自行解决的问题，在项目开发公司表示认可并同意承担费用后，实施整改；

（3）对设计中未考虑，而经营中需要解决的问题，申请项目开发公司拨付专项维修费用整改。

三、设备调试

设备安装完毕，具备调试条件后，即进入关键的调试阶段。此阶段由安装单位主要负责，设备供应商现场做技术指导，项目公司负责调试工作的协调组织，商业管理公司同步跟踪调试进程和熟悉设备性能特点。

设备安装质量直接影响后期运行维护的安全性和稳定性，而调试的重要性主要体现在检验安装质量。商业管理公司调试跟踪人员须在调试过程中及时发现不符合规定的项目，及时纠偏，确保机电工程的各项功能得以实现，为日后商业工程运营管理的高品质、低耗能创造有利条件。

调试阶段主要有以下几个关键点：

（1）关注重要的大型配套设备，包括：电梯、中央空调、配电设施、闭路监控系统、消防报警系统、综合布线系统等安装调试工作。通过详细查看各专业设备技术参数，结合设备随机文件，掌握各专业设备的技术参数、安装基础、标高、位置和方向、维修拆卸空间尺寸、动力电缆连接等技术要求，便于日后的运行管理及培训。

（2）在详细研读设计图纸和现场检查建筑空间位置及外形尺寸的基础上，在符合设计规范、技术要求的前提下，应使设备及系统的巡视操作便利，易于维修保养，便于调节匹配，系统管线布置和流程控制更趋于经济合理。

（3）详细记录调试步骤、调试数据加以总结，为日后设备运行期间的能耗统计、维修保养、设备更新储备资料。

（4）变配电系统重点关注低压柜、母线、各接线端子和螺丝的紧固，各回路的开关动作电流值的整定，灭火设备的安装，各区域灭火器的配置；公共照明关注功率密度与照度需满足绿建要求，室内、室外、停车场和设备间不同照明情景模式的实现；使用热成像仪在调试过程中对不断增加的负荷进行巡回检测，及时准确发现和处理有潜在问题的设备。

（5）空调系统调试时，在水管道冲洗时应着重跟踪，确保无杂物杂色后，再进行除污器拆洗，冲洗时应与板式换热器、蒸发器等设备隔离；空调水处理在空调试运行时即跟随作业，确保水质从系统调试开始就符合要求；另外，着重关注系统水力平衡，确保最不利区域的空调性能满足使用要求（表7-3）。

（6）此阶段还应着重关注客流人数统计系统、POS收银系统和能源管理平台系统的调试工作，这些系统构成了经营管理和分析的基础，对稳定可靠的运行至关重要。

表7-3　制冷机组试运行调试记录

工程名称				建设单位			
施工单位				监理单位			
机组型号		编号		工质		工质加入量	
电机型号		功率（kW）		电压（V）		电流（A）	启动 运行
制冷机组牌号		油注放量（kg）		室温（℃）		室外温度（℃）	

调试记录		整定值			时　分至　时　分连续8小时运行每间隔1小时测试记录值							
		正常	报警	停车								
吸入压力（MPa）												
排出压力(MPa)												
排出温度（℃）												
轴承温度（℃）												
油压(MPa)												
油温（℃）												
油压差												
蒸发压力（MPa）												
蒸发温度（℃）												
冷冻水压（MPa）	进											
	出											
冷却水压力（MPa）	进											
	出											
冷凝水压力（MPa）												
冷凝温度（℃）												
冷却水压力（MPa）	进											
	出											
冷却水温度（℃）	进											
	出											
噪声（dB）												

结论：

年　月　日

安装单位	项目经理		监理（建设）单位	监理工程师（建设单位项目负责人） 年　月　日
	项目专业负责人			
	质量检查员			
	测试人员			

四、机电系统满负荷测试

各设备系统调试完毕运转正常后，为验证设备在大负荷状态下长时间运行的稳定性，需要在开业前组织机电系统的满负荷测试。

在满负荷测试中，重点关注如下要点：

（1）变配电系统通过供电负荷的有组织加载，确保所有变压器最大负荷不超过设计上限，母排、电缆、开关等在满负荷条件下温升正常，各低压柜开关、各层间开关满负荷时不动作断开。若有异常出现，要求设计单位、施工单位共同研究可行性方案，调整负荷分配，务必确保系统能长期安全、平稳运行。

（2）中央空调系统满负荷测试在目的和做法上有别于常规的中央空调系统调试，它通过对末端最大冷（热）负荷的人为设定，测试购物中心主力店、公共区域、步行街商家的温度、湿度，以检查中央空调系统适应大客流、大冷（热）负荷的供送能力。通过这样的测试，及时发现是否有空调部分区域温度、湿度无法达标，检验空调末端风柜、风盘噪音是否超标，是否有凝结水盘倒坡漏水问题等。如出现上述问题，应组织设计单位、施工单位共同调整，及时处理。

（3）给排水系统通过对各商家和卫生间的给水系统、排污系统、雨排系统的有组织满负荷测试，及时发现水泵供水系统供水量是否达标，排水管径是否合适，排污泵能否持续工作，隔油池、污水间的处理能力如何。如有问题，及时研究解决。

（4）电梯、扶梯需要按设备最大承载人数进行满载测试。测试在满载情况下，电梯、扶梯能否正常地启动、运行、停止，运行是否平稳，电梯平层是否正常等，确保开业期间电梯、扶梯能够可靠运行。

（5）餐饮商家排油烟系统需进行模拟排油烟测试，在各商家排油烟系统工作区域放置试验用发烟罐，依次开启各排油烟风机，验证能否迅速排出烟气、共用排油烟管路的商家间是否存在串味问题、烟气是否扩散到商场公共区域，发现问题须立刻组织施工单位处理。设置有厨房补风系统的，需与排油烟系统联动测试。

第三节 | 环境和交通保障

购物环境和交通保障是顾客对购物中心最为直观的感受和体验。购物中心具有体量大、客流多、功能全、营业时间长等特点，因此在购物中心开业准备期，对保洁开荒、环境管控、交通保障及货物运输等方面，应做到分级分区管控、有效组织安排，确保顺畅平稳过渡到营运期，为每一位顾客提供良好的购物环境和便利的交通条件。

一、保洁开荒及环境管控

对于即将开业的购物中心，建设工程基本完成，商家装修和公共区域装修交叉进行，应根据项目基本情况制定相适应的保洁开荒方案，针对开业的实际需要进行有效的环境治理。

（一）开荒准备阶段

首先，通过招标完成开荒保洁外包方的选聘确定，其中针对购物中心内外场环境保洁、高空清洗、石材结晶养护等专业划分相应的标段；建立完善的内部管控体系，做到人员的合理统筹调配，将工作目标分解，责任到人。

其次，开荒人员的储备和相关物资的准备是完成保洁开荒工作的关键。开业前的开荒工作特点是在有限时间内和复杂作业面情况下完成超负荷的工作，这就需要商业管理公司和开荒外包单位预先就前期的人员、物品等做好充分的沟通和准备。保洁开荒工作要充分预计到实际工作增量、风险和难度，应做好相关应急预案，并储备可供选择的保洁开荒机动人员。

最后，通过建立和完善内部管理机制，强化开荒作业实效的管控手段。为保障开荒工作顺利进行，负责组织协调的现场人员必须按照前期计划安排进行操作，并反馈与解决开荒过程中发生的问题；同时要制定保洁开荒日的工作量和检查标准，保证整体开荒计划的顺利实施和工作标准执行到位。

（二）开荒实施管控阶段

对保洁开荒外包方的监督管控是保证开荒实施效果的关键，监督管控工作主要是对照外包合同签订内容，在开荒标准、开荒流程、成品保护、突发事件处理、作业面拓展、问题协调等方面加强管控，并通过对开荒现场的监督和业务对接，提升作业人员专业和综合处置能力。

大多数购物中心在临近开业期间，因工程施工计划延迟，造成保洁开荒实际作业时间缩短，边施工边开荒，甚至出现重复污染、反复开荒等现象；这就要求对开荒保洁实施计划进行管控，制订科学的保洁开荒作业计划书。同时，应配置超过正常营运期所需的管理人员对作业过程实施督导，并调集临时支援队伍做必要补充。

在组织开荒作业时，要根据项目工程进度和可提供的作业面实际情况，遵循“先粗后精，先上后下”的原则。其中，“粗开荒”是指对施工结束后的物业场地进行一般性清洁作业，这包含了建筑垃圾的清理、材料保护膜的清理等。“精开荒”是指在“粗开荒”后，对物业场地进行的深度保洁，以达到购物中心开业所需求的保洁标准。

例如，武汉汉街万达广场，在开业开荒阶段共有近万人次保洁人员参与开荒工作。通过对购物中心内外场、高空、停车场、成品保护、后勤协调、垃圾清运、开荒支援等工作统筹安排，达到对开荒工作的合理调配及有效控制（表 7-4）。

表7-4 武汉汉街万达广场内场开荒人员安排管控表

		第一阶段（进场）				第二阶段（全面铺开）								第三阶段（精开荒）								第四阶段（突击+收尾）				
项目	班次	1	2	3	4	5	6	7	8	9	10	11	12	13	14	15	16	17	18	19	20	21	22	23	24	25
高空作业组	早									18	18	18	18	9	9	9	9	9	9	9	9	18	18	18	18	18
	晚													18	18	18	18	18	18	18	18	18	18	18	18	18
墙面作业组	早					18	18	18	18	18	18	18	18	12	12	12	12	12	12	18	18	18	18	8	8	8
	晚																									
通道组	早					20	20	20	20	20	20	20	20	18	18	18	12	12	12	12	12	12	12	9	9	9
	晚																					6	6	6	6	6
电梯作业组	早													24	24	24	24	24	24	24	24	18	18	18	18	18
	晚																	12	12	12	12	12	12	12	12	12
玻璃组	早								24	24	24	24	24	24	24	24	24	24	24	24	24	12	12	12	12	12
	晚																	8	8	8	8					
卫生间组	早						12	12	12	12	18	18	18	18	18	18	18	15	15	15	15	6	6	6	6	6
	晚																	15	15	15	15					
收边收口组	早																	24	24	24	24	24	24			
	晚																	12	12	12	12	12	12	12	12	12
门头组	早																24	24	24	24	24	24	24	24		
	晚																		8	8	8					
垃圾清运组	早	18	18	18	18	18	12	12	12	12	12	12	12	10	10	10	10	10	20	20	20	10	10			
	晚	18	18	18	18	18	12	12	12	12	12	12	12	8	8	8	8	8	8	8	8	12	12			
成品维护组	早													20	20	20	20	20	20	28	28	28	28	28	28	28
	晚																12	12	12	12	12	12	12	12	12	12
开荒支援组	早													20	20	20	20					20	20	20		
	晚																	20	20	20	20					

（三）日常保洁的平稳过渡

保洁开荒工作与日常保洁工作相互关联性很高，因此，保洁开荒的招投标工作与日常保洁招投标可同时进行。鉴于保洁开荒工作的质量会对以后日常保洁品质造成影响，因此，一般日常保洁中标单位会被要求参与保洁开荒工作。

开业当天是环境开荒工作的结束，是日常保洁工作的开始。在对日常保洁的操作培训中，垃圾收集的频次，各种污染源的有效处理是重点培训内容。开业时客流量大，产生垃圾多，对垃圾进行有效收集和处理是开业的环境管控重点，因此，应安排人员在各个区域的值守和巡视，加大垃圾收集和污染源处理的频次。

在开业过渡期间相对应的整体空气环境、绿化环境、感官环境等都是环境治理的关注重点。日常保洁应先期介入，对开荒后期的甲醛处理、消杀处理、绿化等都要提前制定方案。

二、交通管理

方便的交通条件、顺畅的交通管理组织，是购物中心给顾客带来良好消费体验的基础。交通管理的核心内容主要包括交通组织规划和车辆引导。

（一）交通组织规划

为了做好交通的组织规划，须依据购物中心地理位置的具体情况，规划好交通动线。开业前要对周边的交通环境进行详实的调研，完成车流动线的合理预估和准确应对；并要通过协调当地交管部门，对周边5公里范围内交通环境进行规划，实现购物中心名称接入市政交通诱导系统。例如，停车场主出入口，应与市政道路形成环状流通；购物中心周边的公交站点应尽量争取多设立一些。

导向标示系统是交通秩序的重要保障。在购物中心的设计中，多数停车场设计在地下，客流、车流共用，并与物业内酒店、写字楼等电梯、楼道相连接，因此，停车场导向标识系统的设计应得到足够关注，主要包括以下三个方面：第一，导向标识系统要引导顾客尽快就近停车，避免车辆在停车场内长时间流动；第二，客流标识重点引导至电梯间或楼梯通道，引导人群尽快离开停车场；第三，通过色彩分区，将停车场分成若干个停泊区域，让顾客容易记住车辆泊放区域。

由于开业期间车流量大，购物中心自有停车位显然无法满足正常需求。在交通保障方面需要合理统筹，充分利用项目周边的道路、停车场、空地等资源弥补临时车位不足。临时车辆停放点应设置在购物中心附近500米以内的距离为适宜。

（二）车辆引导

开业期间交通管控的重点是对车辆的有效疏导。车辆管理主要分为机动车管理及非机动车管理。其中机动车辆管理的重点是按不同时间、不同侧重点进行分阶段、分步骤、分层次的管理，提前制定处置疏导肇事车辆和临时拥堵的预案，有效提高对车辆的疏导能力。为实现车辆的有效疏导，应对车辆交通动线、停放区域的设置进行实地详细考察，形成交通规划方案，必要时充分利用周边交通环境，保证方案的操作和实施。在满足车辆安全管理的同时，车辆导示系统是必要的补充；要求按照制订好的交通规划方案，根据周边道路交口远近、停放点位的不同，实行车辆分级引导，放置醒目提示标识，保持畅通的车流状态。

车辆停放位置以地下停车场为主，周边道路为辅。应对停放区域做好人员安排，及时解决顾客车辆停放的需求，加强巡视检查，确保车辆停放区域的消防安全和秩序安全。

非机动车辆的管理应根据实际需求提前规划，除了已规划好的非机动车停放处以外，可利用部分机动车位或角落位置作为非机动车临时停放处，注意做好区域分割及标识引导。对于非机动车停放区域也要安排专职岗位进行交通秩序及安全管控，确保非机动车辆停放的顺畅安全。

三、货物和垃圾运输管理

购物中心的交通管理还应该特别关注货物进出及垃圾清运工作，开业期间由于商家上货量较大，造成垃圾量随之增多，这就要求有效规划货运交通动线，规范车辆进出、停放区域及时间，缓解由此造成的交通压力，提高开业期间的车辆运输效率。

（一）商家的货物运输

为满足购物中心各个商家开业布货及日常进货的需要，商业管理公司应对货物的运送与进出进行合理安排及管控。开业前各商家的布货工作具有送货量大、货运车型较大、送货时间集中等特殊性，为了配合各商家按时完成布货工作，购物中心开业前可在首层开辟平面运输通道，方便大宗货物的集中运送。在此期间应加强对送货时间、货车停放区域、货运动线等关键环节的重点关注及管控。

进入营运期后，管理公司须对各商家的货物出入进行统一的、标准化的管理，预先根据业态的不同在地下停车场设置专用卸货区域及垂直货运通道，并规定商家的货物运输车辆配置指定车型，按照规定的货运动线、货运时间、货运方式进行主力店及商家的货物运输。

（二）建筑垃圾和生活垃圾运输

垃圾运输工作是保证购物中心环境品质的重要环节，这就要求做到垃圾日产日清。购物中心垃圾运输一般包括建筑垃圾及生活垃圾，在开业准备期间主要以建筑垃圾为主，营运期间主要以生活垃圾为主。

建筑垃圾一般集中产生于施工收尾及商家进场装修阶段。对于开业准备期间的建筑垃圾清运工作，必须严格对清运时间及路线进行管控，一般来说应根据需要及现场情况在外广场集中设定1~2个垃圾临时堆放点位，规划并制定垂直交通及清运路线，清运工作主要安排在夜间进行，以减少对开业准备期间各项工作环节的污染和影响。

生活垃圾的运输管理工作必须要注意时间、空间及运输要求。垃圾存留时间不得超过24小时，湿垃圾存留时间不得超过12小时；合理设置垃圾运输通道并与客用空间相分隔，对此可采用时间隔离或空间隔离的方法，避免垃圾转运工作给顾客带来视觉和嗅觉污染；为避免垃圾外露及遗洒，垃圾运输要求采用箱式封闭型货车，运输工作应与购物中心营运时间错峰进行，这样才能有效降低对客运交通及环境品质的不良影响。

B

PART. 8

第八章 项目复盘评审

PART. 8 第八章

项目复盘评审

现在我们要从“求快”向“求快”和“求精”并重发展，不仅用速度、更要用精品服人，万达也到了用精品说话的时候。求精就要突出抓重点项目。今后万达每年都要对各店进行评比，作为一项制度坚持下去。

——王健林董事长，在万达集团2010年半年会上的讲话，2010年7月

近年来商业地产发展迅猛，无论是建设规模还是空间形态。商业形态的不断进化，也带动着商业地产行业的发展。针对商业广场开业后的评审，既可将筹备阶段的经验进行归纳，固化为标准，也可发现存在的缺陷，倒推到前端，进行改善。

第一节 | 招商评审

通过招商评审，首先可以检查招商落地和规划的一致性。招商，应该严格按项目定位制定的品牌落位执行，但实际招商过程中，因各种原因，会发生一些变化。招商完成后进行评审，首先是检查比对，确定招商结果与原来定位有无出现偏差；其次，要解决后期营运的思路问题，梳理出因招商落位调整产生的差异，进而明确今后招商调整的方向；最后，招商评审需要对今后的营运思路进行全面梳理和确立。通过招商评审，还可以统一团队认识；购物中心因业态繁多、设计复杂、工程量大、管理庞杂，涉及多个业务部门，需要部门间协同配合、形成合力，在开业后进行的招商评审能促使团队检查发现问题，共同拿出解决方案。

此外，还可以对招商的运行机制和运行节点中的问题提出改善建议，对经验不断进行总结。

一、招商总结

招商总结是项目开业后对招商工作进行复盘，检查招商的合规性，同时总结经验教训，主要内容分为：招商指标完成情况、品牌落位准确性、招商推广执行效果、商务谈判经验、筹备开业情况、商铺装修特色、安全管理以及后期经营目标策略。

案例呈现

- **泉州浦西万达广场招商总结**

泉州浦西万达广场招商启动前，商业管理公司针对泉州以及整个福建市场的商业发展状况及商业资源充分调研摸底，形成了该万达广场的商业定位——品质生活体验城市型购物中心、闽东第一购物中心。

1. 招商完成情况

泉州万达广场成功引进76个国际品牌，86个中外知名品牌首次进入泉州，其中国际二线品牌有Tommy Hilfiger, 国际快时尚ZARA、H&M、ESPRIT及LACOSTE、ecco、NAUTICA等，全面提升了泉州的商业档次。

2. 招商推广及谈判经验

在前期的招商推广中，通过举办区域招商大会、万达中国行等活动，呈现万达优势，增强商家品牌方的信心。

在招商实施中，对国际二线品牌的引进制定长期规划，设置明确目标和责任人。在招商品质上，招商中心和管理中心提前介入，确保建筑硬件条件满足后期经营需求;在合同谈判中，严格遵循公司合同签署要求，并运用总部谈判优势，加快合同签约速度，提前完成计划节点。

3. 问题及解决方案

在某些品牌签约节点上，出现时间节点紧、工期短、项目施工条件不完备等问题，泉州商业管理公司根据谈判节奏，组织商管、项目和品牌公司的工程团队，做好房产交接，完成品牌的补充招商入驻。

4. 计划模块完成情况

泉州万达广场全部按时完成集团模块化时间节点。模块化对招商有较好的指导和督促作用。

5. 商家装修经验

商家装修前，商业管理公司提前安排商家对房产技术条件进行现场对接，协调项目公司予以落实；梳理进退场相关流程，确保流程的严谨性。在进入装修期后，每天召开管控会，确保各部门之间及与商家间的有效沟通，做到责任明确，合理分工。

为了实现商铺装修最佳效果，商业管理公司组织商家开展“万达中国行”活动，赴各地万达广场实地考察学习；在专场装修说明会中，制定并向商家发放万达制定的可用于日常经营的指导文件；发掘商家的设计潜力，采取其品牌在全国乃至全球的最新形象；注重设计细节和统一设计感，做到商家装修一店一色。

6. 开业筹备经验

招商团队的组建是一切工作的基础，必须保证团队成员的稳定性、凝聚力；充分进行市场调研和商家资源摸底，在目前既有定位的基础上尝试进一步提升；充分利用万达品牌号召力和原福州区域的品牌资源，更好地提升招商品质和租金水平；注重招商期向装修准备期的过渡工作。

图8-1 泉州浦西万达广场聚集了众多国际知名品牌

二、第三方评审

由内部第三方对招商情况进行客观、合理的综合评审，是另一种有效的检查手段。

（一）评审维度

招商评审内容包括：品牌引进、落位执行、店面装修形象三大维度。

品牌引进、落位执行部分是对实际落位并开业的品牌，对照原始品牌落位图和《项目租赁决策文件》，依据标准形成评分系数，对形象考核评分，并对每个品牌的引进对照落位执行情况，对店面装修呈现效果进行评审。这些工作完成之后，形成评审报告，报告内容包括：各部分评分过程及结果，快时尚品牌和国际品牌的数量、级次、落位变更及变更合规性，整体品牌组合、商家的店面装修形象的总体评价。

（二）评审方式

在招商评审的实际工作中，业务人员还会进行自查，给出招商初评，并附具体评分过程，做到工作既深入又细致。

品牌落位的核查报告包括：现有招商品牌总数，各个业态分别实现的品牌，出具一份实际品牌落位图。通过对比之前的计划，来判断调整的比例。这部分内容也是招商评审中的自查核查内容。

在新项目开业前的进一步核实，要细致到对每个品牌进行复核，看品牌是否和落位计划中的品牌相符，品牌要相同，名称也要一致。

需要强调的是，提供的品牌名称、品类、品牌级数必须与品牌库相对应，否则，该品牌将依照库外品牌执行评审标准。

对于店面装修评审，详见表8-1。

表8-1　店面装修评审

序号	评分内容	满分	得分
1	店招设计（店面个性化）	10	
2	商铺设计（室内环境）	10	
3	天花、地面设计（功能与美观性）	10	
4	商铺照明	10	
5	货架、陈列中岛、收银台等道具设计	10	
6	橱窗陈列	10	

（续表）

序号	评分内容	满分	得分
7	装修材质用料等级	10	
8	施工细节及收边收口工艺	10	
9	环境保洁维护	10	
10	隐蔽工程处理	10	
备注	店面装修评审中，如消防侧喷检查不合格，则采用“一票否决”制，店面装修评分为零分		
	总得分		

（三）第三方评审作用

招商评审的终极目的在于提升项目的总体品质。对新开业的项目进行全方位的品质评审，要采用标杆项目对比法；参照标杆，才能保证项目品质。

第三方评审的结果，有以下三方面的用处：

（1）为新开业的广场进行招商上的查漏补缺，以便能在经营中做调整和优化；

（2）给未来开业的广场树立各个维度的标杆，以指导新项目的招商工作，保证品质的提升；与此同时，也进一步对招商工作的各种流程和规范加以完善；

（3）奖罚分明，招商品质评审形成打分，其得分与考核直接挂钩。

第二节 | 项目复盘

项目复盘是对商业地产项目实施阶段进行客观、科学、公正的回顾和分析，提炼出成功的经验，找出不足的方面，研讨后形成复盘成果，用以完善已建项目、改进在建项目、指导待建项目。

一、项目复盘的工作组织

（一）项目复盘的时间安排

项目复盘工作通常安排在购物中心正式运营6个月后，此时购物中心建筑本体对经营的影响已显现出来，机电系统、设备设施存在的问题也已反映出来。建筑、机电系统和设备设施的亮点和不足都得以体现。

（二）项目复盘的基本流程

项目复盘基本流程如下：

（1）复盘启动会，由项目开发公司、商业管理公司、规划设计单位、各主力店等项目相关方共同参与，研讨协商制定复盘工作计划。

（2）现场调研，项目各相关方分别收集复盘问题，整理各自管理区域的问题，发现不足、总结经验。商业管理公司主要负责收集整理项目规划设计、建设施工方面的得失、广场建设对经营方面的影响和广场各项品质提升等方面的问题，并针对问题提出建设性建议，形成"复盘报告"。

（3）复盘研讨会，与会人员对各相关方提出的复盘报告进行研讨、评估、修订，最终形成复盘成果。

（4）成果落实，将复盘成果加入到建造标准中，在后续的商业项目设计、建造中采纳执行。

二、项目复盘工作内容

在项目复盘工作中，要覆盖整个项目，就要对整个购物中心进行涵盖所有业态与系统的复核，工作内容如下：

（1）规划设计类。首先关注购物中心的商业氛围、硬件设施和美陈条件的预留是否满足商业活动的需求；其次关注电梯、中央空调、配电设施、闭路监控系统、消防报警系统等设备选型，以及设备参数的适宜性；最后关注机电系统的复核，要注意包含所有机电系统的主机到末端，既要有功能满足性复核又要有管理便利性复核，还要进行能效复核。

（2）建设施工类。重点关注建造过程中对商业运营和管理所造成的影响。如幕墙和采光顶、防水施工规范性，大型设备安装基础、标高、位置和方向，维修拆卸空间尺寸、动力电缆连接符合技术要求等。

（3）商业运营管理类，要关注各商业业态的保障性需求，包括顾客感受层面的复核和商业活动条件需求的复核。例如，为满足企划美陈与商业活动所需条件，要在符合设计规范、技术要求的前提下，使设备及系统运行节能高效，便于维护、操作和清洁等。

另外，项目复盘还要对建筑本体进行分析、剖析后，从前期方案确定、设计评审、商家房产技术条件的确定、进场装修等各个方面进行全面的回顾和梳理。因为各项节点工作完成是否及时、完成标准是否满足建设需求，都会对整体项目建设产生影响，所以要对工作组织、时间节点、标准要求、所需成果等进行优化，而这也是复盘会的重要内容之一。

针对收集整理的上述复盘问题，各相关方分别组织研讨、评估、修订，对经验进行提炼总结，对不足的方面分析其形成原因并提出有效的改进意见，形成复盘报告。

购物中心各相关方代表，在复盘研讨会上，对所有“复盘报告”的内容，进行深入研讨、评估和提炼，最终形成复盘成果。

案例呈现

• 某万达广场项目复盘实例

某万达广场开业后，商业管理公司遵照复盘启动会的要求，按复盘计划全面系统地梳理汇总广场营运、现场管理及工程设备设施运行在规划设计、建设施工和商业运营管理方面的经验和不足。

具体落实是由商业管理公司的招商营运部、工程部、物管部等业务部门负责。

招商营运部主要负责收集商家在经营管理中的经验和不足，和顾客对购物中心的意见，包括：广场整体商业氛围存在的缺陷、广场经营硬件设施的不足、广场美陈条件的预留是否满足商业活动的需求、广场购物动线是否合理、导视指示是否合理、准确、清晰以及广场硬件设施对商家经营造成的影响等。

工程部主要是对广场建筑和设备设施存在的问题进行梳理，包括各项施工是否完成、存在哪些遗留问题、设备设施运转是否正常、能否满足广场经营需求等，以及提出优化设备运行、节能降耗方面的建议措施。

物管部主要是汇总广场现场管理工作能否按照经营需求开展，如外围及地下停车场内交通动线是否满足经营需求。

商业管理公司各部门梳理出的经验和不足进行汇总、筛选后，上报复盘会议题。

集团负责万达广场设计、建造、运营管理的各业务系统人员对商业管理公司上报的议题进行现场调研、查勘，并召开该万达广场复盘会，会上对商业管理公司提出的各项问题进行充分讨论研究后确定解决方案，并将解决方案落实在集团的建造标准中，用于后续广场建造中执行。

复盘会最终的目的不仅是要解决出现的问题，更重要的是要避免此类问题在后续建设的广场中重复出现。复盘会最终成果的落实，是通过所形成的集团建造标准、建造强条等规范要求，用制度的形式来保障。

复盘会部分规划设计类成果见图 8-2。

万达广场复盘会议成果（商管A组议题）
问题1：步行街商家敞开式门头方案须在广场消防性能化论证阶段予以明确
能否形成指引、规范、强条、标准、制度等成果：能（√）不能（　）用“√”标注
成果落地责任部门： 项目公司、商管公司
复盘会研讨成果： 1．在性能化论证会议前，商管公司提出相关要求与项目公司协调。在论证会上提出要求明确步行街商铺划分的规划需求及卷帘、立体设计需要，达到即实现集团对商铺一店一色的要求，又满足消防验收要求。 2．形成性能化论证工作指引
备注（投票表决情况）：全票通过
问题2：娱乐楼电梯应满足直接通往地下室各层的功能、娱乐楼无独立出入口
能否形成指引、规范、强条、标准、制度等成果：能（√）不能（　）用“√”标注
成果落地责任部门：
复盘会研讨成果： 已纳入设计强条。
备注（投票表决情况）：全票通过
问题3：广场东立面橱窗和步行街有外窗商铺空调冷热量不足
能否形成指引、规范、强条、标准、制度等成果：能（√指引）不能（　）用“√”标注
成果落地责任部门： 规划院
复盘会研讨成果： 1．在橱窗设置预作用喷淋系统； 2．临外玻璃幕墙的商铺要增加空调设计冷热量。
问题4：地下室电缆沟长期积水
能否形成指引、规范、强条、标准、制度等成果：能（　）不能（　）用“√”标注
成果落地责任部门： 规划院
复盘会研讨成果： 1．尽可能沟通当地供电部门同意，高压电缆按桥架安装。 2．若当地供电部门不同意，则要考虑电缆沟内的排水方案。 3．可列入设计指引。
备注（投票表决情况）：全票通过

▲ 图8-2　某万达广场复盘的部分议题及成果

1. 冷水机组使用水蓄冷主机

在空调冷热源设计评审阶段，商业管理公司及规划院通过对过往各广场空调能源消耗的分析、待建广场所在城市峰、谷、平电费单价的调查，以及水蓄冷冷水机组增加的建设成本支出与节能的回报率，综合分析，最终确定空调主机采用水蓄冷冷水机组。在消耗能源总量不变的情况下，利用峰、谷、平电费差价的差值，采取晚间开机制冷水，白天放冷的方式，以达到减少能源费用支出的目标。

以此广场170天空调供冷期进行计算，采用水蓄冷空调机组每年可减少电费支出约40万元，这对于万达广场能源成本支出的降低起到了关键作用。

鉴于此广场使用水蓄冷冷水机组的成功，现场与会者建议纳入集团建造标准，在以后的万达广场建设中推广。

2. 停车场智能化管理

万达广场地下停车场规模较大，地下二层停车场设有近2000个停车位，车主在返回停车场时由于停车场空间大、方向不宜辨别、周围环境及标志物类似，容易在停车场内迷失方向，不易找到自己的停车位，从而产生烦躁情绪，对万达广场留下负面印象。

为方便顾客停车、寻车、交费，万达广场地下停车场采用了智能化管理，采用车辆诱导系统、反向寻车系统、智能收费系统等智能化手段，还将地下停车场墙面、地面、柱面的商业氛围及导视标识进行完善提升。尤其是车场智能诱导系统的应用，提高了停车场信息化管理的水平、提升了针对性的服务标准，为顾客提供了更便捷、更具人性化的全方位服务。

鉴于广场停车场智能化管理的成功，现场与会者建议纳入建造标准在今后万达广场建设中推广。

3. 娱乐楼电梯应直通地下室各层，且娱乐楼应有独立出入口

娱乐楼主要包括电玩城、KTV、影城等娱乐业态，该广场娱乐楼的电梯厅在地下一层与超市共用，在首层与室内步行街共用。娱乐业态营业时间要到凌晨2点左右，而室内步行街及家乐福超市的闭店时间为晚上10点。因步行街和超市要早于娱乐业态闭店，导致10点以后娱乐楼顾客到地下一层停车场取车时，无法穿行超市，需要绕行很长路程；商业管理公司要配备专门的保安员负责引导从首层离开的娱乐楼的顾客，避免其进入步行街区域。这样不仅造成客户怨声载道，还增加了管理负担和成本。

针对上述问题，商业管理公司提出改进建议：娱乐楼独立设置出入口，不与其他业态共用；娱乐楼电梯直接到地下停车场，不需穿行其他业态区域。

经过现场参会人员讨论，认为此问题确对广场的经营、管理造成影响，同意商业管理公司提议。并表决通过纳入设计强条，以保

证后续万达广场在设计中满足此要求。

4. 应设置餐饮商家服务人员专用的卫生间

由于餐饮服务人员没有专用的卫生间，造成工作时间内与顾客共用卫生间的现象，对广场整体经营品质造成一定的负面影响。商业管理公司建议在后续的广场中设置餐饮服务人员专用的卫生间。此卫生间与餐饮后勤通道相连接，从步行街购物的公共区域无法进入。通过建筑的有效分割，保证此卫生间为服务人员专用，进而提升广场经营的品质及档次。

此建议经过参会各部门的充分讨论研究，最终同意商业管理公司建议，并将此建议纳入规划院的技术考核范围，以便在后续建设的广场中执行。

5. 外立面橱窗设置预作用喷淋系统，防止消防喷淋冻坏

在冬季，该广场东立面橱窗内多处出现冻坏消防喷淋头的现象。原设计虽有空调送风设备，因其接驳于就近区域的空调机组送风管道，在商场闭店后，空调机组也停止运行，即停止供暖；夜间气温最低时，测量橱窗内温度只有 −8℃，极易造成冻坏设备事故。后经商业管理公司改造，在橱窗区增加独立空调设施，同时将普通喷头更换为易熔合金喷头，喷淋管道增加电伴热等措施，改造后经测量，橱窗内夜间温度可达到 5℃。虽然这样做明显减少喷淋冻坏次数，但在一个冬季，此项改造的 6 个橱窗共产生电费约 5 万元，额外支出较高，因此建议以后设计中外橱窗采用预作用喷淋系统。

经过参会各部门的充分讨论研究，最终同意商业管理公司建议，明确将北方地区橱窗设置为预作用喷淋系统，纳入建造标准。

三、复盘成果的落实

复盘成果是项目各相关方智慧的结晶，是非常宝贵的经验资料，如能有效运用到未来的商业项目中，将起到事半功倍的效用。不过，项目复盘会的成果固然很有价值，但仍然要经专家评委的进一步审核，确保各项成果符合国家规范，符合商业运营的长期利益和整体利益；而有些仅片面代表某一方的、短期利益的提案，将不会通过审核。通过审核的“复盘成果”将成为集团的正式文件进行下发，最终成为购物中心开发建设的标准。

项目复盘工作服务于集团的快速发展战略，针对商业地产投资与建设环节存在的问题，通过整合集团资源、多渠道信息收集、分析聚焦、现场调研、成果研讨等流程，解决其中共性、系统性的问题，优化完善标准、规范、制度等。

万达集团自2008年起对每个开业的广场进行项目复盘工作，从北京石景山万达广场开始至今，对每个广场从规划设计、建筑本体、商业经营、管理需求等各个方面进行全面的回顾、梳理、总结，并将部分复盘成果形成建造标准，用于后续广场的建设、管理。正是由于复盘评审这种有效的机制，才使得每年新建的万达广场从硬件设施、商业品质到管理水平都有较大的提升。

OPERATION AND MANAGEMENT OF COMMERCIAL REAL ESTATE

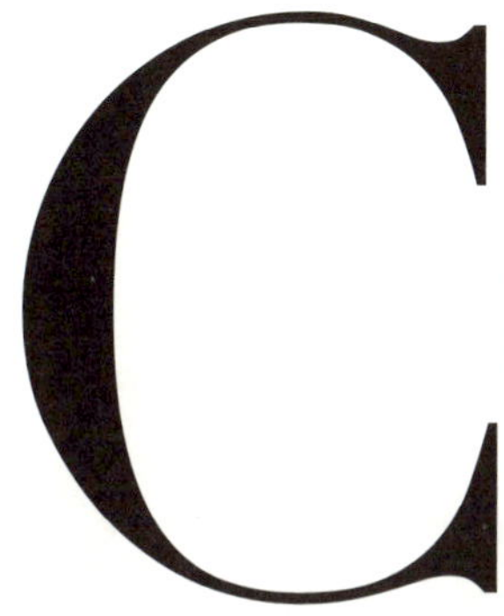

PART. 9

经营目标与策略

PART. 9 第九章 经营目标与策略

万达越发展，持有物业越多，越意味着工作重心必须转变。首先是工作重心转向运营。全集团必须转变观念，要从开发思维变成经营思维，从房地产商思维变成商业运营、文化旅游企业的思维。

——王健林董事长，在万达集团2012年年会上的讲话，2013年1月

一个购物中心的经营管理是否成功，准确的经营目标以及合适的经营策略将起到决定性的作用。购物中心的发展一方面是一个价值不断提升的过程，依赖于经营管理的持续创新；另一方面又是一个循环往复的经营管理过程，这个过程的起点便是经营目标与经营策略的制定。

第一节 | 经营目标

购物中心一般会在每年的12月份制订完成下一年度的经营目标。年度经营目标的制定首先要考虑当年的经济环境、区域市场的发展以及对购物中心未来的发展规划等因素，然后确定可以达到的经营目标。年度经营目标的最终确定往往要历经两到三个月的反复论证，直至确定最适合的可执行的经营目标。年度经营目标必须是可量化、可监测的，一般包括年度客流、销售以及资产增值三个目标。

一、年度客流目标

客流量是决定购物中心最终业绩表现的先决要素。购物中心的一切经营活动都会对客流量产生影响，继而影响着购物中心的收益。

（一）影响年度客流目标的因素

1. 内在因素

每一个购物中心都有一个生命周期，分为培育期、成长期、成熟期以及衰退期；生命周期决定了购物中心客流的发展趋势。在培育期，客流量波动上升，容易受突发因素的影响；在成长期，客流量快速提升，任何有利因素都会被很好地吸收利用，并转化成动力；在成熟期，客流量趋于稳定，不易受到突发因素的影响；在衰退期则是客流呈下降趋势，必须对购物中心进行重大调整与改造才能挽回颓势。在生命周期中，购物中心的自身定位、业态组合对客流量起到决定性的作用，如果发生重大的结构调整，或举办了大型的营销活动，客流都会有起伏波动。

2. 外在因素

外在因素虽然不能从根本上决定购物中心客流发展趋势，但会对客流产生很大的影响。外在影响因素首先是购物中心所处的地理位置，根据城市级别不同、城市区域的不同，购物中心的客流量会有很大差距。比如上海五角场万达广场位于国际化都市上海，每天的客流量可达20万人次；而绍兴柯桥万达广场每天客流量约5万人次，但由于其所在的柯桥区总人口数量不过20万人，该广场在当地已属于名列前茅的购物中心。另外，购物中心的客流量还受到周边住宅的开发程度、居民的人口特征、交通通达等情况影响。目前购物中心开始向三、四线城市布局，很多购物中心开业时周边只是一片空地，没有居民，交通也极不便利；这种类型的购物中心重在培养，一般需要三年左右的培育期。

（二）年度客流目标值的确定

在确定了购物中心所处的生命周期，并分析内外部因素后，就可以制定购物中心下一年度的客流目标值。客流目标值的确定主要分为三步。

1. 计算购物中心当年的客流均值

购物中心当年客流均值在内外因素的共同影响下形成，它是下一年度客流目标值制定的基础。

2. 确定下年度客流目标值的增长速度

首先，根据购物中心所处的生命周期确定初始增长速度，比如购物中心目前正处于培育期，可以将购物中心的增长速度设为15%左右，如果购物中心处于成熟期，那么增长速度就应该设置得低一些，可以是5%左右；此外，还要将下一年度发生的重大事件、定位调整、重大营销企划活动等考虑进去。例如，重庆南坪万达广场2011年度的日均客流为6.7万人次，由于提前获悉下一年度将有地铁贯通，因此该广场将客流目标值的增速确定为50%，目标值确定为10.5万人次。

3. 客流目标值的分解

购物中心的客流目标值从区域与时间两个角度分解。从区域角度，客流目标值分解为主力店区域客流目标值和室内步行街区域客流目标值；另外，如果购物中心为各商家安装客流计数器，还应为每一家商家设定客流目标值。从时间角度，客流目标值要分解到月；同时，考虑到节假日对客流的重大影响，客流目标值应分解为节假日和平日两种目标值。目标值的分解应尽量细致，以更好地把控购物中心总体目标值的实现。

二、年度销售目标

购物中心销售额的多少直接反映了其商家的盈利情况。虽然购物中心的资产价值最终表现为租金收益，但租金直接来源于商家的销售收入，因此为购物中心设定销售目标值非常有必要。

（一）影响年度销售目标的因素

1. 内在因素

与购物中心的客流一样，购物中心的销售额同样有周期性变化。与客流不同的是，当一个购物中心处于成熟期时，销售额同样可以加速增长；因为一个处于成熟期的购物中心往往具备了良好的品牌知名度，结合传播效应，同样的客流人次中有效客流的占比会越来越高。同时随着购物中心不断进行的业态品牌调整和周边社区的成熟，购物中心的客单价也会随之提高，促使销售额不断提升。例如，北京石景山万达广场经过4年的发展，日均客流达到7万人次左右，年客流增长率基本稳定在5%左右，但销售的增速保持在10%以上。

购物中心的销售额同样受到品牌业态定位的影响。比如西安民乐园万达广场与洛阳万达广场都于2009年12月份开业，2012年两个广场的日均客流相仿，但西安民乐园万达广场的日均销售比洛阳万达广场多200多万元；日均销售额相差如此悬殊的主要原因是广场品牌业态的定位不同，西安民乐园万达广场的定位比洛阳万达广场更高，两者的客单价相差较大，因此各自实现的销售额就会有较大差距。

2. 外在因素

购物中心所处的城市级别、城市区域、周边社区情况、交通情况、竞争环境同样影响着销售目标的实现；其中，竞争环境是一个重要的因素。让商家盈利是购物中心存在的价值之一，如果购物中心的品牌、价格、活动不具备竞争力，消费者最终还是会去竞争对手那里消费，商家的利益便会受到伤害。例如，2010年开业的沈阳铁西万达广场所处的竞争环境就异常激烈，广场开业之前，周边的大商、铁西百货已经非常成熟，广场开业初期的经营因此一直比较冷清，在经过几次业态重新定位与招商调整之后才出现业绩上升。

（二）年度销售目标值的确定

由于客流的特殊性，购物中心的总体客流并不等于每一个商家的客流之和；但销售不同于客流，购物中心的总销售额等于每一家商家的销售额之和，因此购物中心的年度销售目标值的确定是一个自上而下的过程，主要分为三步。

1. 确定购物中心商家的销售目标值

首先，由每一个商家根据当年销售情况以及下一年度可能发生的各种事件，预测下一年度的销售增长率；需要注意的是，受不同业态发展的影响，商家的销售增长率是不同的；然后，商家根据销售增长率确定下一年度的销售目标值。为了保证销售数据的准确性，万达广场免费为每一个商家安装POS收银一体化系统，可以让商家准确了解销售情况。

2. 汇总商家的销售目标值，确定购物中心的销售增长率

购物中心将各商家下年度的销售目标值进行汇总，作为下年度销售目标值的确定基数。一般来说，出于对租金议价的考虑，商家会明显降低其下年度的销售增长率；对此，购物中心会根据下年度的招商调整及营销企划策略，将商家的销售目标值做相应的调整，然后得出购物中心最终的下年度销售增长率及目标值。

3. 销售目标值的分解

销售目标值的分解仍然是按区域和时间进行分解（参照客流目标值的分解，表9-1）。

表9-1 年度销售额与客流量目标值的确定与分解

业态	业种	品类	品牌	租赁面积（m^2）	销售额（万元）					客流（万人）				
					年总量	年日均	平日日均	周末日均	节假日日均	年总量	年日均	平日日均	周末日均	节假日日均
主力店	百货													
	超市													
	电器													
	……													
	合计													
次主力店	快时尚集合店													
	家居													
	教育培训													
	……													
	合计													
室内步行街	服装服饰	女装												
		男装												
		……												
		小计												
	生活精品	个人护理												
		数码电子												
		……												
		小计												
	餐饮美食	西餐												
		地方风味												
		……												
		小计												
	合计													
总计														

三、资产增值目标

购物中心一切管理行为最根本的目标是资产的保值与增值，这与租金标准直接相关。经过三年的发展，宁波鄞州万达广场室内步行街每平方米的日均租金比刚开业的时候翻了3倍以上，广场的资产也有了大幅增值。

（一）影响资产增值目标的因素

1. 内在因素

对于购物中心的资产增值目标来说，内在影响因素主要包括三个方面。

1）经营策略

广场的经营策略不同，购物中心的资产增值目标会随之变化。比如，新开业的购物中心处于市场培育期，一般采取温和的增长策略，资产增值目标可以定的相应低一些；而有些购物中心在经过一段时期的发展后，由于自身条件较差，一直无法良性发展，就需要进行重大的改造调整，这种调整往往无法提升租金，为了吸引优质商家，反而会制定较低的资产增值目标。

2）品牌级次

购物中心引入的品牌会影响中心的资产增值目标。对个体品牌来说，品牌级次越高，其自身品牌价值就越高，一般就可以承担更高的租金；所以购物中心的定位越高，它的总体资产增值目标就越高。

3）经营环境

购物中心的经营环境越好，资产增值目标越高。一个好的购物环境，更容易吸引消费者前来购物、休闲，从而带动商家提升利润，提升承租能力，购物中心的资产增值目标就可以定的高一些。

2. 外在因素

影响购物中心资产增值目标的外在因素主要考虑两个方面。

1）行业标准

任何商品价格的制定都要遵循市场规律，这个市场规律的体现就是行业标准。每个购物中心资产目标的确定，一是要考虑整个行业的资产定价，比如商业地产的租金标准肯定要高于住宅地产的租金标准；二是要考虑当地的资产定价，比如上海北京地区的资产价格可以达到三线城市资产价格的数倍。

2）竞争环境

购物中心所处的竞争环境，对资产增值目标的制定起到制约作用。在竞争环境中处于劣势的购物中心往往会制定较低的资产增值目标，以吸引更优质的品牌；但如果该购物中心较其他同行优势明显，那么就有制定更高资产增值目标的资本。

（二）资产增值目标的确定

要确定购物中心的年度资产增值目标，具体量化指标就是确定租金标准目标值；购物中心的商家租金标准以及其他可出租的空闲场地租金标准，可以按照以下三个步骤确定目标值。

1. 确定购物中心不同区域的租金标准

购物中心自身的经营情况，决定了符合市场行情的租金标准。比如上海五角场万达广场日均租金已经达到了很高的标准，如果制定较低的租金标准，就会制约广场资产的增值。购物中心当年的租金标准、市场环境、宏观政策，为预测下年度的租金标准提供了依据。此外，购物中心内各个区域的租金标准是不同的，一般来说主力店由于其特殊的功能性，租金标准远低于室内步行街；购物中心楼层越高租金标准就越低；同一楼层由于冷区热区的存在，租金标准也有差距；空闲场地的临时活动出租价格也根据所在区域的人流多少、面积大小而不同。

2. 确定购物中心平均租金标准

根据购物中心不同区域的租金标准以及所在区域的面积，可以计算出购物中心总体的平均租金标准，这个租金标准就体现了一个购物中心的资产价值。按照资产价值增长的规律，购物中心的租金收益率必须高于当年的通货膨胀率，高于银行的贷款利率；在通货膨胀率之上的那部分增值才是资产的实际增值部分，而只有高于银行的贷款利率才能说明购物中心的投资具有价值。在得出平均租金水平后，还需要对其进行修正，方法是通过总体租金标准与去年租金标准的对比计算出租金增长率，再根据购物中心的经营目标对租金增长率进行适当调整，然后对购物中心总体租金标准做修正。

3. 分解广场租金标准

对购物中心租金标准进行分解，目的是为了更好地实现下年度的总体租金目标；根据商家所在区域的租金标准、商家的地理位置、面积大小、品牌业态等，可以确定购物中心各类型商家下一年度的租金标准（表9-2）。

表9-2 年度租金标准的确定与分解

下年度固定商家租金标准（元/月/m^2）

业态	业种	品类	品牌	当年租金标准	下年度租金标准
主力店	百货				
	超市				
	电器				
	……				
	合计				
次主力店	快时尚集合店				
	家居				
	教育培训				
	……				
	合计				
室内步行街	服装服饰	女装			
		男装			
		……			
		小计			
	生活精品	个人护理			
		数码电子			
		……			
		小计			
	餐饮美食	西餐			
		地方风味			
		……			
		小计			
	合计				
总体合计					

其他可租赁区域租金标准（元/月/m^2）

类别	细项		位置	当年租金标准	下年度租金标准
多种经营	长期固定点位	内场固定点位			
		外场固定点位			
	宣传点位	橱窗			
		广告灯箱			
		吊旗、吊幔、道旗			
		其他宣传点位			
	营销活动点位	内场活动点位			
		内场DP点位			
		外场活动点位			
	仓库点位				
	ATM机点位				
	其他点位				
	合计				
广告位	墙体广告				
	楼顶广告				
	其他广告				
	合计				
总体合计					

• 某万达广场2013年年度经营目标的确定

某广场于2012年10月开业，为了制定2013年的经营目标，该广场对广场的经营现状、优势劣势与项目定位三方面进行了剖析。

1. 广场的经营现状

广场开业的头两个月内内客流保持在日均3.5万人次，日均销售保持在200万元；但是两个月后，由于广场的部分主力店与次主力店经营不佳，广场日均销售只有76万元。

2. 广场的优势与劣势

该广场为所在区域唯一的综合性购物中心，无竞争对手是其优势所在；其劣势是周边一公里半径内缺少成熟住宅区，居民少，常住人群消费力也比较弱，项目的东、西、北面为在建工地，周边乡镇居民到广场购物不便。

3. 项目定位

目前广场客层定位较窄，大部分品牌主要是针对25~35岁客层，影响了广场的客流与销售；服饰类品牌缺乏当地熟牌，消费者对很多品牌感到陌生，无法形成固定客群。

4. 制定年度经营目标

通过对广场情况的剖析，以及对各商家的调研，广场确定了2013年客流、销售、租金的具体目标：

1）客流目标

2013年客流目标：1500万人次，日均4.2万人次；其中，平日日均3.9万人次，节假日日均5万人次。

2）销售目标

2013年销售目标:8亿元，其中主力店4.5亿元，室内步行街3.5亿元。

3）租金目标

2013年总体租金平均标准同比递增15%。

第二节 | 经营策略

“计划为纲，纲举目张”。购物中心经营的好坏，除了受硬件、环境等因素影响外，还要看其年初制定的经营策略是否得当。经营策略可以分为四个方面：营运管理策略、品牌提升策略、租金增长策略、营销企划策略。

一、 经营策略的意义

（一）经营策略是购物中心的工作总则

经营策略就像购物中心的一部年度宪法，购物中心各管理者必须共同遵守，不以任何管理人员职务的变更、业务管理能力的差异、管理意识的异同而发生改变，它保证购物中心的经营在正确的指导下开展。

案例呈现

- **某万达广场经营策略帮助管理者把握管理重点**

某万达广场制定2013年经营策略时，将广场定位为区域型全客层购物中心，将新一期租赁决策文件的制订、三周年店庆、圣诞狂欢节作为年度经营管理的大事件，并围绕广场的核心工作思路制定了分阶段实施计划。2013年上半年，该广场先后经历了区域总经理、广场总经理、广场招商营运副总的人员变化，但由于广场经营策略明确，新上任的管理者都能准确把握广场的经营管理重点，有效推进了经营目标的实现。

（二）经营策略是购物中心各部门的行动纲领

经营策略制定后，将作为购物中心各级管理部门统一的行动纲领来指导工作，包括购物中心的整体定位纲领、经营调整纲领、营销企划纲领等。

案例呈现

- **某万达广场经营策略指导经营思路**

某万达广场于2011年11月开业，自开业后，经营情况持续不佳；通过细致的市场调研和对该商业项目的深入解读，将广场重新定位为“城市时尚潮流全客层一站式购物中心”，并确定了2012年全年招商调整与营销企划的方向及工作思路。在招商调整上着重引进适合当地市场、销售份额较高的品牌，提升高级次品牌占比，并侧重引进互动体验式品牌；在市场营销上，依靠大型营销企划活动，提升广场在区域内的人气及影响力。2012年4月30日该广场策划了轰动全城的营销企划活动，当天客流量峰值达到20万人次，销售量三天1500万元，从此迈入了稳定经营期。

（三）经营策略是购物中心各商家的经营指导

行动一致，方可高效出击。经营策略可以帮助购物中心内的各商家实现经营目标，从而完成购物中心全年的经营目标。

案例呈现

- **某万达广场联合商家完成经营策略的制定**

某万达广场在制订2013年经营策略时，多次联合广场内各商家召开专题会，最终统一意见，将广场定位为“区域型、家庭型全客层购物中心”，计划年销售同比增长15%，年客流量同比增长10%。为实现年度经营目标，该广场迅速将目标进行分解，并制定了一系列经营管理策略。截至2013年上半年，广场已完成全年销售目标的近50%；客流总计982万人，已完成全年客流目标的近40%；预计广场年终可实现销售、客流的增长目标。

二、经营策略的制定

（一）确定购物中心的大事记

确定购物中心的大事记，也就是确定年度内经营管理大事的每个时间节点，包括开业日期、租赁决策文件到期日、重大经营调整区间时间、重大工程改造时间、重大营销事件时间以及年度消防演练时间等，它可以保证购物中心各级管理人员在循序渐进地推进工作之时，不忘大事件。

（二）分析购物中心的优劣势

制定经营策略必须对购物中心的优势和劣势有全面的了解，这是通过市场调研来完成的，包括调查分析购物中心所在城市商圈内的商业布局、竞争对手的经营情况及经营策略，以确定购物中心的优势及劣势。

（三）确定购物中心经营定位

依据购物中心的优势及劣势，分析购物中心的总体经营情况以及存在的问题，确定购物中心的经营定位；这是每个购物中心持续稳定经营的关键，也是进行招商调整、开展营销企划活动的基础。

（四）制定购物中心经营策略

根据购物中心的经营定位以及未来的发展计划，可以制定下年度的经营策略，具体分为招商调整策略与市场营销策略两类。在制定经营策略时，首先应确定经营策略的方向，其次确定每一阶段的策略思路。例如，若购物中心下年度的经营目标为稳场，则可确定经营策略的总体方向是在稳定发展的基础上提升人气，招商调整策略的方向就可定为进行品牌资源储备，预防掉铺风险；而在市场营销策略的方向上，则确定为重点举办大型人气活动，提高购物中心知名度。然后在经营策略方向的基础上制定品牌资源储备每一阶段的工作思路，以及全年各重点营销活动的档期安排。

案例呈现

- **某万达广场2013年度经营策略的制定**

2012年底，某万达广场根据经营情况制定了2013年度经营策略，共分为六个步骤，见表9-3。

表9-3 某万达广场2013年度经营策略制定步骤

序号	项目	内容	内容示例
1	大事记	(1) 开业日期； (2) 租赁决策文件到期日； (3) 重大经营调整； (4) 重大工程改造； (5) 重大营销事件； (6) 消防演练时间	(1) 2009 年 12 月开业； (2) 2012 年 12 月租赁决策文件到期； (3) 外立面改造工程 2013 年 10 月 30 日完成； (4) 2013 年 9 月 18 日举行购物节； (5) 消防演练时间：2013 年 5 月 16 日、11 月 20 日
2	优劣势	(1) 广场环境的优劣势； (2) 市场竞争情况； (3) 业态组合及主力店优劣势	(1) 交通方便，广场的停车场在区域内优势明显； (2) 周边 3 公里内有一个购物中心将于 2013 年 9 月开业，其主要品牌为国际二线及快时尚品牌； (3) 超市影响力大，日均销售达 60 万；万达影城市场份额占 80% 以上
3	广场定位	(1) 项目整体定位：商业地位、功能、业态、客群； (2) 目前存在问题； (3) 未来调整方向	(1) 为所在区域规模最大、业态最全、经营最好，年轻、时尚、休闲的购物中心； (2) 主力店占比大，租金收益低，以及餐饮面积过大的问题； (3) 切割部分主力店面积，引进快时尚品牌； (4) 减少零售，增加体验
4	招商调整	(1) 根据定位调整方向，制订调整目标； (2) 分阶段调整步骤	· 整体调整方向 引进国际知名品牌，提升广场整体品牌级次，具体计划： (1) 切割部分主力店面积，引进国际快时尚品牌； (2) 一楼重点引进国内一、二线销售能力强的女装品牌； (3) 减少二楼零售品类，增加体验、趣味、休闲品类，同时优化餐饮组合 · 分阶段目标 (1) 2013 年 3 月确定拟引进快时尚品牌意向，确定撤铺及切割方案； (2) 2013 年 5 月 -7 月完成一楼女装、二楼体验业态的调整； (3) 2013 年 9 月底完成三楼餐饮的调整升级； (4) 所有调整品牌在 2013 年国庆前全部完成，迎接 12 月周年庆
5	营销企划	(1) 年度营销企划思路方向； (2) 重大营销企划活动节点的思路	· 年度营销企划思路方向 举办主题性活动及公益活动，提升广场知名度，具体计划： (1) 广场搭台、商家唱戏：每月至少保证一次； (2) 不断扩大核心消费群半径：从社区型购物中心向区域标杆购物中心转变； (3) 开发新媒体应用：将微博、微信营销做成业内标杆 · 重大营销企划活动节点思路 (1) 做好总部统一营销的一、二级活动，地方商管负责的三级活动以提高销售为主线； (2) 非重大节日月份，举办特色主题活动：包括“绿色行动”、“儿童嘉年华”、“春天的故事”、“快乐家庭日”等一系列符合月度主题的活动； (3) 7-8 月的购物节、12 月的周年庆活动中，以促销为主线，引爆全场
6	经营目标	(1) 整个广场 2012 年销售业绩及 2013 年销售目标； (2) 整个广场 2012 年客流总额及 2013 年客流目标	· 销售 2012 年销售业绩预计 22 亿，2013 年销售目标 24 亿，提升 9% · 客流 2012 年客流总额预计 3100 万，2013 年客流目标 3400 万，提升 10%

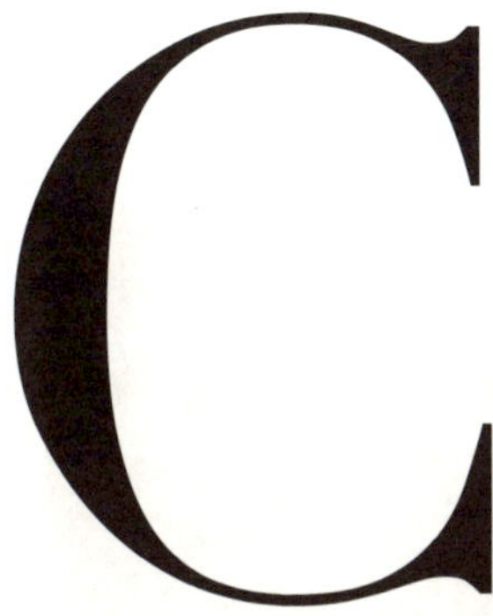

PART. 10

第十章 营运过程管理

PART. 10 第十章

营运过程管理

通过这几年做商业地产，我有一个深刻的体会：我们要赚钱，首先要使商家赚钱；只有商家赚钱，我们的各种收入，不管是租金还是物管费，才能得到真正的保障。万达集团连续三年创造了租金收缴率和物管费收缴率99%左右的这种全球骄人的业绩，我觉得其中很重要的一点，就是进入我们广场的商家能赚到钱。

——王健林董事长，在万达集团2007年半年会上的讲话，2007年

经营过程对购物中心的经营管理起决定性作用，现在的购物中心已是一个集购物、体验、娱乐、休闲、商务等为一体的综合体，在纷繁复杂的市场环境中，购物中心的管理者必须对经营具有清晰的思路，把握购物中心管理过程的这条主线。这主要包括四个方面：经营分析、经营预警与辅导、招商调整、市场推广。

第一节 | 经营分析

在购物中心日常的营运管理中，通常运用经营分析手段来指导购物中心的商家经营辅导、品牌调整和营销活动。具体来说，购物中心的经营分析目的是发现购物中心的发展趋势以及异常波动，从而为购物中心的经营管理及决策制定提供依据。

一、经营分析的意义

（一）掌握购物中心经营状况，指导未来的定位调整

对购物中心各业态进行经营分析，了解购物中心业态结构的均衡性，以及对市场发展规律符合性。不同定位的购物中心，各业态的配置比例也略有不同，通过经营分析可以判断购物中心是否需要结构调整，来确定未来经营过程中的调整方向。

案例呈现

- **某万达广场的结构调整**

某万达广场开业于2011年，广场位于城市的新兴社区，周边客群主要是年轻家庭，属于典型的周末爆发型购物中心，周末客流可以达到平日的2倍以上。因此该广场在制定下一个三年期租赁决策文件时，确定广场定位为“年轻、时尚的以年轻家庭为主要客户群体的购物中心”。广场管理人员在对该万达广场的经营情况做了全面的分析后发现，广场的餐饮美食、生活精品、服装服饰的占比分别为22%、36%、42%，而通过分析三个业态的月销售坪效，揭示了该万达广场的业态配置严重失衡，因此下一个三年期租赁决策文件招商调整方向为减少服装业态的品牌占比，增加餐饮、生活、体验业态品牌占比。

了解各品类的区域发展特征，指导全国各区域品牌的招商调整。由于品牌往往具有自身的风格与内涵，因此并不是所有品牌都适合所有地区与人群，在品牌引进时需要考虑其与目标客群的契合度（图10-1）。比如通过经营分析发现，服装品牌中的“时尚男装”品牌在四线城市的购物中心经营业绩要好于其他级别的城市，因此在招商调整过程中，购物中心管理者就可以有意地向四线城市购物中心引进“时尚男装”品牌。

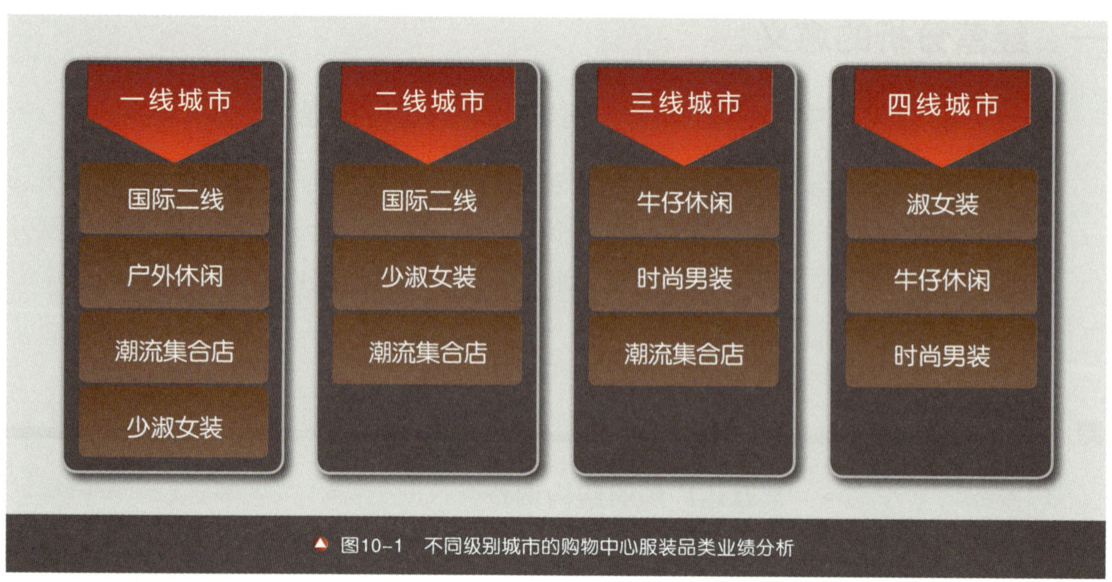

图10-1 不同级别城市的购物中心服装品类业绩分析

通过定期对消费者调研，分析购物中心目标客群的消费特征与购物需求，从而了解购物中心定位与目标客群的匹配度。如某万达广场在进行下一个三年期租赁决策文件制定时，进行了为期一个月的广场消费者调研，通过调研发现来广场购物的年轻家庭客群占比65%以上，且消费者普遍反映广场内的品牌不具有吸引力。调研结果表明了该万达广场需要进行业态结构调整以契合目标客群的消费特征（图10-2、图10-3）。

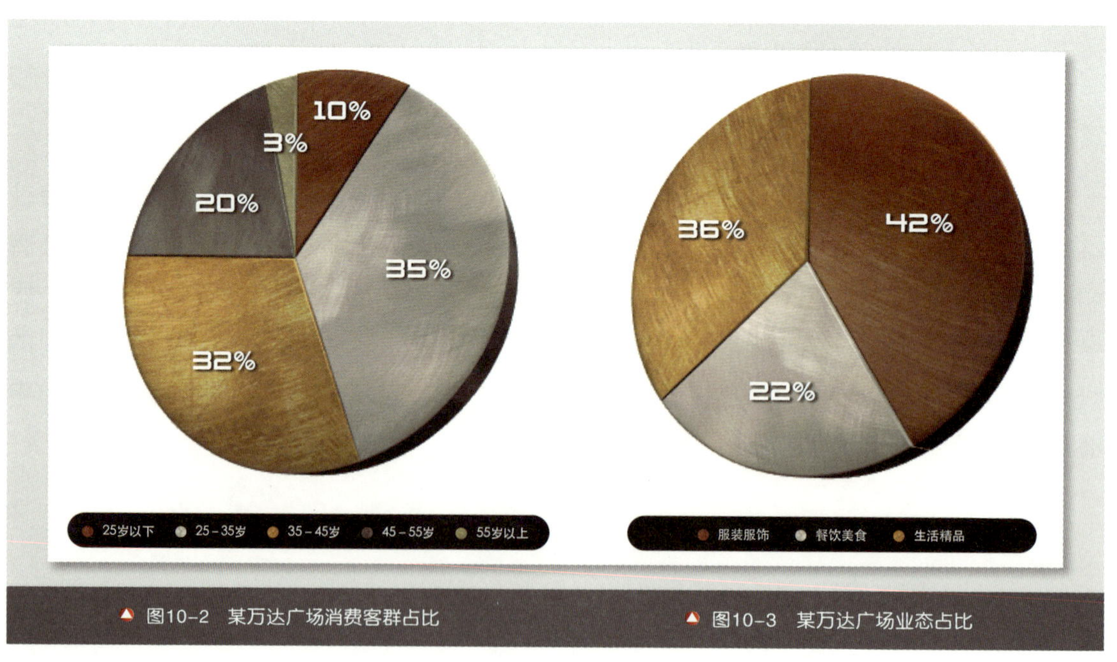

图10-2 某万达广场消费客群占比

图10-3 某万达广场业态占比

（二）监测业态品牌经营情况，保证经营策略的准确性

通过对服装等零售业态分析，确定下一阶段的经营方向。例如，近年来电子商务市场的飞速发展给实体零售业态带来了巨大冲击，购物中心对服装服饰等零售业态的调整在所难免，经营分析可以帮助购物中心管理者监测服装服饰等零售业态的发展状况，提前确定下一阶段的经营调整方向。

图10-4为万达广场不同区域的服装品类经营分析，如某区域的万达广场需要进行招商调整，那么在引进“男女集合店”服装品牌时，必须进行严格的考察。

华北		华南		华东		华中		华西		东北	
经营优异	经营一般	经营优异	经营一般	经营优异	经营一般	经营优异	经营一般	经营优异	经营一般	经营优异	经营一般
休闲运动	男女集合店	时尚男装	设计师品牌	国际二线	男女集合店	淑女装	男女集合店	淑女装	男女集合店	淑女装	男女集合店
淑女装		牛仔		淑女装		国际二线	设计师品牌	休闲运动	设计师品牌		设计师品牌
少淑装		淑女装		牛仔							时尚男装
		休闲运动		休闲运动							

▲ 图10-4　万达广场服装业态区域发展分析

通过对餐饮业态的分析研究，制定下一步的经营计划。由于餐饮业态对购物中心客流提升有重要作用，导致餐饮业态的竞争异常激烈。因此，如果一旦通过经营分析发现有餐饮商家出现经营预警，为了防止该商家快速进入亏损状态，影响购物中心运营，管理者必须采取行动对其进行经营辅导或招商调整（图10-5）。

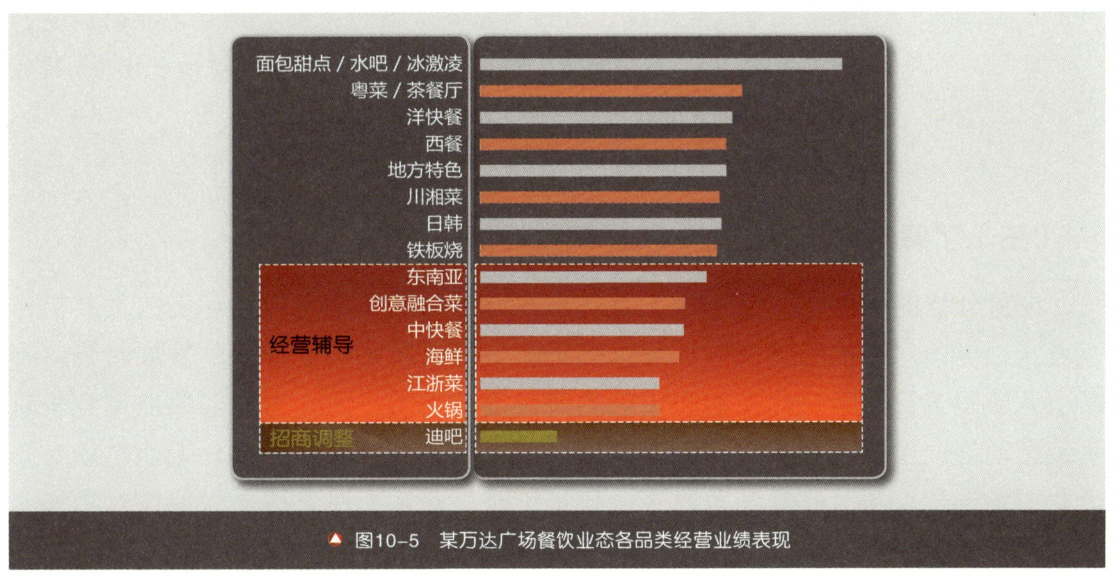

▲ 图10-5　某万达广场餐饮业态各品类经营业绩表现

通过对休闲娱乐业态的分析，确定下一步的调整策略。休闲娱乐业态对购物中心的作用一方面是完善购物中心的功能特征，另一方面也能起到为购物中心集客聚客的作用。一般情况下，当休闲娱乐业态的租赁面积在1000平方米以上时，如果没有稳定的消费客群，商家就十分容易亏损，购物中心也将面临客流损失以及再次招商调整的风险，因此购物中心要通过经营分析，时刻警惕休闲娱乐商家的经营业绩下滑。

案例呈现

- **万达广场某儿童游乐品牌的调整**

万达广场某儿童游乐品牌开业于2011年10月，租赁面积1200平方米。经历了开业初期的火爆期后，该商家的业绩开始处于不温不火的状态，每月销售坪效约为800元/平方米。该广场营运人员对该商家的经营情况进行了持续的监测，发现该商家的日均客流一直较为稳定，每天保持在1000人左右；该商家的客单价约40元，这是当地消费者可以接受的价格；由于开业时间不长，该商家的设施设备尚属较新，装修风格也比较时尚。在进行了全面、细致的了解后，该万达广场营运人员通过与商家沟通做出了切割铺位面积、调整游乐场出入口的决定。首先，将该商家从1200平方米调整为800平方米；其次，出入口从步行街主通道的侧面调整为正面，让该商家与步行街的客流可以共享；第三，调整出的400平方米引进某摄影品牌和某儿童服装品牌，与该商家形成业态互补。经过半年的调整，该商家销售业绩有了显著提升，销售额同比调整前增长10%，销售坪效同比增长65%。

（三）了解市场发展动态，及早调整经营思路

经营分析的主体不仅是购物中心自身的经营情况，还有市场环境的发展变化以及周边竞争对手的经营状况。通过分析，一方面了解市场环境的发展趋势，不断引入新的流行元素，保持购物中心的时尚度与活力；另一方面实时监测竞争对手经营动态，以便采取相应的经营策略。由于周边竞争对手众多，万达广场专门设立市场专员，实时收集竞争对手的营销策略及营销手段，提前做好应对措施；根据市场环境的发展趋势，对广场的经营进行调整。

案例呈现

- **某万达广场体验业态的引进**

某万达广场于2012年12月开业，开业伊始，其场内合理的业态组合以及丰富的体验业态品牌便被业界称道，这得益于万达广场开业前的深入调研与市场分析。为了引领该地区购物中心的发展潮流，该万达广场成功引进了“轩客会”和国际流行的“I cooking DIY”餐饮DIY教学，打造了以“ZARA HOME”为中心的品质家居生活区，同时引入了本地两大餐饮主力（一家是当地口碑最好的“红杏酒家”，一家是“复合体锦星苑”），这种前瞻性的广场定位及业态组合为该万达广场带来了稳定的客流与销售，开业至今，该万达广场客流排名一直位于全国万达广场前列。

二、经营分析的方法

经过不同角度、不同深度的经营分析，同样的数据有可能会得出不同的结果，只有经营分析的方法准确，分析结论与建议才有意义。商业管理公司每月都会定期召开经营分析会，对主力店与室内步行街商家的销售排名、销售坪效、租售比、商品丰满度、人员管理、企划活动配合等方面存在的问题进行分析，通过分析首先了解购物中心经营的优劣势，然后找出销售业绩较差商家的原因，以提供必要的经营辅导，同时为招商调整提供依据。

（一）全面数据分析

从时间维度看，全面数据分析是每时、每天、每周、每月的持续性分析；从空间维度看，全面数据分析是对购物中心整体以及各个组成部分的全方位分析。

1. 每时、每天、每周、每月的持续性分析

每时、每天的经营分析主要功能在于数据的采集和指标的预警监测。数据的采集是对客流量、车流量、销售额、租金等经营指标进行累积与统计，这个阶段要求数据的准确性及连续性；指标预警是每时、每天经营分析的重点所在，购物中心管理者根据经营实际情况对各项指标设定预警值，实时监测指标动向，一旦

出现指标预警便发出整改指令，进行经营辅导或招商调整。

每周的经营分析目的是掌握每个动态指标的变化趋势，如客流量、车流量、销售额的数据指标从周一到周日的走势情况、本周对比上周的变化情况等。在进行周分析时，一定要区别分析平日与周末的情况，这是因为周末指标值往往会达到平日值的2倍以上，两者混合分析会掩盖平日的微小变化，另外由于各广场的目标客群不同，平日与周末所采取营销措施也大相径庭，因此区别分析才能更好地对症下药。

月度经营分析需要对购物中心当月经营状况进行全面分析。一方面是对购物中心所有经营指标的分析，展现各经营指标的变化趋势，另一方面要对购物中心的各个组成部分进行分析，找出每一楼层、每一商家的经营变化，然后再找出变化的原因进行经验积累或问题整改。万达广场非常重视月度经营分析工作，每个月都会组织召开一次全方位的经营分析会议，邀请广场内各商家参加，透彻分析广场内所有业态及商家的经营情况，找出其中存在的原因，并据此制定解决方案，同时将任务指定到人，安排实施。

在常规的日、周、月之外，每年还有很多重要的时间节点，例如元旦、中秋节等。在这些特定的时间段，就要进行一些规律性的分析，以便总结经验，为下一年度的经营策略提供参考。举例来说，最近两年情人节和光棍节（11月11日）来得相当猛烈，假如今年通过分析发现，光棍节倍受推崇，那么明年光棍节可能会作为重要节日进行策划。

2. 购物中心总体及商家的全方位分析

购物中心的快速发展来自于内部各业态、各商家的不断成长，因此，经营分析要对购物中心整体及各业态、各商家进行全面分析。

1）购物中心总体经营分析

购物中心总体分析的目的是判断总体发展趋势，监测总体波动因素。总体分析一般对客流量、车流量、销售额、租金、物管费等总量绝对指标进行分析，通过趋势预测、同比分析等统计分析方法找到经营中的不稳定因素（图10-6）。

2）购物中心各业态、各楼层的经营分析

通过对各业态、各楼层的分析可以发现购物中心的经营冷热区，判断购物中心各业态是否均衡发展，发展趋势是否符合市场规律等。图10-7是某广场近两年服装业态数量与面积占比分析，可以发现其数量及面积占比均在下降，这符合购物中心经营发展的趋势。

3）各商家的经营分析

各商家的经营分析结果可以直接作为经营辅导及招商调整的依据（图10-8）。对商家的经营分析主要有三方面：一是经营状况，分析指标为客流、销售、租金等；二是经营能力，分析指标有销售坪效、租金坪效、租售比等；三是品牌适合度，分析指标有品牌级次、目标客群、客单价等。

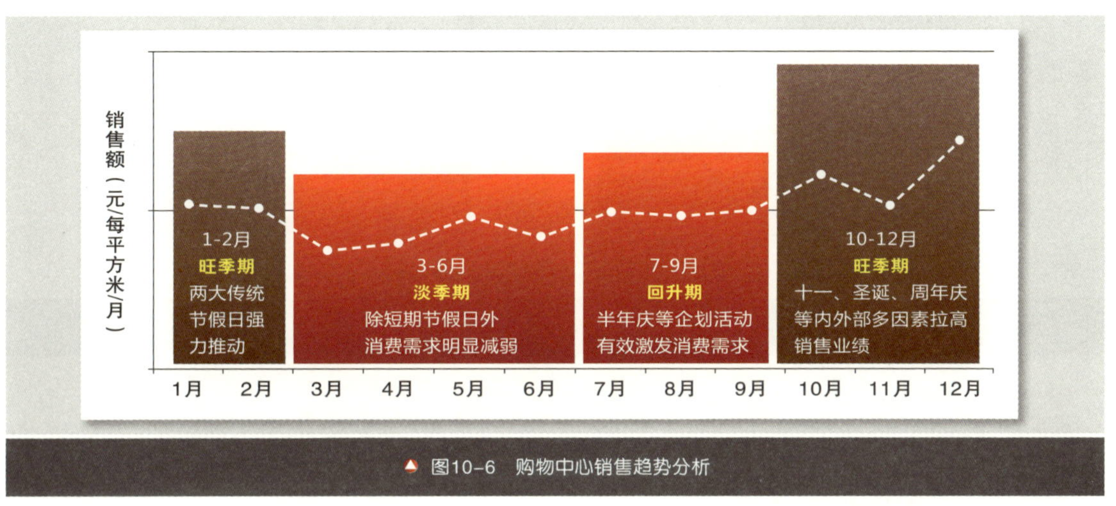

图10-6 购物中心销售趋势分析

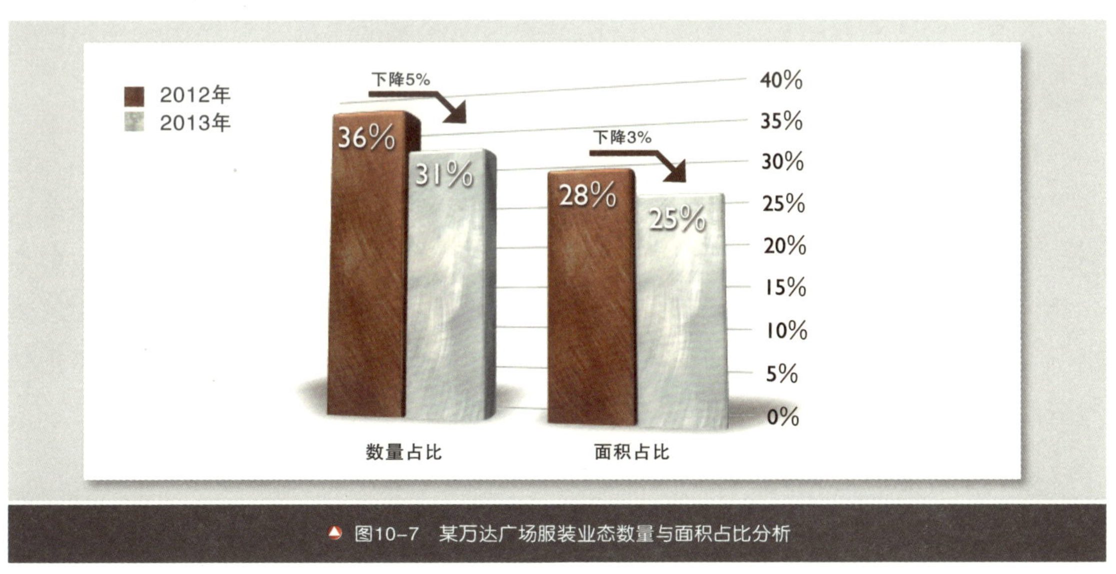

图10-7 某万达广场服装业态数量与面积占比分析

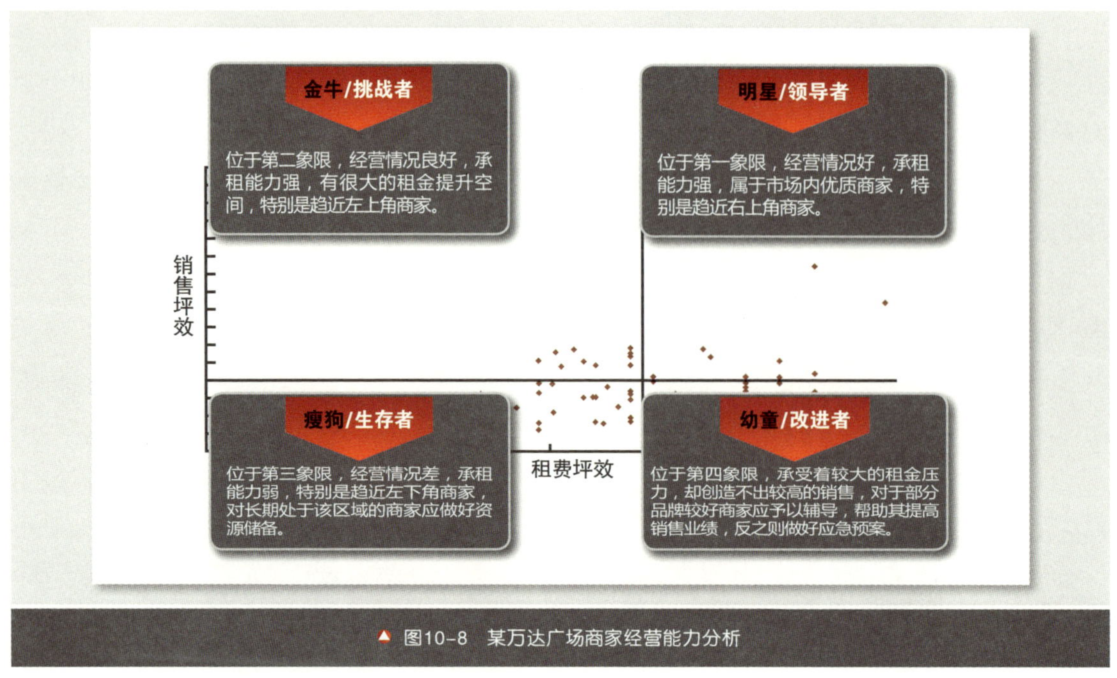

▲ 图10-8 某万达广场商家经营能力分析

（二）重点指标监控

经营分析既要全面，又要深入，而最重要的是掌握重点分析指标。重点指标并非一成不变，根据分析目的的不同，可以将重点指标分为三类。

1. 绝对量重点指标

如果分析目的是反映购物中心的总体情况，那么绝对量指标将成为重点指标。绝对量指标通常以指标的绝对总量体现。如分析购物中心的总体情况，重点指标为客流量、车流量、销售额、租金总额等；分析某购物中心不同业态的总体情况，重点指标为品牌数、面积、销售额等；分析某商家的经营情况，重点指标为客流量、销售额、租金标准、面积等。

2. 相对量重点指标

如果分析的目的是反映购物中心的经营质量，相对量指标将成为重点指标。相对量指标是两个绝对量指标的比值。若对购物中心商家进行经营评价则需要使用相对量重点指标，如反映商家销售能力的销售坪效指标、反映商家承租能力的租金坪效指标及反映商家盈利能力的租售比指标。

3. 平均值重点指标

购物中心在定期经营分析时往往需要反映一段时期内的发展状况，这时平均值指标即为重点指标。平均值重点指标有客流均值、销售均值、平均租金标准、平均面积等。购物中心在对某一重大活动进行效果评估时必须使用平均值指标，例如今年的年中庆活动期限为10天，而去年的年中庆活动期限为12天，要对比今年年中庆活动的客流与销售同比增长情况就需要使用客流与销售的日均值对比。

（三）展现形式合理

在对数据进行分析的过程中，用什么方式展现颇具意义。不同的呈现方式代表着不同的分析逻辑，选择什么样的图表呈现分析的结果很重要。

以客流量分析为例，对一个购物中心来说，理想状态是达成客流平均分布，避免出现过热、过冷的区域。所以，仅仅将一天的客流量以曲线图呈现出来是无意义的。真正全面的分析方式是，要细化到呈现客流分布的密度和运行轨迹。比如不同时间段分别有多少人，不同时间段这些人分布在哪些地方。只有将客流量分析到这个程度，才能够为后续调整提供依据。

图10-9是某万达广场的客密度图，颜色越深显示密度越大。在这张图上，我们不用惯例的绝对数据来表现，而是用颜色，使得我们能很清晰地看到该楼层客流的分布状况，哪些是热区，哪些是冷区，哪些是过渡区，哪些动线是客流比较大的，哪些电梯的使用率比较高，这对于下一步的招商调整或者经营辅导都有巨大的指导意义。

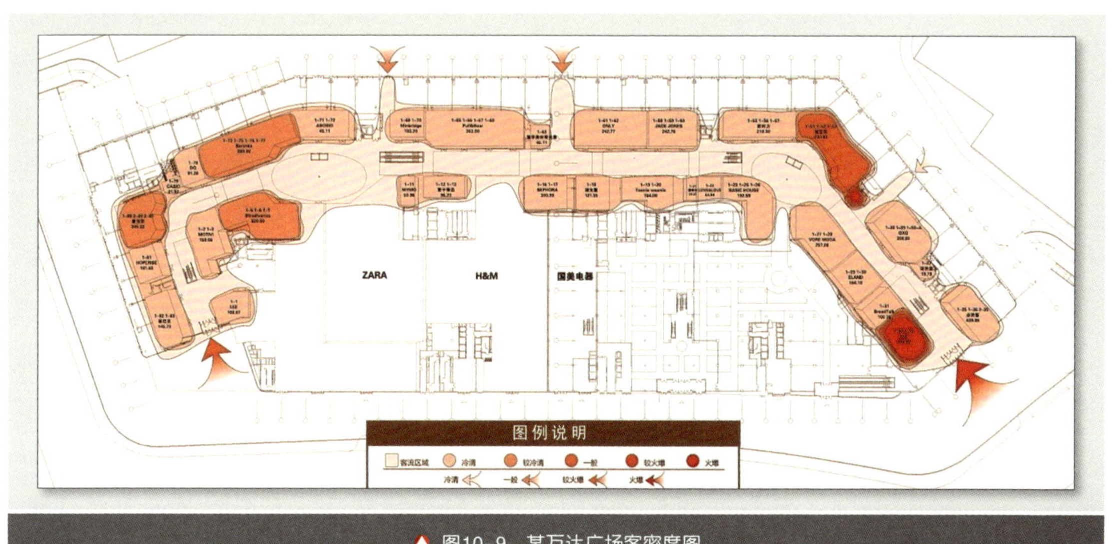

图10-9　某万达广场客密度图

如某广场要判断商家的经营情况，确定核心分析指标后再确定合适的指标展现形式，图10-10为三个服装业态商家的经营分析，使用表格形式便可以一目了然地确定需要进行经营辅导或招商调整的商家。

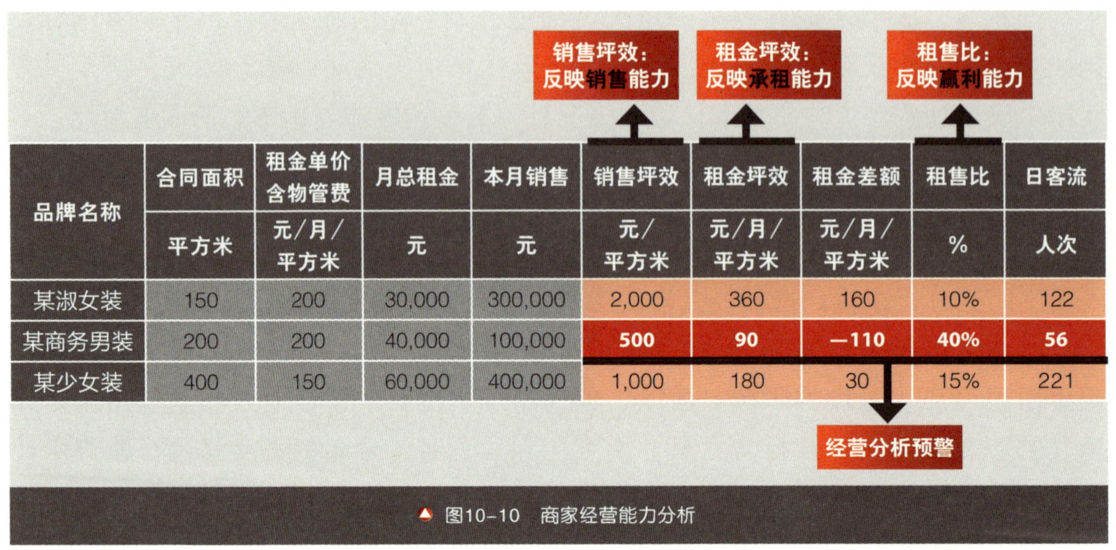

品牌名称	合同面积	租金单价含物管费	月总租金	本月销售	销售坪效	租金坪效	租金差额	租售比	日客流
	平方米	元/月/平方米	元	元	元/平方米	元/月/平方米	元/月/平方米	%	人次
某淑女装	150	200	30,000	300,000	2,000	360	160	10%	122
某商务男装	200	200	40,000	100,000	**500**	**90**	**–110**	**40%**	**56**
某少女装	400	150	60,000	400,000	1,000	180	30	15%	221

图10-10 商家经营能力分析

案例呈现

• 某万达广场商家的经营分析与诊断

某万达广场某服装品牌位于二层，承租面积280平方米。2012年10月、11月经营业绩出现大幅度下滑，在同品类销售中该品牌处于落后状态，其中10月份销售额为22000元，销售坪效仅为83元/平方米，租售比175%，在该区域销售及坪效排名为后四名。11月份销售额为25000元，销售坪效仍然很低，仅为95元/平方米，租售比为153%，在该区域销售及坪效排名为后三名。从销售坪效及租售比两项指标上看，该品牌的销售能力与盈利能力均出现明显下滑。

通过对该品牌进行详细剖析和深度分析后，发现主要问题如下：店内场景更新频率低，老顾客视觉疲劳，新顾客觉得不够时尚；服饰更新速度慢，各年龄段服装的款式少，可选性小；半年以来，没有对品牌进行宣传造势，“坐门等客”现象严重；连续两个月没有促销活动，价格上没有优惠，不能吸引顾客进店消费。

找到这些关键原因之后，营运团队给出了针对性的整改建议，首先由万达广场提供一些支持，包括：选定该品牌为圣诞节活动宣传品供应商；免费在广场内利用 LED、内外广场活动场地、侧旗吊幔大力度进行品牌推广。与此同时，商家自己也努力进行推广活动：在平安夜、圣诞节及新年活动期间推出套餐促销活动；加强店内场景的更新速度，服装款式更新速度，用新视觉吸引顾客进店。

由于对存在的问题分析准确且提供的帮扶措施有效，该品牌的销售额在整改当月即实现了 68% 的环比增长。

第二节 | 经营预警与辅导

购物中心的经营管理是按流程进行的，从经营分析开始，确定购物中心的预警事项，通过对预警事项的分析，最终确定购物中心的经营辅导策略、招商调整策略以及市场推广策略等。

一、经营预警

经营预警是根据购物中心经营的实际情况与结果是否满足管理目标的预期要求，来确定购物中心或商家运行是否处于正常状态，并做出经营对策的管理活动。它通过对购物中心或商家的运行进行监控、预测与警告，采用合适的调控方法使之恢复正常状态，将可能的损失减少到最低程度。

（一）预警值的设定

1. 经营预警的分类

根据购物中心管理侧重点的不同，经营预警可分为三类，即经营异常预警、经营能力预警、管理异常预警。

经营异常预警是对购物中心的异常波动的预警。经营预警的监测指标一般为绝对量指标，如客流量、车辆量、销售额等，经营异常预警必须持续性地监测，一旦出现预警立即响应。

经营能力的预警主要是针对购物中心经营水平的预警，通过对销售坪效、租金坪效、租售比等指标的监测，确定购物中心是否经营困难。

管理异常预警是指对购物中心的管理因素进行监测预警，如对商家的人员流动率、货品更新频率、营销企划配合度等内容进行监测预警。管理异常预警并非通过数据的采集与统计获取，它需要购物中心管理者平时多与商家沟通、细心观察获得预警信息。管理异常预警的出现往往早于经营异常预警及经营能力预警。

2. 预警值的设定

若要获取准确的预警信息，就必须设置正确的预警值。预警值设定的目的是及早发现购物中心的异常波动，通过纠错或整改使购物中心经营重新沿着正常轨道发展，因此所设置的预警值应该是低于平时状态的最大容忍限度的值。

1）经营异常预警值的设定

客流量、车流量、销售额等反映经营异常的指标预警值的设定，与购物中心的具体状况密切相关。一般情况下新开业购物中心的经营目标是可持续发展，所以此时的预警值设置较低，例如新开业的万达广场客流量预警值一般为日均4万人次，销售额为日均150万元。已开业的购物中心，随着开业年限的增多，预警值逐年提高；一个购物中心的培育期一般是三年，三年内购物中心波动性较大，增长率也较高；三年后购物中心进入成熟稳定发展时期，此时增长率保持较低的稳定水平。预警值一般根据上一年度日均数据再增长的一定比例来确定（表10-1）。

表10-1 万达广场客流与销售预警值的设定

<table>
<tr><th rowspan="2">广场名称</th><th rowspan="2" colspan="2">预警值类别</th><th colspan="2">年度预警值</th><th colspan="2">上一年度均值</th><th colspan="2">对比系数</th><th rowspan="2">预警值制定方法参考</th></tr>
<tr><th>平日</th><th>周末</th><th>平日</th><th>周末</th><th>平日</th><th>周末</th></tr>
<tr><td rowspan="4"></td><td rowspan="2" colspan="2">广场总体客流量（万人次）</td><td rowspan="2"></td><td rowspan="2"></td><td rowspan="2"></td><td rowspan="2"></td><td rowspan="2"></td><td rowspan="2"></td><td>(1) 计算上一年度广场日均客流、周一至周五平均客流、周末平均客流（综合考虑开业、节假日、重要营销活动等因素，做相应扣除），对下一年度广场客流变化规律作出分析；
(2) 计算上一年度广场客流与销售数据的线性关系，即单位客流带来销售额，依据保本销售额确定下一年度保本客流</td></tr>
<tr><td>根据以上两项确定下一年度平日与周末客流量临界值</td></tr>
<tr><td rowspan="2">销售额</td><td>广场总体（万元）</td><td></td><td></td><td></td><td></td><td></td><td></td><td rowspan="2">(1) 计算上一年度广场日均销售额、周一至周五平均销售额、周末平均销售额（综合考虑开业、节假日、重要营销活动等因素，做相应扣除），对下一年度广场销售额变化规律作出分析；
(2) 依据各商家经营成本、客单价、消费率等因素设定广场及步行街销售预警值</td></tr>
<tr><td>室内步行街总体（万元）</td><td></td><td></td><td></td><td></td><td></td><td></td></tr>
</table>

2）经营能力预警值的设定

经营能力指标预警值设定的主要依据是行业经验值，同一行业不同商家的成本利润占比基本是一致的，同时经营能力预警值的高低与购物中心的经营水平成正比。通常情况下，无论哪一业态、业种，月均销售坪效超过2000元/平方米的品牌即可判断处于经营优异的状态；而对于零售业态月销售坪效低于1000元/平方米的品牌，撤铺风险较高。租售比的最佳比值是15%，而超过30%，品牌撤铺风险较高（图10-11）。

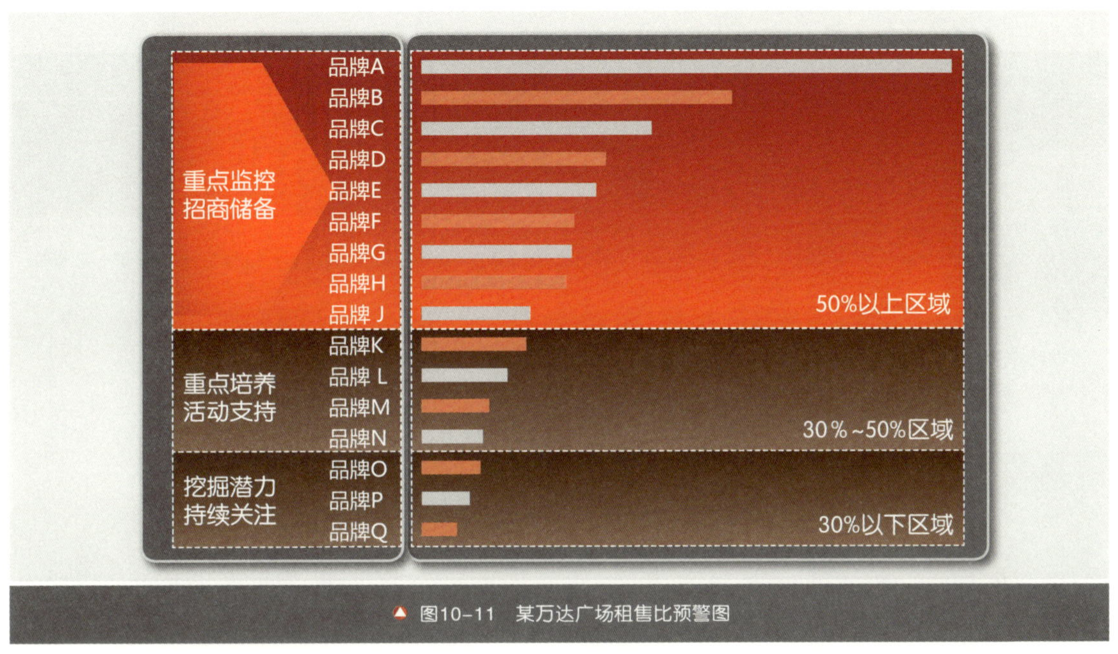

图10-11　某万达广场租售比预警图

3）管理异常预警值的设定

由于管理异常预警主要来自于个人经验的判断，因此无法设置具体的预警值，购物中心管理者可以根据商家与日常表现的差别判断是否预警。例如换季时期货品未及时上新可能说明品牌总部管理出现问题，如接到商家店员拖欠工资的投诉则说明商家盈利能力差或诚信度不高等。

（二）预警管控机制的建立

购物中心管理者必须重视对重点预警的管控，建立预警管控机制（表10-2）。根据经营预警的严重程度可分为一般预警与重点预警两个类别。经营指标突发预警，暂列为一般预警，需要购物中心管理者持续关注，直到预警消除；如经营指标持续预警达到一定天数，那么就应该认定为非偶然因素引起，列入重点预警进行管控。

万达广场预警管控机制包括预警值的设定、预警发布、现场办公、制定经营整改方案、整改方案改进评审五个步骤（表10-2）。例如某广场若发生客流或销售连续5天低于预警值、或累计7天低于预警值的情况就将列入重点预警，重点预警发出后，广场总经理及各相关部门要立即行动，由广场总经理亲自主持整改会议，分析重点预警的形成原因、确定整改方案，形成会议纪要上报商业管理公司总部备档待查，商业管理公司总部将于整改方案完成后对改进情况进行评审考核。

表10-2 万达广场经营预警管控

模块	业务事项	计划模块			完成标准
		开始时间	周期（天）	完成时间	
预警值设定	新开业广场客流预警值设定				(1) 各广场在开业后第4个月7日前完成《客流、销售预警值》报表； (2) 预警内容包括：平日客流及销售、周末客流及销售
预警值设定	已开业广场客流、销售预警值设定及下发				营运中心每年12月7日前下发各广场客流、销售预警值
发出预警	建立广场经营预警机制				(1) 预警范围为： · 客流或销售连续5天低于预警值、或累计7天低于预警值； · 上月租费收缴率低于99%，且预计本月无法追缴完成； · 广场空铺数量≥3个或累计空铺面积≥500平方米 (2) 各广场本月无论是否出现以上预警，均需在系统中完成提报，如提报时确认无预警，则不会产生现场办公、制定经营改进方案的节点
现场办公	召开经营管理现场办公会				(1) 发出预警后10日内各广场总经理组织召开现场办公会； (2) 各系统总部相关部门参加； (3) 会议纪要存档
经营改进方案制定	制定广场阶段性经营改进方案				(1) 发出预警后15日内各广场总经理组织制定阶段性经营改进方案； (2) 内容包括：阶段性招商调整方案、营销企划方案、经营管理重点
经营改进方案完成情况评审	形成改进方案评审报告				(1) 改进结束后5日内，各区域组织对预警改进方案进行评审； (2) 评审报告：改进成果、完成时间等

二、经营辅导

购物中心在确定预警商家后，不能简单得出招商调整的结论，还需要对预警商家的经营行为进行经营监控和分析，确定是否进入经营辅导环节，只有通过经营监控发现问题严重时，才能将问题商家列入招商调整计划中。

购物中心商家出现问题的表现形式是一致的，即销售下滑，租金难以承受，但问题商家的预警原因各不相同。购物中心应在条件许可的前提下，通过运用各种方式和手段，调动并结合公司及商家各方资源，改善商家经营方式，引导、规范、改进商家的内在管理和销售行为，从而提高商家销售业绩。

购物中心可以通过一对一帮扶、商家座谈会、培训指导等方式对商家进行经营辅导。经营辅导策略可以分为销售增长策略、商品优化策略、定位调整策略、人员优化策略、营销加强策略等，根据对商家的分析研究采取对应的辅导策略（表10-3）。经营辅导的期限不宜过长，一般以半年为一个周期，半年结束后重新对商家进行评估，确定是否进行招商调整。

表10-3 万达广场经营辅导安排表

商家名称	铺位号	品类	租售比	工作方案	责任人
品牌A	234	休闲牛仔	120%	进行资源储备，招商调整	×××
品牌B	213	休闲牛仔	70%	保留，进行经营辅导	×××
品牌C	230	女装	60%	有历史遗留问题，及时解决，保留	×××
品牌D	232	女装	58%	持续关注，保持沟通，活动支持，重点培养	×××
品牌E	224	女装	52%	持续关注，保持沟通，活动支持，重点培养	×××
品牌F	208	女装	50%	持续关注，保持沟通，活动支持，重点培养	×××
品牌G	203	女装	40%	保留，进行经营辅导	×××

案例呈现

• 万达广场某餐饮商家的经营辅导（一）

万达广场某餐饮商家于2012年9月至12月连续位于餐饮品类销售坪效倒数后三名，万达广场营运部经过与该商家的沟通了解，发现该店内存在设施、道具较为陈旧，湖南饮食文化特色未能更好体现等诸多问题。为此，营运部对商家提出了三方面的经营辅导措施。

第一，调整店内管理人员、制定团购促销计划。经过整改，该商家2013年1月至3月销售较上季度提升10%。

第二，装修品质提升，改良菜品菜谱。4 月份进行了店内装修，同时提升了菜品，并改良菜谱，进店消费人群开始明显增多。

第三，推进品牌推广扶持计划，包括为商家进行道旗、吊幔、POS 屏幕滚动展示宣传等措施，大大提高了品牌知名度，宣导了品牌的饮食文化。

该商家 2012 年全年销售 290 万元，月销售坪效约 1100 元 / 平方米左右，调整后，2013 年 1 月至 9 月销售已经达到 315 万，各月销售同比增幅达 20%，销售坪效已经上涨到每月 1568 元 / 平方米，租费比仅 11%，盈利超过目标，该品牌目前经营相当稳定。

案例呈现

- **万达广场某餐饮商家的经营辅导（二）**

万达广场某餐饮商家位于广场三层，面积 485 平方米，每月销售额约 36 万元，每月销售坪效只有 740 元 / 平方米，销售业绩的不佳导致该品牌公司于 2012 年 3 月份提出撤店申请。

该区域公司在接到撤店申请后，由区域总经理亲自挂帅组织区域招商营运副总、店总、店营运副总、企划经理，对该商家的经营和管理现状进行深入研究。通过研究，发现其劣势在于作为该品牌在本市的首家店，品牌知名度在当地尚未被消费者完全接受。这是因为该品牌总公司对该单店的支持相对薄弱，开业以来一直没有开展有效的促销活动，使得该商家的知名度和美誉度都没有得到提升。

基于以上的分析，万达认为该品牌在口味、菜品、装修服务、价格方面位于餐饮品牌的中上游水平，定位符合当地消费水平，在销售额的提升方面具有挖掘潜力，提升空间很大。因此，该广场营运团队制定了品牌宣传措施对该品牌予以指导和扶持。

第一，与品牌总公司积极沟通，共同对该店的情况进行分析，在核心问题上与品牌总公司取得认识上的共识；

第二，通过广场对外宣传的 DM 单、报广、短信及店内刀旗、广告立牌、LED 大屏幕、店内广播等免费宣传途径加大对该商家的宣传力度，协助该商家快速提升品牌知名度；

第三，与该商家一起联合开展大力度的促销活动。加长活动档期、活动力度，进一步提升该品牌的美誉度。具体活动为：2012 年 6 月该品牌总公司针对该单店开展促销活动；7、8 月广场开展“一票通达”活动，购买该商家 50 元消费礼券，在活动中发放给消费者；毕业季活动及啤酒节活动中增加该商家活动环节，利用一切机会吸引消费者进入店内消费。通过连续三个月的经营辅导与支持，该商家的销售业绩从 6 月份开始得到大幅提升，并一直延续到 8 月。进入 9、10 月销售旺季后，该店经营平稳，品牌知名度得到大幅提升，得到广大消费者的认可。

案例呈现

• 万达广场某生活精品类商家的经营辅导

万达广场某生活精品商家位于万达步行街 2 号门处，由于被 2 号门入口处的肯德基与必胜客两家店以及直通 2 楼的观光电梯遮挡，该商家完全远离了客流主动线上客流的视线，无法形成滞留客流。

自 2012 年 2 月开业后，该商家销售情况一直不理想，广场运营部与该商家品牌公司进行了沟通，推荐其在广场做一定的广告露出，既能推广产品品牌形象，又能提升商铺的进店率。2012 年 3 月份广场营运部配合该商家做了新店开业后的首次整体品牌宣传，达到了一定的效果。当月销售额 11 万元。

经过开业销售旺季后，该商铺的销售又逐渐呈现下滑迹象，广场营运部再次建议其采用开业初期的形式，做一定的广告露出，持续加强对品牌的推广力度，增加该地区消费群体对该品牌的认知度和忠诚度，推荐其继续租用为期一个月的道旗广告位并在内场的主动线通道上设置DP点位。通过广告投放，该商家的销售业绩迅速提升，月销售达15万元，增长45%。

第三节 | 招商调整

> **购物中心的开业是个考验。俗语说开业大吉，但实际上，开业意味着大麻烦，开业后经营不好要掉铺。一般来讲，购物中心开业的前三年，尤其是第一年的掉铺率会达到30%。补充上来后，第二年可能会掉20%，所以，招满商、开了业绝不意味着大吉，招商调整应该是个永远的循环。**
>
> **——王健林董事长，商业地产的八点心得，2006年**

《吕氏春秋》中有言“流水不腐，户枢不蠹”，是说事物必须在不断的运动和变化中持盈保泰，维持旺盛的可持续发展的生命力。购物中心的发展也同样如此，要想在激烈的市场竞争中立于不败之地，招商调整是永恒的主题。

如果说开业的火爆是招商招出来的，那么开业之后的持续精彩就是调整调出来的。“招商”是一个筑巢引凤的过程，“调整”则是一个优胜劣汰的过程。“调”的内容包括业态布局、动线规划、品牌组合、商务条件等等；“整”的内容则包括提高广场的整体影响力、提高商家的盈利能力和聚客能力等等。

所以说，任何一个已开业的购物中心都必须认识到招商调整的重要作用，应该针对不同的招商调整类型，建立科学有效的招商调整体系，规范招商调整方案的制定、加强招商调整方案的执行，通过持续、合理、有效的招商调整不断吸引目标消费群，提高商家的盈利能力，提升购物中心的经营收益，从而不断促进商业资产的保值增值。

一、招商调整的作用

（一）招商调整的必要性

消费市场的变化日新月异，只有顺势而为，在经营过程中不断开展招商调整，才能适应行业发展和市场环境，满足顾客的消费需求，引领顾客的消费行为，促进购物中心的经营稳定。

1. 适应市场变化

1）行业持续发展

近年来，商业地产行业发展迅猛，购物中心放量激增。据统计，2013年上半年商业地产投资总额高达5000亿元，较去年同比增长26%；全国购物中心总量已超3000家；预计2015年将达到4000家。

同时，中国经济增速放缓，购物中心空置率不断加大。据统计，全国GDP增速已从2010年的10.4%下降到2012年的7.8%；一线城市购物中心的空置率已经达到8.4%，二线城市已经达到10.5%。

行业迅猛发展，竞争日益激烈，所谓商场如战场，只有持续不断地招商调整才是购物中心具有长线生命力的有效保障，更是购物中心提升市场竞争力、保证行业领先地位的重要手段。因此，每一个购物中心都应该积极关注行业发展和消费动态，及时进行招商调整，提升市场竞争力。

2）环境不断变化

购物中心在开业后的一段时期，商业定位、业态布局、品牌结构均已基本成型，但在后期经营过程中，随着市场环境的不断变化，购物中心的消费结构、业态、品牌都可能与市场脱节，这就需要经营管理者敏锐地捕捉市场脉搏，开展积极有效的招商调整，主动出击，迎合市场需求。

市场环境变化多样，它可能是消费群体的变化，消费环境的变化，也可能是竞争对手的变化。一个5年前建成的购物中心，如果开业时位置偏僻，但周边遍布各类高校，开业前的定位可能是“以中端消费为主的年轻时尚型”；如果开业后购物中心周边建设了很多住宅区，现在可能早已变成“以家庭消费为主的社区型”。购物中心的经营管理者必须密切关注市场环境的变化，才能通过持续的招商调整满足消费者需求。

案例呈现

• 某万达广场招商调整

某万达广场位于该市中心区，总建筑面积52万平方米，其中持有商业面积26万平方米，是由商业广场、星级酒店、商务公寓及住宅社区等多种功能复合而成的城市综合体(HOPSCA)类物业集群，其中室内步行街680米，租赁面积2.97万平方米。

该万达广场开业之初的定位是城乡结合地区的社区型购物中心，消费群体以周边城镇居民及外来务工人员为主。但随着城区经济的不断发展，城市建设的不断扩大，消费群体已逐渐转变为城市居民和白领阶层，从前的商品品类早已不能满足新兴消费群体的购物需求，因此招商调整显得尤为必要。

2011 年，为适应市场环境的变化，该万达商业管理公司积极开展市场调研。经分析发现：

（1）2011 年该市区生产总值已达 945.4 亿元，比上年增长 10%，连续第 16 年实现两位数增长，全区人均 GDP 已经达到 115695 元，居民收入水平大大提高；

（2）目前已开通公交线路 33 条，城乡公交系统迅速发展，为该万达广场输送了大量有效的客流，消费群体已从周边居民扩大到整个城区甚至城市核心地带；

（3）随着广场周边商业项目的强势开业，市场竞争不断加剧，差异化经营迫在眉睫；

（4）2009 年到 2011 年，广场销售与客流呈稳步上升趋势，2011 年室内步行街累计销售额同比增长 19%，主力店累计销售额同比增长 21%，广场已具备提档升级的良好基础。

基于以上分析，该万达商业管理公司迅速调整招商思路，将招商定位与周边的联盛广场错开，引进国际一二线品牌，提升广场整体定位，满足中高档消费群体需求；同时加强与印象城的品牌竞争优势，引进快时尚品牌，增加广场时尚气息，满足年轻群体的消费需求。

2012 年，招商调整后的该万达广场年度销售总额同比增长 9.5%，其中室内步行街销售额同比增长 11.7%；主力店销售额同比增长 8.6%。日均客流同比增长 20.2%。

2. 满足消费需求

1）消费趋势在改变

目前全球的消费趋势已经发生巨大的改变：一小部分人越来越富有，聚集了大量的社会财富；一大部分人则随着物价的不断上涨、购买力的不断下降，逐渐转变为普通消费群体，而这类消费群体则需要“五星级的形象、三星级的价格和快速变化的流行趋势”。

当前中国的消费群体结构也呈现出和全球一致的变化趋势。例如，目前中国市场上有两种女装品牌经营态势良好，一种是专注经典、高端的品牌；另一种则是快消品品牌。这两类品牌未来的发展空间可能较大，这种消费趋势的变化，也预示了购物中心的品牌调整方向。

早在 2011 年，万达集团就敏感地发现了快时尚品牌强大的聚客能力，并提出“大力引进快时尚品牌”的招商调整策略。要求每一个筹备期的万达广场都要引进快时尚品牌，已开业的万达广场则要合理调整现有业态分布，引进 1~2 个快时尚品牌。目前，国内主要快时尚品牌 ZARA、H&M、GAP、UNIQLO、C&A、Marks& Spencer、MUJI 等均与万达开展了广泛的合作，业绩表现非常突出（图 10-12）。

▲ 图10-12 万达广场引进快时尚品牌

2）消费习惯在改变

随着收入水平的提高，人们的物质、文化需求也在日益增长，这一方面推动着消费趋势的变化，另一方面不断带来消费需求和消费习惯的变化。一成不变的购物中心对消费者缺乏吸引力，只有随着消费习惯的变化不断开展招商调整，使购物中心常变常新，才能在竞争中立于不败之地。

直观地说，购物中心的经营无非是解决“供”和“需”的问题。“供”就是购物中心经营的各种业态和品牌，“需”就是目标顾客群的现实需求和潜在需求。而“招商调整”就是研究如何“供给”目标人群的现实需求，同时挖掘他们的潜在需求。如果说购物中心的招商运营像一座桥梁，那么桥梁的左端就是品牌，右端就是消费者。经营管理者要做的就是做好中间的桥梁，既要了解当前的消费潮流，又要了解顾客潜在的心理诉求，并将两者完美结合，这就是购物中心生存的基础，也是经营成败的关键。

所以一个购物中心无论影响力有多大，最终都要以满足顾客的消费需求和消费习惯为根本，都必须了解在当前这个时代，消费习惯在朝什么方向变化，而这种消费习惯的变化就是招商调整的方向。

例如，随着城市的发展，白领阶层群体逐渐壮大，咖啡文化及休闲消费逐渐兴盛，万达广场便顺势而为引进了“星巴克”、“满记甜品”、“哈根达斯”等品牌，有效拉动了广场的人气（图10-13）。

再比如，越来越多的年轻人不再满足于在单一业态的品牌店里消费，而是更加崇尚“一站式”消费，在业态丰富、品类齐全的服装服饰集合店里购买精美的服装、随心搭配喜爱的鞋子、背包、项链，甚至购买喜爱的手机壳、日记本、便签纸……因此热风、西遇、集迦、或与番等潮流集合店便“应运而生”，在各个购物中心形成独特的风景（图10-14）。

图10-13 万达广场引进著名休闲消费品牌

图10-14 万达广场里的潮流集合店

3. 引领消费行为

随着“80后”、“90后”逐渐成为消费的中坚力量，年轻群体的消费更加趋于个性化、新奇化、独有化。人们总是喜欢追逐时尚、新鲜的事物，在日益激烈的市场竞争中谁能准确地把握消费潮流，引领消费行为，谁就能抢占先机。

如今，大量国际品牌在源源不断地进入中国，消费者对个性化的追逐也催生了一批相当有潜力的国内新品牌。虽然消费者可能需要一定的时间去接受新兴业态和新兴品牌，但这些优质品牌的进驻，尤其是“首家旗舰店”、“磁石商铺”的引进往往可以催生大量潜在市场，吸引持续稳定的客流，提升购物中心的品牌影响力，从而提升购物中心的市场地位。

这就需要经营管理者本身具备前瞻性和引领性，具备丰富的品牌知识，掌握品牌未来发展的趋势，尤其对一些即将进入中国市场的国际品牌更应提前接洽，争取为品牌引进打下坚实的基础。只有持续不断、积极主动的引入稀缺品牌，制造与竞争对手的差异，才能真正成为消费行为的引领者。

案例呈现

• 某万达广场“I cooking DIY”品牌的引进

某万达广场在该地区率先引进了国际流行的“I cooking DIY”餐饮教学品牌。“I cooking DIY”有别于一般的厨师培训，主要客群为情侣、家庭主妇和儿童，教学的老师都是来自五星级酒店的大厨和香港甜品的名师。现场参与者不但可以学习制作蛋糕、饼干、甜品，还可以亲自制作川粤点心和各类西餐。店内同时售卖课程内所需的各类原材料，让学员回家也可以再次亲自烹调。未来店内还计划提供PARTY服务，让消费者享受呼朋唤友、共同烹调美食的乐趣，店内还将提供高清摄像机记录下每一段欢乐的时光。在“I cooking DIY”等先锋品牌的带动下，目前该万达广场已成为该区年轻时尚人群的聚集地（图10-15）。

图10-15　某万达广场引进 I cooking DIY

4. 促进经营稳定

任何一个购物中心在经营过程中都难免出现经营问题，一旦出现掉铺，要付出的不仅仅是可以量化的显性成本，还有无法控制、难以量化的隐性成本。比如出现一个掉铺，就会直接影响其他商家的经营信心，甚至造成连续掉铺；而补充招商不及时，就会影响商业氛围，使整个购物中心的经营陷入窘境，也给后期的招商调整带来更大的困难，造成更高的招商成本。

商家主动退场往往是因为他们看不到希望，而经营管理者要做的就是在增强商家经营信心、拉动整场销售的同时大量储备优质商家资源，在商家出现经营问题时及时辅导并立即启动补充招商。经营管理者只有准确分析广场经营走势，及时、主动地开展招商调整，才能让广场源源不断地迸发活力，进而促进经营的稳定，保证购物中心的租金收益。

案例呈现

- **某万达广场二层冷区调整**

某万达广场室内步行街二层家纺区位于动线末端，因客流量太少经营业绩不佳，该万达商业管理公司在注意这一情况后立即开展了消费者调研，并进行整体业态分析。该广场的设定为“家庭型购物中心”，分析中发现，作为一个家庭型购物中心，儿童娱乐业态是目前的经营空缺，而这种业态本身具有较强的聚客能力，即使在动线末端也能很好地经营下去。

于是该万达商业管理公司果断引入了儿童娱乐品牌“爱乐游园地”，品牌开业不久就迅速站稳市场，客流量和销售额均呈稳步增长趋势。在此基础上，该万达广场又围绕儿童客群，对“爱乐游园地”周边的家纺区进行了大规模调整，全面引入童装品牌，将原来的家纺区打造成儿童区，以此扩大该区域的影响力。品牌调整完成后，该区域的销售总额增长了近4倍。本次招商调整不但丰富了经营品类，还迅速稳定了广场经营。

（二）招商调整的持续性

招商调整是一个持续的过程，商业项目的成功不可能一蹴而就。购物中心为了保持在市场中的竞争优势和领先地位，必须一直具有新鲜感，持续不断地进行招商调整。

1. 新开业项目为适应市场环境要做招商调整

每一个新开业的购物中心，一定是站在最新的时代背景下，研究最新的消费者需求和品牌资源变化而对自身做出定位的。但商业项目从前期规划到真正开业通常历时较长，在此期间市场环境可能早已发生变化；另一方面，任何前期规划都不可能完美无缺，难免遇到“水土不服”，因此商业项目开业后必须立即开展市场分析，全面了解消费需求，准确调整项目定位，通过招商调整及时适应市场环境。

2. 经营困难的项目为稳定经营要做招商调整

在经营管理过程中，商业项目有时会出现经营问题，而出现经营问题绝大部分的原因是由于项目定位与市场不适应，消费者对品牌认可度不足，这时必须通过招商调整来稳定经营。这种调整可能是大规模、整体性、针对整个广场的招商调整；也可能是小范围、局部性、针对某一区域的招商调整。无论何种调整，都需要经营管理者对经营形势做出正确的判断，准确把握消费需求，及时有效地开展招商调整，稳定项目经营。

3. 经营稳定的项目为快速旺场要做招商调整

商业项目进入经营稳定期并不意味着“一劳永逸”，这时仍然不能对招商调整有所松懈，而是应该更加积极地、持续性地开展招商调整。这时的招商调整多是业态布局的优化、品牌结构的优化、租赁条件的优化、装修形象的优化等。只有通过持续的招商调整，在稳定经营的同时提升广场的客流和销售，促进商家经营利润的实现，才能不断推动购物中心快速旺场。

4. 经营较好的项目为提档升级要做招商调整

市场变化日新月异，商业竞争日趋激烈，想在商业竞争中立于不败之地，维持旺盛的可持续发展的生命力，必须顺应行业趋势，适应市场变化，通过招商调整不断促进品牌的提档升级。因此，购物中心的经营管理者必须保持敏锐的市场嗅觉，把握最新的消费动向，在促进现有品牌提档升级的同时，及时引进匹配的新兴品牌，成为消费行为的引领者，并树立起时尚、潮流、高品质的市场口碑，不断提升购物中心的知名度和美誉度，从而促进商业资产价值的不断提升。

（三）招商调整与资产价值

商业地产实际上是以租金收入作为投资目的的投资行为，持续的、必要的招商调整不但能够避免因空铺导致的租金收缴风险、促进购物中心的经营稳定，还能够推动租金持续增长，有效保证资产收益。同时，招商调整提升了购物中心的自身价值，由此带来的品牌效应和群众口碑更是资产增值的重要体现。

因此，每一个购物中心都应深入解读自身项目，发挥项目的竞争优势，主动积极地与大品牌商家合作，并不断开发新的业态和商家，争取更好的商务条件，促进收益的充分实现。购物中心的经营管理者应当重视对商家日常经营状况的监控，帮助经营业绩好的商家不断提升销售，并对经营业绩较差的商家开展有计划的、持续性的招商调整，同时配合有针对性的旺场活动，使购物中心的经营日渐兴旺，使商家的营业收入逐年增加，使广场的租金稳步攀升，使购物中心的知名度和美誉度不断提高。

以万达广场为例：截至2013年9月30日，全国已开业的万达广场数量达到了78座，这一巨额资产的安全运营和保值增值，不但关系到万达集团的发展根基，更关系到集团未来的发展前途。所以，万达集团一直高度重视招商调整的重要性，因为只有把招商调整做好，才能把万达集团的核心资产管理好；只有把招商调整做好，才能确保商业资产的保值增值。

上海五角场万达广场2006年开始时，很多人都不看好，可是随着持续不断的招商调整，如今的上海五角场万达广场已经成为上海商业地产的标杆项目之一，成为五角场区域年轻人群的聚集地和时尚的风向标。2009年开业的上海周浦万达广场，位于浦东新区的周浦镇，这又是一个人人都说不能做购物中心的远郊。可近几年，有效的招商调整让广场的知名度不断提升，租金收益也在逐年增加。广场的繁荣不但塑造了万达良好的品牌形象，更是带动了周浦地区的经济繁荣。随着广场所在地段商业价值的不断攀升，广场的资产价值也将不断攀升。

二、招商调整的类别

营运期招商调整可以划分为三种类型：到期调整、优化调整、战略调整，针对不同类型的招商调整，应该分别制定有针对性的招商调整方案。

（一）到期调整

万达广场租赁决策文件到期调整的重要性等同于再次开业，是纠正市场偏差、重新审视项目定位、优化业态分布及品牌组合，提高商务条件，提升市场竞争力的重要契机。正因如此，每一个万达广场都高度重视调整，精心制定新一期《租赁决策文件》。

《租赁决策文件》的制定必须提前，要为品牌储备及商务谈判预留充足的准备时间。为了保证到期调整的及时性，万达集团将《租赁决策文件》的制定以及审批过程全部纳入模块化系统，通过信息化管控手段，确保到期调整方案能够按时间节点的编制完成。《租赁决策文件》制定及审核的时间进度要求，见表10-4。

表10-4 《租赁决策文件》制定及审核的时间进度要求

序号	时间要求	进度要求
1	租赁决策期到期前8个月	开展经营分析及专项市场调研
2	租赁决策期到期前7个月	在模块化系统中上报《经营分析及专项市场调研报告》
3	租赁决策期到期前6个月	在模块化系统中上报新一期《租赁决策文件》
4	租赁决策期到期前5个月	在模块化系统中完成新一期《租赁决策文件》的审核

《租赁决策文件》的制定应按以下步骤进行。

1. 市场调研

租赁决策文件到期前的市场调研应包括：广场年度经营分析、商家决策周期内经营分析、消费者分析、商家满意度及需求分析、商圈及竞争对手分析等等，所有市场调研的结果都将为到期调整方案的制定提供重要的依据。

1）广场年度经营分析、商家决策周期内经营分析

广场年度经营分析、商家决策周期内的经营分析有助于经营管理者了解项目自身的整体经营情况和品牌经营情况，从而提升招商调整方案的科学性和合理性，以更有针对性地开展招商调整。

2）消费者分析

消费者分析除了要分析消费者的来源与结构、还应着重分析消费习惯、消费行为以及消费需求。分析消费者的来源与结构，有助于经营管理者更好地了解购物中心的消费群体，对于项目定位有重要的指导作用；分析消费行为，有助于了解消费者如何构建和完成在购物中心的消费过程，通过探究其消费需求及消费关联性，可以更准确地把握消费者的消费目的，为招商调整方案的科学性和合理性提供重要的参考依据；分析消费习惯，有助于准确提炼业态布局及品类设置的合理性；分析消费需求，有助于及时掌握消费者的消费动向及消费喜好，为引进新的商家以及成功开展市场对接做好铺垫。

3）商家满意度及需求分析

商家满意度及需求分析有助于了解现有商家对购物中心各项管理水平及管理服务的满意度，通过对商家满意度和需求的分析，可以了解商家对广场业态分布、品牌组合的科学性的意见和观点。

4）商圈及竞争对手分析

商圈及竞争对手分析有助于了解市场动态、消费趋势变化、消费喜好等。俗话说“知己知彼，方能百战百胜”，开展商圈与竞争对手的分析是提升招商调整方案科学性和可行性的重要手段。商圈分析既要涵盖传统商圈，又要涵盖新兴商圈；分析内容应包括新商圈的建立和建设情况、业态布局和定位情况、品牌招商引进情况等。竞争对手分析则应包括新引进品牌情况、重点品牌的经营情况、合作模式、招商条件等。

2. 项目定位

在掌握市场调研数据的基础上，首先要明确的就是项目定位，直观地说就是这次的租赁到期调整，是想把购物中心引领向哪个发展方向？项目定位的变化可以归结于地理位置的变化，也可以归结于目标市场人口的变化。招商调整必须立足于项目定位，而不是简单地立足于“高”与“低”。

项目“精准定位”的英文说法是“Fine Tuned”，它的含义就好像对收音机调台一样，需要耐心地一点点去校准，非常精确地寻觅到适合当地商业项目的顾客群，发现他们的消费需求，并将所有适合的品类品牌优化组合。任何一个购物中心，都必须先明确整体的经营方向，再来分析现阶段的业态构成和品牌组合是否符合这个方向，并据此明确购物中心未来几年招商调整的思路和方向，以实现招商调整的真正目的。

3. 业态布局

项目定位明确之后，首先应确定购物中心整体的业态比例。例如主力店和室内步行街的占比、室内步行街中各个业态的配比以及在现有建筑结构基础上的优化调整方式等。

其次应确定每个楼层的业态比例。例如购物中心各层服装、餐饮、生活精品、体验业态的分布及配比，快时尚和次主力店的具体位置和经营面积等。

最后应根据每个楼层的经营定位和业态比例确定业态分布，并研究现有的建筑结构和工程条件是否满足新的业态分布需求。如果不能满足，应结合成本、收益及未来影响决定是否进行专项改造。

4. 品牌选择

各楼层的业态分布明确之后，首先应审慎确定各个楼层的代表品牌，因为代表品牌在很大程度上决定着整个楼层的档次、风格、乃至楼层的总体感觉，决定着吸引什么消费层次的顾客群体。其次，品牌的落位应与周边品牌组合相匹配，形成良好的商业氛围。

为了保证品牌选择的科学性，万达集团制订了《招商合格供方品牌库管理办法》，根据品牌的知名度、开店数量、业绩表现等，将品牌划分为不同的级次。各个万达广场在品牌招商调整的过程中，除了餐饮品牌和体验业态可选择当地富有人气和特色的知名品牌外，其他业态引进的品牌必须符合品牌库的相关规定。

把优质且符合项目需求的品牌引进购物中心，制造差异化和稀缺性，是商业项目后期健康、稳定运营的有力保障。优秀品牌之于购物中心，犹如灵魂之于个体，是商业项目的个性、档次和招商营运能力的体现，对于购物中心的意义十分重大。

品牌的选择应注意以下原则：

（1）要对消费者有引领效应。优质的品牌代表着信誉、质量和一流的售后服务，能够给消费者带来更高的品质和更好的生活享受。国际知名品牌在国内开设新店，都会引发大量粉丝的追捧，为购物中心带来大量的客流，在直接消费的同时也可以间接促进餐饮、娱乐、休闲业态的消费。

（2）要对类似品牌有汇集效应。优质品牌对类似的品牌有汇聚作用，例如GAP、UNIQLO、C&A、Marks&Spencer等快时尚类品牌店，习惯于和ZARA、H&M相邻，并经常将这两个品牌的的进驻作为与购物中心合作的前提；ARMANI jeans是现代国际休闲的标杆品牌，出身名门、款式时尚、商铺装修精美、销售业绩好，如果ARMANI jeans进驻，Tommy Hilfiger、CK jeans、GUESS、DKNY jeans的引进就会变得相对容易。

（3）要对购物中心的品牌档次有提升效应。优秀品牌在店面装修、日常运营和广告宣传等方面优于普通品牌，引入之后能够提升购物中心的档次，更好地体现购物中心的时尚性。

（4）要对项目的经营稳定和资产保值增值有推动效应。优质品牌都具备雄厚的资金和运营实力，进驻购物中心后，其经营业绩优于一般品牌，对购物中心经营的安全性和稳定性有重要作用。

5. 商务条件

制定到期招商调整方案的最后一步是确定每个楼层和每个商铺的租金水平、合同年限、租金支付方式等商务条款，通常新一期租金标准的制定应遵循以下原则：

（1）满足购物中心的收益预期；

（2）参考上一期租赁决策文件期内各楼层、各区域商家的业绩表现；

（3）参考周边商圈及竞争对手的租金价格；

（4）结合楼层、区域的品牌结构调整，根据各业态测算租金回报收益。

案例呈现

- **某万达广场的到期调整**

某万达广场首个租赁决策期满前一年即开始精心制定新一期租赁决策文件，并在执行过程中严格管控，最终实现了良好的调整效果。

1. 全面调研、精准定位

精准的市场调研是购物中心科学规划的前提和基础，该万达广场在对周围商圈和消费群体细致调研后发现，广场的辐射范围为整个区，该区域的消费人群呈现年轻化、时尚化的特点，消费者男女比例为1：2。基于前期管理经验和市场调研结果，步行街将未来的经营定位调整为：精品、精致、年轻、时尚型购物中心，主要顾客群为18~35岁的年轻女性。

2. 优化组合、合理配置

在到期调整方案的制定中，该万达广场重点对各业态布局进行了优化。调整前，服装服饰、生活配套、餐饮美食的面积占比分别为27.05%、17.08%、55.15%；调整后，服装服饰、生活配套、餐饮美食的面积占比分别为34.43%、10.96%、54.61%。

3. 提档升级、提高收益

在品牌落位上，该万达广场重点引进了与广场定位相符的优秀品牌，例如在一层引进了优衣库在该地区的旗舰店、该地区唯一一家ZARA以及Motivi、Charles & Keith、Novo Plus、Bread n butter等知名品牌，提升了广场的品牌级次。同时调整了承租能力和盈利能力较弱的品牌，引进了Lily、Vans、GXG等盈利能力强、聚客能力强的品牌。

另外，坚持严格筛选、优化组合，避免同类品牌之间的不良竞争和资源浪费。例如将原有的锅色天香、摸错门等调整为蜀江烤鱼、佛洛里斯牛扒等档次较高的品牌，配合原有的权金城、麻辣诱惑、巴贝拉等品牌，用不同风味、不同特色的餐饮满足顾客多样的消费需求。

最后，结合广场动线对品牌合理落位，突出品牌的集群效应。例如，合同期内的永和豆浆、味千拉面原本为一拖二形式，占据一层中庭位置。调整后，将一层定位为名品荟，以知名服装品牌为主，知名餐饮及配套品牌为辅；二层以青春时尚品牌为主，突出潮流趋势。经过与品牌商历时半年的反复协商与谈判，最终顺利引进快时尚品牌ZARA、UNIQLO，顺利实现一、二层的定位。

该万达广场租赁决策文件到期调整后，销售业绩、租金水平均实现了大幅增长，不足一万平方米的室内步行街日均客流达到5万，周末日均客流达到7万，广场的整体租金水平上涨了76%。事实证明，抓住租赁决策文件到期的良好时机，重新审视项目定位、优化业态分布及品牌组合，提高商务条件，科学合理地制定到期调整方案能够有效提升购物中心的经营业绩和市场竞争力。

（二）优化调整

商业项目想要长远发展，除了做好到期调整之外，还要有计划地进行优化调整。优化调整的关键在于把握主动权，力争调整后使业态的布局更科学、品牌组合更合理、租金水平有所提高、装修形象有所提升，从而使整个购物中心的竞争力有所提升。

万达集团要求所有的优化调整都应纳入《季度招商调整方案》，并将方案的制定与审核全部纳入模块化系统，通过信息化管控手段确保优化调整方案能够按照时间节点编制完成。《季度招商调整方案》制定及审核的时间进度要求，见表10-5。

▼ 表10-5 《季度招商调整方案》制定及审核的时间进度要求		
序号	时间要求	进度要求
1	每季度末月10日前	在模块化系统中制定并上报下一季《季度招商调整方案》
2	每季度末月20日前	组织开展下一季《季度招商调整方案》会审
3	每季度末月25日前	在模块化系统中完成下一季《季度招商调整方案》审批

优化调整通常可以划分为业态结构优化、品牌组合优化、商务条件优化、装修形象优化。

1. 业态结构优化

业态结构优化通常包括整体业态比例的优化及局部业态布局的优化。

1）整体业态比例的优化

购物中心的业态比例按照经营品类的不同，可以划分为服装服饰、生活精品、餐饮美食等；品牌结构按照所占面积的大小、销售额的多少、集客能力的强弱，可以划分为主力店、次主力店及品牌专卖店。整体业态比例适宜，商铺布局合理才能形成优势互补的商业格局。因此，购物中心在优化调整中要特别关注整体业态比例的优化。

在整体业态比例的优化过程中，必须深入开展市场调研和消费者调研，分析项目所在城市、所在区域、目标人群的消费需求及消费特点，建立科学合理的业态比例和业态分布，凸显购物中心的差异化。

例如，如果购物中心周边布满高校，主要消费人群为大学生，那么休闲、娱乐、餐饮业态的比例就应适当地提高，服装业态中年轻时尚类、运动休闲类的比例也应适当地提高。在整体业态比例优化后，购物中心应该能够更加有效地带动客流、延长顾客的逗留时间、提高客单价、提升商家的盈利水平，进而提升整个购物中心的租金收益。

2）局部业态布局的优化

购物中心在经营管理过程中，可能遇到整体经营情况良好，但局部位置因业态布局不合理存在经营冷区的现象。通过局部业态布局的优化提升冷区的客流，避免产生商业经营的“死角”，能够最大限度地提升购物中心的资源利用率。

在局部业态的优化过程中，要综合分析计划调整区域的经营业态与周边业态的关系，既要做到优势互补，也要与整体经营氛围相协调。

例如，很多购物中心会在步行街的端头形成经营冷区，因此在优化调整中就应引进消费目的性较强、且与相邻品牌协调的业态。比如在端头引进儿童乐园，周边搭配儿童零售、儿童美发等；或者引进美容SPA馆，周边搭配美发、美甲等；或者引进健身中心、周边搭配户外运动器材、休闲运动装等。通过局部业态布局的优化，不但能够提升冷区的经营氛围，还能有效提升购物中心的租金收益，这对商业资产的保值增值起着重要的作用。

2. 品牌组合优化

品牌组合优化通常包括品牌的优化及品牌商家的优化。

1）品牌的优化

购物中心想要永续发展，始终保持领先的市场地位，就必须合理评估品牌与购物中心定位的契合度、品牌与顾客消费需求的契合度、品牌商家的经营理念与购物中心经营管理者的管理思路之间的契合度，在不断推动品牌优胜劣汰的同时，持续引进优质品牌，为购物中心补充新鲜血液，从而保持购物中心长久的生命力。

在品牌的优化过程中，品牌的优胜劣汰应该以业绩、坪效、同品类销售排名等为依据来公平考核。当品牌出现经营问题时要及时开展经营辅导，对长期经营困难的品牌实行末位淘汰，对优质品牌则要以开放的心态积极为其提供经营平台。

品牌优化调整的主要方式为如下：

（1）首先应调整经营困难、商家实力小的品牌。此类品牌存在较大的租赁风险，随时可能产生掉铺、导致租赁物业的空置、影响租费收缴率的实现，所以在优化调整中应首先对此类品牌重点调整。

（2）其次应调整级数低、形象差的品牌。随着消费者需求的不断提升，低层级、形象差的品牌终将被市场所淘汰，因此购物中心必须在经营管理过程中以满足顾客需求为导向，不断优化品牌组合，及时对级数低、形象差的品牌进行优化调整。

（3）应重点引进与广场经营定位契合度较高的优质品牌。购物中心需结合自身定位以及未来的发展框架制定《品牌优化升级方案》，涵盖范围包括短期必须引进的品牌、以及长期目标价值品牌。所谓优质品牌，主要是指各业态的主力品牌、高端品牌和新兴品牌。主力品牌经过市场的检验和磨合，业绩和形象较好，能够迅速实现稳定经营；高端品牌历史积淀丰富，有特定的高端客层，能够促进购物中心提档升级；新兴品牌则个性独具，能够为购物中心增添亮点。

（4）在品牌选择时，应深入分析品牌的经营业绩与发展趋势。购物中心要根据品牌现有的市场容量、市场份额、未来可挖掘的潜力，判断品牌属于发展期、成熟期还是衰退期；强势、弱势的产品分别是什么；定位的目标客群是什么；市场覆盖面有多宽；产品的风格、定位、价格带是什么。只有通过全面的分析作出专业的判断，才做好招商调整的品牌储备。

案例呈现

- **某万达广场品牌优化调整**

某万达广场室内步行街两家商铺位于二层的端头位置，商铺对外展示面总长度仅为7米，但进深及面积较大，调整前经营某美容美体品牌，该品牌在万达广场的品牌库中属于库外Z级，品牌级次较低，整体形象与广场定位不符，无法有效带动客流。

鉴于上述情况，该万达广场对该品牌进行了优化调整，引进了知名度较高的服装服饰集合店“热风”。“热风”主营潮流服饰及鞋包，以追求流行时尚的都市年轻人为主要顾客群体，其良好的品牌形象和产品品质一直受到消费者的广泛认可。

品牌优化调整后，“热风”的人气和销售业绩在生活精品业态中一直名列前茅，对室内步行街二层的客流和销售起到明显的带动作用，品牌级次和租金水平也得到了明显提升。

2）品牌商家的优化

品牌商家的经营实力和管理水平往往直接影响经营业绩的好坏，所以在招商调整中对品牌商家的优化十分重要。购物中心要顺应品牌资源的变化，坚持“最佳承租人”的原则推动品牌商家的优化。

购物中心在经营管理过程中，要全面了解目前的品牌商家是厂家直营、经销商还是代理商；目前店内的货品、资金、人员是否充足；已经拓展的市场布局如何；未来的目标和发展战略是什么；这些都是判断商家经营能力的重要因素。另外，商家与购物中心的配合度也应纳入考核，例如商家对购物中心日常经营管理的配合度、对营销企划活动的参与度、对品牌装修形象提档升级的配合度等等。

在品牌商家的优化过程中，应重点引进经营实力较强的厂家直营品牌，或有系统品牌运营管理经验的公司代理品牌。这类以公司性质经营的品牌，无论在资金实力上、品牌形象上、经营管理上都具备强大的经营优势。另外，厂家直营品牌不仅拥有较强的经营实力，在购物中心向其他城市拓展时，还能与厂家形成战略合作同盟，便于进行招商推广。

3. 商务条件优化

商务条件的优化通常包括租金价格的优化及租金模式的优化。

1）租金价格的优化

购物中心商业物业增值的一个重要指标就是租金收入持续稳定的增长，而租金提升也是招商调整的重要目的之一。

在租金优化调整中，要重点关注以下三点：

第一，把握品牌到期续约或提前续约而实现的正常租金增长。

第二，把握品牌升级优化时合理的租金提升。

第三，把握因业态调整而引起的租金变化。例如原商铺的经营品类为租金较低的餐饮类，招商调整后将经营品类变更为服装服饰类，那么租金价格也应符合服装服饰类的租金标准。

2）租金模式的优化

除了租金价格的调整能够增加租金收益以外，租金模式的调整也能最大程度地保护商业资产持有者的利益。在经营优化调整中，租金模式的选择应同时兼顾招商需求和收益需求，经营管理者必须在充分考量原有租金模式优劣的基础上调整或优化新的租金模式。

通常情况下，租金模式可以分为三种：抽成租金、固定租金、抽成租金与固定租金相结合，有时也会设置保底。购物中心较多采取固定租金、固定租金与抽成租金相结合的模式；在与大型主力店、次主力店、新兴品牌的合作中可以通过增加保底租金来保证收益的稳定。

4. 装修形象优化

招商调整并不狭义的指品牌变更，有时在品牌不变、只对租赁条件进行调整的情况下，还需要对装修形象进行优化。装修形象优化通常包括店面形象的优化及装修布局的优化。

1）店面形象的优化

消费者对品牌的印象极其直观，品牌的装修形象在很大程度上会影响顾客的消费意识。随着时间的更迭，品牌原有的装修风格可能会落伍或产生损坏，这时必须重新装修。

对于仍在合同期内的品牌，购物中心应积极地与商家沟通，督促其对店面形象进行优化。尤其是合同期较长的餐饮品牌，通常在经营2~3年后就应重新装修。另外，在品牌经营符合购物中心定位和消费者需求时，店面形象的提升也可以作为品牌续签的前提条件，购物中心的经营管理者可以在租约到期前要求商家提前进行店面形象的优化。

2）装修布局的优化

品牌装修形象尚可，但内部布局不合理，这会严重影响消费者的感官，给经营带来负面影响。购物中心的经营管理者必须对品牌内部的装修布局高度重视，及时向品牌提出优化调整建议。例如，店招的改造、橱窗的调整、外立面的整改、店内动线及布局的调整等。装修布局的优化往往能够带来经营环境和经营业绩的双重变化，甚至会让品牌的经营“如获新生”。

（三）战略调整

购物中心的经营管理不会一帆风顺，难免遇到重大经营难题，比如项目定位发生偏差，项目经营与市场环境严重脱节等，这一类招商调整可以总结为战略性调整。对于经营管理者来说，战略调整需要极大的魄力和勇气，更需要极强的商业功底。

战略调整通常包括重大资产改造、主力店结构调整、优势业态引进。

1. 重大资产改造

在经营过程中对于商业定位有偏差，或与市场环境严重脱节的购物中心，必须痛下决心进行重大资产改造。重大资产改造往往需要进行建筑结构的改造、工程条件的改造、项目定位的改造以及全面的品牌调整。这就需要经营管理者推翻对购物中心固有的认识，重新站在市场的角度，制定符合市场需求和经营需求的资产改造方案。这个道理如同医学上的“去腐生新”，只有准确地断症、及时地治疗才能挽救购物中心的生命，使损失降到最低，并争取“扭亏为盈”的机会。

沈阳太原街万达广场战略调整

沈阳太原街万达广场的故事其实并不是一个值得夸耀的成功样本，恰恰相反，这是一个经历过挫败和反思的项目。在万达集团的历史上，没有哪个地方像沈阳太原街万达广场一样有着如此曲折的历程。

自 2003 年至今，沈阳太原街万达广场前后 5 次开业，更换过 19 任总经理。有一任总经理是个老兵，他在离开万达的时候感叹说："我当了那么多年兵，自认为意志力足够坚强了，觉得这世上再也没有什么难事，但是沈阳太原街万达广场真是太难了"。太原街广场在十年的调整中，从来没有放弃直面问题的勇气；十年砥砺，终见风节。当沈阳太原街万达广场在全国万达广场中综合排名第一的时候，回忆起曾经那段"转危为安"的经历，我们可以为万达集团在商业地产中的成功找到一种新的注解。

1. 不能重复的历史

2003 年开业的沈阳太原街万达广场，是万达集团第一代商业综合体的代表作之一。开业没多久，露天商铺、产权物业（现在为自持式物业）的弊端暴露，卖场人气稀薄，经营业绩惨淡。万达集团为沈阳太原街万达广场想了很多办法，例如把光滑的地面凿出麻点减轻冰雪天地面湿滑的问题，给露天的步行街搭盖搭棚、增加空调机来抵抗东北的严寒，还试过用两次重新开业来带动人气。但这些努力非但没有挽救太原街万达广场的经营，反而让业主和商家们失去了信心，他们开始找万达打官司、要赔偿。最后，万达虽然赢了官司，但为了弥补商家们的损失，还是决定将卖出去的商铺重新回购，将沈阳太原街万达广场炸掉重盖。

2009 年 11 月 20 日，沈阳太原街万达广场再一次开业，这次开业可谓意义非凡。项目地处于沈阳的核心商圈，因比邻客流量较大的中华路和太原街，地理位置十分优越，加上这次大规模招商调整后，沈阳太原街万达广场成为了沈阳第一个集"吃喝玩乐购"为一体的综合性购物中心，所以开业之初颇有闪亮登场的气势。再加上刚开业的两个月正好处于传统零售行业的销售旺季，沈阳太原街万达广场对未来充满了信心。

让人没想到的是春节一过，广场明显冷清下来，有时候一天的客流量还不到2万人。营运部的员工巡场时，在偌大的广场上往往只能看到自己人，大家你看我，我看你，心里特别不是滋味。客流少就没有销售，当时沈阳太原街万达广场150多个商家，在2010年第一季度最艰难的时候，只有5%的商家是盈利的，剩下的95%里面也只有25%销售持平，每日销售合计平均下来不到40万。没多久，商家们便产生抱怨情绪，到了月底收缴租金和物业费的时候，一些商家开始找借口拖延时间。2010年3月到8月，广场的租金收缴率只有78%，这还是对其中经营情况不佳的10个商家给予免租的前提下才勉强达到的数字。更严重的是,开业时满场经营的广场出现了空铺、掉铺的现象，预警商家最多时超过了30家。

回想起前几年的历史，一些老员工开始担心：这和当年窘况何其相似！当年王健林董事长做出回购商铺的决定在整个商业领域被传为佳话，塑造了万达集团“负责任企业”的形象，还成为诸多商学院MBA的经典案例。但是对于万达集团来说，这样一个在全国有重大影响的项目，重新翻建开业就意味着这是一个必须成功的项目。一个人不能在同一个地方跌倒两次，企业亦然，沈阳太原街万达广场如果再次失败，将对企业品牌造成严重伤害。

为什么这样一个地理位置优越的项目却没有旺起来？有些同行说这不过是时间问题，万达广场三年必旺。但是沈阳太原街万达广场等不了，万达商业管理公司等不了，万达集团从上至下的领导也等不了。于是，一场集合了集团总部、万达商管总部、沈阳太原街万达商业管理公司、项目公司以及规划院等一系列力量的调整战役启动了。

2. 全面诊断

沈阳太原街万达广场出现经营问题后，集团高度重视，从各级领导到相关部门都倾注了大量精力，从多个方面开展了全面的解读、分析和诊断。从2011年3月开始，在持续5个月的综合调整中，集团总裁前后3次在太原街召开现场会，这在万达集团的历史上前所未有；商业管理公司总经理几乎每周都要从外地赶到沈阳，推进太原街万达广场的调整工作，时间久了连卖场的保洁员都能认出他来；规划院、项目公司也多次到现场开会帮助找原因、调方案；沈阳太原街万达商业管理公司集思广益，积极调动员工的工作热情，把这次招商调整视作生死存亡的关键“战役”。

在针对沈阳太原街万达广场的经营分析会议上，大家认为，沈阳太原街项目不是单纯的商品或者定位出了问题，而是从硬件、定位、业态、品牌上都出了问题，这些问题相互影响、相互制约，导致经营受到严重影响。

另外，沈阳太原街万达广场租赁面积为3万多平方米，比一般万达广场的体量要大。单是三、四楼的餐饮座位数就超过了5000个。按照购物中心的经营模式，一天至少要有15000人到20000人到广场来用餐，才能保证餐饮业态的经营达到相对理想的状态。而沈阳太原街虽然地处沈阳最核心的商圈，但它的主入口和最繁华的中华路并没有在同一个水平线上，而是凹进去几十米。两边的百盛和国美将进入广场的通道夹在其中，几乎完全遮住了步行街的入口。加上门头设计也缺乏强烈的商业冲击力，主入口没有发挥应有的作用，在客流引导上十分不合理。

雪上加霜的是沈阳太原街万达广场在2009年开业时，是当时第一个“回”字形的四层步行街，和其他万达广场三层购物中心的标准是不一致的。虽然当年万达广场在全国的其他城市都受到了商家的欢迎，但是沈阳太原街万达广场这种特殊的设计结构还是让品牌商们颇为怀疑。加上这个项目在2003年曾经有过失败的经历，使广场开业前的招商工作就异常艰难。虽然广场最终实现了满铺开业，但距离最初对项目年轻、时尚的定位设想却有较大差距。

硬件上的缺陷导致客流进不来，前期招商的不到位使项目没有形成独特的亮点，软、硬件几乎同时处于失灵状态。

3. 硬件重造

整改的第一步从对客流影响最大的硬件改造开始。集团总裁亲自审查连廊改造和门口设计方案，规划院多次到现场研究，最终确定这次的硬件改造不仅要将原来的主入口“补齐”到中华街，保持和百盛、国美在同一水平线，还要求连廊本身具备良好的吸引客流的商业氛围。通过重新设计门头、对连廊内部进行商业氛围营造等让消费者产生直观的感受。

万达广场第二代和第三代商业综合体的区别在于，第三代最大的特点是用一条街把所有的主力店连接起来，而第二代的各个主力店是独立成栋的。沈阳太原街万达广场北连廊的改造，就是通过一条连廊，将步行街和独立在外的百盛和国美连接起来，起到聚客、拢客的作用。这次广场的硬件改造没有单纯地将一个二代项目完全按照三代的模板进行复制，而是根据项目的实际情况，有针对性地制定改造方案。

改造过程中还充分考虑了停车场的问题。客流密集的太原街商圈车位极其紧张，万达广场建成后这里拥有了该商圈最大的停车场，但在广场经营不佳时，连停车场也一样惨淡。当时的统计数据显示，每天进出广场的车辆少得可怜。经过讨论，大家认为只有对停车场的导视系统、灯光、墙面进行全面改造，才能真正发挥万达停车场的优势，对客流引入产生帮助。

2010 年 8 月 1 号连廊改造工作完成。改造后的中华路主入口，LED 大屏幕声色兼具，能够有效吸引远处的客流；新的门头设计新颖时尚，极具冲击力，符合沈阳太原街商圈年轻客群的审美。竣工当天，在拆掉外部的脚手架和施工围挡之后，太原街广场的员工明显感觉到从主入口进来的客流跟之前完全不同。这种变化证明，连廊改造手术的动作虽然很大，但这个决定是正确的。

4. 软件升级

如果说硬件改造考验的是魄力和眼光，那它再困难万达内部也能够解决掉，可是招商调整就完全不同了，它需要重新面对客户，赢得商家信任，对于沈阳太原街万达广场的经营管理者们来说这是一次耐心和智慧的考验。

曾经参与过沈阳太原街招商调整的同事回忆说："当时沈阳太原街万达广场已经经历过一次失败，现在又再次面临经营困难，很多商家明显信心不足。不要说重新调整，就是维持场内的那些商家都很困难"。万达商业管理公司总部在对项目周边商业环境充分调研后认为，沈阳太原街万达广场在沈阳处于最核心的位置，这也意味着它处在竞争最激烈的商业环境中，广场周边有百盛、新世界、大商新玛特等大小 9 个百货店，业态齐全。如果纯粹从购物和零售去竞争，沈阳太原街万达广场毫无优势，而只有发挥项目自身的特点，把年轻时尚的概念做足做透，才能具备自己的独特性，从而实现错位经营。

在招商调整中，沈阳太原街万达广场坚持将餐饮作为项目的经营特色，对原有餐饮区的品牌落位进行全面调整，引进了与其他商业项目差异化的餐饮品牌。考虑到当时广场客流不足的情况，万达商业管理公司总部特地从其他城市挑选了部分品牌号召力强、聚客能力强的餐饮品牌落户太原街万达广场。在服装服饰和生活精品的调整上严格遵循“年轻、时尚”的定位，优化业态布局和品牌组合，引进了大批受年轻人欢迎的潮流品牌。

5. 完美收官

硬件改造和软件升级全面完成后，沈阳太原街万达广场逐渐有了人气，客流量慢慢进入了良性轨道。2011 年“情人节”，沈阳太原街万达广场人山人海。根据万达商业管理公司后台统计数据显示，沈阳太原街万达广场当日客流排名首次进入全国已开业万达广场的前三名；接下来的几个月，沈阳太原街客流、销售总额和排名持续位居前三名。而在此之前，沈阳太原街万达广场一直在后三名的位置上徘徊。

这个荣誉可谓来之不易。一位员工如此说道：“记得当时不知道是写一个总结还是什么，我在里面表达了一个心愿：就是希望有那么一个时候，当我走出沈阳太原街面对大家，也能够以自己来自沈阳太原街万达广场为荣。现在这个愿望终于实现了！”

沈阳太原街的故事告诉我们，购物中心的经营不可能一帆风顺，当重大经营问题出现时，必须敢于面对问题、善于研究问题、勇于解决问题，敢于做出战略性、颠覆性的改进，才能最终获得成功。

2. 主力店结构调整

每一个商业项目在前期规划中都要引进主力店，因为主力店有两大独特优势：第一，主力店是人气的保证，例如超市、影城等品牌都具备很强的号召力；第二，主力店是永续经营的保证。通常情况下，购物中心进入成熟期至少需要两到三年，广场开业前期比较冷清是一个必然的过程，但小商铺只能同甘、不能共苦。假设需要坚守半年才会盈利，小店可能三个月不赚钱就会撤铺。所以购物中心只引进小店不行，开业之初必须引进主力店，并且要大力扶持主力店的经营。

既然主力店如此重要，那么在招商调整中如何评判一个主力店是否应当调整呢？

首先，要看主力店是否同时具备以下功能：第一，具备生活功能，就是能够满足消费者购物、饮食、娱乐等需求；第二，具备休闲功能，就是促使购物中心成为消费者休闲生活交流的场所；第三，具备流行功能，就是能够引领和带动当地的流行趋势；第四，具备业务增长能力，就是拥有业务高增长的条件，同时具备较强的竞争优势。如果一个主力店同时具备以上功能，就是对购物中心经营有利的主力店。

其次，要看主力店是否存在如下缺陷：第一，是否存在面积过大、利用率低、销售坪效低的问题；第二，是否存在租金回报较差、影响购物中心整体收益的问题；第三，是否存在客流密度低、客流贡献差，已经影响到整个购物中心客流量的问题。如果一个主力店存在以上缺陷，就应该及时进行招商调整。

由于主力店面积较大，所谓“牵一发而动全身”，在招商调整前必须制定战略性、科学性的调整方案。或者对某一个主力店整体进行招商调整，或者对现有主力店的结构进行优化、扩大或缩减主力店的面积、提升主力店的级次、提升租金标准等等。

3. 优势业态引进

社会飞速发展的今天，无论是顾客的消费能力、品质追求，还是追逐的生活方式都瞬息万变。在购物中心的经营管理过程中，必须顺应市场趋势、迎合消费需求，有计划地引进优势业态和优势品牌，才能使购物中心适应市场竞争，实现长期稳定的发展。

对于拥有大量购物中心的连锁商业地产企业来说，统筹招商调整，引进优势业态就显得更为重要。首先，统筹引进优势业态，能够有效利用招商资源并提高引进的成功率；其次，统筹引进优势业态能够发挥集团化优势，在商务条件的谈判上争取有利地位。

案例呈现

- **万达广场体验业态的引进**

为了顺应行业发展及消费趋势的变化，同时避免与其他购物中心产生品牌同质化竞争，“对购物中心的业态结构进行优化，引进体验业态”已成为万达广场招商调整的趋势和方向。

体验业态是区别于“以零售为主”的传统商业的新兴业态之一，它更注重消费者的参与、互动及感受，需要消费者亲临现场、亲身体验，并为消费者带来超越物质需求层面的精神满足感和附加值。

根据体验业态的特征和功能，万达广场将体验业态划分为三种类型：生活体验、休闲体验、服务体验。生活体验包括但不限于：个性服装定制、眼镜、钟表、珠宝钻石、文化书店、个人护理、护肤、彩妆、香薰、高端保健器械、家居生活馆、名媛会所、时尚家居、时尚配饰、创意礼品等;休闲体验包括但不限于:DIY 手工制作、艺术彩绘、音乐艺术（如琴行）、数码电子、数字音像、机车 / 自行车、运动健身、体感游戏等；服务体验类包括但不限于：教育培训机构、美甲、美发健发、美容 SPA、瘦身纤体、摄影、儿童游乐、儿童教育、医疗保健机构（如牙科、体检中心）、生活服务机构（如银行、邮局、电信）等。

在万达广场体验业态的引进过程中，要求品牌必须与广场整体的经营定位相符，并根据广场整体业态规划，在室内步行街二层按区域进行品牌落位；在品牌选择上要充分挖掘本地资源，选择市场知名度高、销售业绩突出、拥有较好会员资源和市场口碑的品牌，并适当开发和选择新锐品牌；在落位上要与周边主力店、次主力店、室内步行街同层及相邻两层、以及所在位置相邻品牌形成互动，并要求横向匹配，纵向衔接，合理分布，合理搭配。

万达广场室内步行街二层通过增加体验业态，整体客流和销售均有明显提升。例如，济南魏家庄万达广场室内步行街二层引进体验业态后，二层进店客流占室内步行街总进店客流的比例从 30% 提高到 38%，二层销售额占室内步行街总销售额的比例从 28% 提高到 37%。

三、方案执行及过程管控

招商调整方案需要严格执行，否则只是纸上谈兵，执行的关键在于合理制定节点计划、严格监督执行过程、定期开展考核评审。

（一）合理制定节点计划

招商调整方案一经确定，必须第一时间制定合理的《招商调整执行管控计划》，这就需要经营管理者将购物中心的实际情况与专业判断相结合，将招商调整方案落实到所有可执行的细节，并明确各项时间节点及责任人。万达集团要求所有招商调整方案一经审批，必须于5日内在模块化系统上报《招商调整执行管控计划》。

《招商调整执行管控计划》的内容应该包括两部分，一是《分阶段实施招商调整的进度计划》，二是《具体品牌招商调整的实施计划》。

《分阶段实施招商调整的进度计划》内容有：需调整品牌的总数及总面积、各阶段品牌调整的总数及占比、各阶段品牌调整的面积及占比（表10-6）。

表10-6 分阶段实施招商调整的进度计划

调整阶段	调整品牌数	占比	调整面积（m^2）	占比
第一期调整（×月×日前）				
第二期调整（×月×日前）				
第三期调整（×月×日前）				
合计				

《具体品牌招商调整的实施计划》内容有：商铺信息、租金信息、各项时间节点节点、责任人。各项时间节点应包括但不限于：原品牌合同到期日期、新品牌意向签订日期、新品牌合同签订日期、新合同起止日期、新品牌装修图纸提供日期、新品牌图纸审批完成日期、原品牌撤场日期、新品牌进场装修日期、新品牌开业日期等（表10-7）。

表10-7 具体品牌招商调整的实施计划

阶段	商铺信息							租金信息				时间节点									责任人
	序号	铺号	面积	原品牌	品牌级次	新品牌	品牌级次	原品牌租金标准	决策文件租金标准	新品牌租金标准	装修免租期	原品牌合同到期时间	新品牌意向签订时间	新品牌合同签订时间	新合同起止时间	新品牌装修图纸提供时间	新品牌图纸完成审批时间	原品牌撤场时间	新品牌进场装修时间	新品牌开业时间	
第一期	1																				
	2																				
	3																				
第二期	1																				
	2																				
	3																				
第三期	1																				
	2																				
	3																				

（二）严格监督执行过程

购物中心必须对招商调整的执行过程严格管控，只有按既定招商调整方案及时间节点不折不扣地执行，才能有效实现调整目的、达到预期效果。万达集团在招商调整的执行过程中，对“商务条款”和“时间进度”采取双重管控。

1. 对“商务条款”的管控

“资产租赁系统”主要对“商务条款”进行管控。所有品牌招商调整前，必须在资产租赁系统中上报招商调整申请，内容包括：品牌名称、品牌级次、经营面积、租金标准、租金递增率、租赁期限、装修免租期等，审批完成后才能与商家签订《租赁合同》。上报招商调整申请时，“资产租赁系统”将自动显示原合同期内的商务条件、《招商调整方案》中规定的商务条件，以此作为上报及审批的依据。凡在申报过程中与《招商调整方案》不符的，资产租赁系统将自动亮红灯予以警示，此时申报人必须阐述合理的原因，否则审批人将不予通过。

案例呈现

• “资产租赁系统”对B品牌招商调整的管控

某万达广场室内步行街二层A品牌级次较低且经营情况不理想，计划在租赁合同到期后引进B品牌。根据《租赁决策文件》规定，B品牌租期应为24个月；但在实际洽谈中，因B品牌计划开设旗舰店，装修成本较高，申请将租期调整为36个月。该万达广场在“资产租赁系统”中上报招商申请时，“租期”一项产生红灯（表10-8）。申请人立即在系统中补充说明红灯原因，审批人逐项通过后，该万达广场与B品牌签订了租赁合同。

表10-8　品牌商务条件审批示意

商务条件	租赁决策文件标准	原合同标准	本合同标准	亮灯情况
租金单价（元/月/m^2）	–	–	–	●
租期（月）	24	24	36	●
递增率	–	–	–	●
免租期（月）	–	–	–	●
租押方式	–	–	–	●

2. 对“时间进度”的管控

“模块化系统”主要对“时间进度”进行管控。《招商调整执行管控计划》一经确定，“模块化系统”将对所有招商调整中新品牌合同签订、原品牌撤场、新品牌进场装修、新品牌开业四个关键节点生成管控流程，提醒招商人员按时启动工作，并在规定的时间节点内上报工作成果。一旦出现逾期情况，系统将自动亮红灯予以警示，此时监督管理人员将根据实际情况给予工作指导、或召开现场会制定补救方案，确保《招商调整方案》如期完成。

案例呈现

• “模块化系统”对招商调整的管控

根据《租赁决策文件》规定，就A品牌调整为B品牌制定的《招商调整执行管控计划》，见表10-9。

表10-9 品牌招商调整执行管控计划

商铺信息							租金信息				时间节点									责任人
序号	铺号	面积	原品牌	品牌级次	新品牌	品牌级次	原品牌租金标准	租赁决策文件租金标准	新品牌租金标准	装修免租期	原品牌合同到期时间	新品牌意向签订时间	新品牌合同签订时间	新合同起止时间	新品牌装修图纸提供时间	新品牌图纸完成审批时间	原品牌撤场时间	新品牌进场装修时间	新品牌开业时间	
1	208	200	A	Z级	B	A级	×	×	×	0	11月4日	10月10日	10月15日	2013年11月5日—2015年11月4日	10月25日	10月30日	11月4日	11月5日	11月25日	×××

根据以上《招商调整执行管控计划》，“模块化系统”自动生成对B品牌合同签订、A品牌撤场、B品牌进场装修、B品牌开业的管控流程，凡逾期填报系统将红灯警示，招商责任人及上级审批人将立即制定补救方案（表10-10）。

表10-10　品牌招商调整模块化系统管控的关键节点

业务事项	计划模块			完成标准
	开始时间	周期	完成时间	
新品牌合同签订	9月16日	30天	10月15日	上报B品牌租赁合同扫描件
原品牌撤场	10月26日	10天	11月4日	上报A品牌《商家退铺验收表》
新品牌进场装修	10月27日	10天	11月5日	上报B品牌《房屋交接确认书》
新品牌开业	11月6日	20天	11月25日	上报B品牌开业现场照片

（三）定期开展考核评审

招商调整的考核评审应包括两部分：一是对招商方案执行进度的考核评审，内容包括对整体招商进度的考核、以及对具体品牌招商进度的考核；二是对招商方案执行效果的考核评审。

（1）品牌评审：重点评审调整后的品牌是否符合招商调整方案，品牌级次是否合规，调整面积指标达成率是否符合招商调整方案。

（2）租金评审：重点评审调整后购物中心整体、各楼层、各业态租金指标的达成率是否符合招商调整方案，是否达到了租金收益预期。

（3）经营评审：重点评审调整后品牌的经营情况是否达到预期，对购物中心客流和销售的贡献度如何。

（4）装修评审：重点评审调整后品牌的装修形象是否符合广场整体的商业风格和氛围，符合品牌的文化价值，是否能够促进购物中心整体经营环境的提升。

招商调整的考核评审必须定期开展。其中，对到期调整方案的考核评审应至少每半年开展一次，对优化调整方案的考核评审应至少每季度开展一次，对战略性调整方案的考核评审则应在调整过程中实时评审，并在调整结束后12个月内多次评审。

第四节　市场推广

购物中心市场推广是指针对业态、功能、特点，通过促销、体验、互动等形式进行宣传、推介，使消费者接受、认同并最终购买，简言之就是销售和宣传的手段和方式。

一般来说，购物中心市场推广活动主要有促销活动和人气活动两种类型。促销活动主要用以增进消费者购买欲望和销售额，如折扣、买赠、抽奖等活动。人气活动更注重企业形象维护和品牌影响力的提高，如文艺表演、才艺比赛、家庭互动、趣味竞技等具有参与性或观赏性的活动。在实操中，还可以把购物中心的市场推广活动进行更详尽的分类，使促销活动和人气活动有机结合，发挥更大的作用。

首先，将购物中心的市场推广活动按照整体概念进行分类，主要形式如表10-11所示。

表10-11 购物中心推广活动分类表（按概念）

活动分类	活动内容
季节活动	冬品、夏品降价出清、暑期活动、春季促销打折季、开学季特惠等
节日庆典	春节、中秋节、母亲节、父亲节、情人节、儿童节、圣诞节、教师节等
专题活动	周年庆、年中庆、感恩回馈季等
联合活动	合作企业、银行、媒体合办、相关同行共同合作
会员卡活动	会员优待日、会员招待会、会员专享折扣

在以上分类的基础上，根据购物中心的特质进一步细化活动形式，可分类如表10-12所示。

表10-12 购物中心推广活动分类表（按具体形式）

活动形式	活动性质	活动内容
展示活动	文化艺术	画展、摄影展、文化艺术展、文艺演出、才艺表演、选秀等
	商品礼品展	家电展、食品展、车展、咨询展、新品发布、春节礼品、中秋礼品、情人节礼品、珠宝香水展等
	服务体验性	搭建场景或提供道具，供受众娱乐、互动、体验、竞技等活动
促销活动	实演	现场示范表演、试吃试饮试用、时装珠宝秀
	展售	为某类商品或新品做现场特备展示并销售
	激励	为增加消费笔数、促进消费金额、增加回店次数而开展的如买赠、抽奖、返券、积分、换购等活动
	特价	在某特别点降价出售、过期品出清
公众造势	公益活动	与社会融为一体，人人为我，我为人人
	慈善活动	参与慈善活动，回馈社会
	大众焦点	以大众所关注的社会焦点引发讨论话题、进行事件营销、快速传播、造成时势

以万达集团为例，截至2013年9月30日，已开业78个万达广场，且每一个广场开业后都会成为当地新的城市中心和商业地标，这均得益于有策略、高频次、大力度的市场推广活动。组织实施有效的市场推广活动，是确保大型购物中心开业后旺场的主要手段，尤其是开业前期，市场推广活动对经营成败尤为重要。

一、资源整合

现代商业营销，做活动、拼宣传、造氛围是基础层面，资源整合才是关键。按照业界认同的观点，现代商业的营销就是资源的营销,谁能掌握并运用更多更丰富的资源，谁就掌握了营销的主动。

具体来说，现代商业营销已不仅仅是对资源进行简单的叠加，如促销活动（折扣、买赠、秒杀、抽奖等）、人气活动（演出、明星、比赛、互动等）、宣传推广（平媒、网媒、电视、电台、移动传媒、楼宇广告、社区广告、新媒体等）及商业环境营造等常规手段。购物中心所倡导的营销模式是在一定时间内在同一个主题下，对各种营销工具和手段、资源的系统化整合后的统一发力，其目的是把控各个主力店及品牌资源的使用计划，有效避免资源浪费，通过有机组织内部外部的多方资源，场内各店资源共享，互帮互助，从而提升整个购物中心的竞争力，最终达到整体经营利益最大化，更好地进行阶段策略的实施。

（一）资源整合的作用

整合资源是一切营销的基础，是把资源整合成一个整体，以产生协同发力效应的前提。具体来说分为两个层面：一个层面是外部整合——通过将媒体、活动、商家、政府部门和异业联盟等这些独立资源聚合起来，在同一个目标下达到相互作用、爆发能量的共振效应。另一个层面是通过实施全国范围或某个区域的统一营销，从而更加有效地实现利益最大化。

1. 资源统一协同发力，确保统一营销强势爆发

开展大型营销活动，仅仅依靠购物中心自身的力量，往往是不够的，也无法达到既定目标，还需要与场内外商家联系，建立稳定的合作关系，开展人气与促销互动活动；同时要善于利用外部资源，与所在社区、行业或政府部门联系，形成互动的机制。

一般来说，针对商家的内部资源整合，相关业态商家参与度80%以上为好，60%~80%为及格，60%以下为差。

2. 资源统一整合，确保营销活动有计划、有方向、可实施

有了活动计划及营销目标，之后最重要的是通过有效的管控手段，将其实施并推行下去。对于在全国经营超过20家购物中心的商业企业来说，通过跨区域跨行业联动方式，将各方资源调动起来集中爆发，能瞬间形成社会热点及营销高峰。

根据主题性、组织性及参与性统一年度计划并统一活动的视觉效果，成为持续保持高客流高销售的关键（表10-13）。

表10-13 市场推广活动中的统一规划

项目	方法
计划	以《年度营销活动大纲》指导年度计划（当年做次年规划）
主题	策划统一主题活动，认知及执行彻底
档期	联动活动，档期统一
形象	统一设计营销主视觉，形象识别统一
媒体	媒体资源及档期规划统一，资源共享、同步发力

（二）资源整合方法

资源整合的方法通常是在一个既定的主题下多方位实现同一个目标进行互换和协作。在开展一系列市场推广活动之初，须对整体目标、阶段结果进行通盘考虑和规划，形成以整合为基础，以统一为手段的月度、季度和年度营销计划。

1. 步调一致，资源整体整合规划

作为一个具有集聚顾客功能的商业业态，购物中心应当始终保持敏锐的机遇和危机触觉，通过资源整合做出营销规划。

在时间上，按重要节点（元旦、春节、五一、国庆、圣诞、年中庆、周年庆、情人节等）制订营销计划，并将其按活动规模和重要性进行分级，制订统一方案、实施统一主题，共同发力、营造热点。

2. 资源共享，兼顾差异诉求

整合资源不是简单的同步和复制。每个购物中心要结合当地的生活消费习惯、特点及需求进行个性塑造和差异打造，在同一主题下开展针对性营销，将统一联动与差异诉求结合起来,通过资源共享及常态管控实现效益最大化。

1）对内以资源整合为中心

整合购物中心内各主力店资源，提升各主力店营销企划工作的配合度及营销爆发力。现代购物中心一般包含百货、超市、电器、影城等业态的主力店，因此需要组织场内各主力店共同开展营销企划活动，资源共享，从而提升购物中心的整体营销联动工作。通过整体配置场内所有资源，形成合力竞争优势。

2）对外以联合营销为手段

营销活动的整合除了要协调企业内部各环节、各部门保持一致，还要强调与外部资源互动，共同努力以实现联合营销，联合营销主要是指借助政府及社会力量，整合资源，扩大购物中心在当地影响力和号召力。

案例呈现

- **宁波鄞州万达广场购物节活动**

鄞州购物节，是宁波最具影响的两大购物节之一，亦是鄞州区作为新兴商贸城区的名片之一，更是成就宁波万达广场成为宁波第二大商圈的标志。

每年 7 月，本是消费市场的传统淡季，但在鄞州购物节这个“人造节日”的推动下，传统的淡季变成旺季，消费格局和消费习惯被重新树立。宁波万达广场在历届鄞州购物节期间，日均客流可达到 15 万人次，日均销售近千万，直接带动了整个鄞州区的消费，实现销售额 5.74 亿元，拉动客流 440 余万人次，鄞州购物节成为资源整合后统一营销的最佳典范之一。经过数年探索创新，目前，鄞州购物节营销理念更加前沿，主题促销举措更加新颖，新型消费氛围更加浓厚，节庆品牌效应更加突出，之所以能够取得如此好的效果，主要基于以下几方面的原因：

1. 政府搭台，文化办节形成以文化促商业的良好氛围

近年，国内各县（市）区的购物节、商贸节不断涌现，但很多

在形象塑造和文化推广上没有取得理想效果。这些购物节与商贸节要么重促销，以大力度折扣吸引消费；要么重文化，商家联动互动松散，不能形成合力。鄞州购物节的成功之处首先在于商业与文化有效融合，通过举办老少皆宜的活动，让人们享受购物、休闲的乐趣。

历届鄞州购物节，以宁波万达广场为核心的各类商贸企业会推出30余项活动，其中既有万达广场专场时尚秀、变形金刚展、气球展、玩具展，也有周边竞品的活动，如联盛广场和洛兹广场的露天电影、利时百货的晚间文艺表演等受中老年人欢迎的节目。为配合万达广场魅力巡游，购物节期间还举行中国梦想奥运秀、民国风情周、红色经典电影周、零点夜市等九大主题活动。这些活动既能让市民享受到夏季商家新品展销的实惠，还能参加啤酒达人秀、美食现场制作秀等活动，体验夏季美食文化的独特风情。各种主题文化活动的举办，不但帮助商场、超市汇聚了可观的客流，寓购于乐，而且推广了体验式消费理念，使人们对购物节的概念有了全新的认识。

2. 政府主导，万达牵头，商家联动形成社会关注焦点

随着鄞州区“一主三副多极”商圈布局逐渐成形，鄞州区购物、休闲消费的形式正趋多样，商圈联动也为打响购物节品牌提供了强力支撑。每年7月，鄞州是宁波人必来之地，万达广场是人们逛鄞州的首选，也是人们了解鄞州商业的主要参照物。

鄞州区政府在知晓这一情况后，通过各种形式如媒体引导、社区动员、活动组织等不断强化扩大购物节的影响，同时主导发起新闻发布会、商家动员会，要求各商贸企业围绕购物节进行配合及参与，使购物节不断成为丰富度、参与度均高于各区其他活动的盛大节日。

作为整个购物节的主办方，宁波鄞州万达广场有着极其开放的心态，让更多精品企业参与进来，整合各家优势资源和强势活动，共同将活动做大做强做出区域影响力，从而达到商圈共荣、企业共盈的良性竞争局面。

3. 积极沟通，充分把握政府心理，兼顾企业自身利益，实惠于民

在第一届鄞州购物节举办之前，鄞州区的商贸发展水平远远落后其他地区，在整个宁波商业城区排名末尾。当时整个宁波只有天一商圈和宁波购物节一花独放，与宁波政府提倡的商贸百花齐放政策显

得格格不入；万达正是瞅准了这个时机，果断策划了以万达广场为核心的“首届购物节”主题，以万达广场为主的百业千店的联动构想。这个方案既突出宣传了鄞州区的商业模式及业态优势，引领消费时尚，还全面展示了鄞州新城的盛夏魅力；同时，借势奥运，将鄞州假日经济和商圈经济打造成一个优质品牌，从而刺激整个鄞州甚至宁波的消费，将“购物节”培育成宁波消费者心目中的传统消费习惯。

方案提出后，鄞州商贸局与宁波万达商业管理公司进行了不断地修正与完善，最终确定了以政府为主导的首届鄞州购物节红头文件的出台。随后，鄞州商贸局组织大大小小新闻发布会十余起，不断对外释放鄞州区要“靓”起来，即将举办购物节的信息。消息发出后，立即引起社会和业内的强烈关注，大家纷纷猜测：一个万达广场就能改变鄞州的商业现状吗？为打响购物节这第一炮，鄞州商贸局和宁波万达商业管理公司顶着巨大的压力各司其职，积极行动起来。商贸局牵头协调相关商家、行业、职能部门参与进来，并出资在媒体上进行大幅报道。宁波鄞州万达广场则组织场内优势商家如银泰百货、沃尔玛、苏宁、影城、百安居、中国移动、美食广场、KTV 电玩等形成了一场吃喝玩乐购协同发力的城市嘉年华盛会。在此期间宁波万达商业管理公司先后召开主力店会议四次，小商家会议三次，要求商家给予大力度的支持，促销、打折、抽奖活动一起上。

4. 多方整合，资源联动，统一营销实现销售客流井喷

为保证活动期间的表演品质和商家参与，宁波鄞州万达广场对活动进行了统一规范的管理：要求全部商家必须参与到活动中，并拿出相应的力度来配合活动；场内商家必须佩戴统一活动胸牌，商铺必须注明主题活动标识，这样做不仅营造了较好的商业氛围，也便于商业管理公司对商家促销力度进行随时统计及跟进。

同时，广场还制订了“日检、日清、日新”的工作标准，除每天巡查现场秩序和保洁情况外，还不断更新、增添相关装饰和物料，督促商家进行货品更新及补充。

购物节开幕当天，广场营业总额同比增长 158.7%。购物节 7 天，同比增长 300%。银泰百货 45 个品牌周末 3 天创下了全市第一的销售业绩。期间各类媒体报道共计 120 余次，对购物节活动进行了十分密集的宣传和报道，提升了鄞州万达广场的知名度和美誉度。

二、统一营销

统一营销是购物中心进行市场推广活动的一种全新方式。它主要解决两大难题：一是针对多个项目定位及客群结构相同的购物中心采用统一的营销策略；二是为统一相同业态及同品牌商家营销活动而采用统一的活动节奏及档期，以发挥整体优势。

（一）年度统一营销大纲

年度统一营销活动的基本原则是指活动须遵循的思路和总体脉络，以年度营运目标为基础，每月根据不同时间节点及目标制定不同方案，实施营销主题，通过针对性营销，进行差异化打造。在策划和执行年度营销时需把握以下原则：

1. 导向性原则

导向性是购物中心营销策划中最重要的原则，一个好的营销活动会产生正确的舆论导向和良好的口碑传播效果，能让主办单位、参与单位、参与民众、媒体、消费者、甚至政府都得到满意效果，实现多赢局面。导向原则有三个主要方面。

1）政策导向

活动形式、内容和宣传效果要符合政府政策的基本要求和倡导方向。根据每一年出台的新政策、新导向进行及时配合和呼应。

2）民众心理导向

一定时期内老百姓共同的价值观、心理、情绪、风俗习惯及消费习惯等，是策划活动可以借助的一种力量。

3）热点事件导向

在一定期间内被广大人群密集关注、谈论、参与，并具有新闻价值，得到媒体广泛宣传、报道的事物，我们称之为热点。善于及时把握社会热点及趋势，是确保营销策划成功的关键。

2. 时机是取得共鸣的切入点

营销策划必须因时而变，这样才能让活动成为公众关注的焦点，才能使活动更好地为商家、为消费者服务，为购物中心提升传播口碑。如果把握的时机符合环保、公益行为、文化流行趋势等，必然会得到民众、媒体、政府的支持。

3. 创意是一切营销活动的灵魂

购物中心每组织一场活动，对活动的新颖度要求都要放在极高的位置。要求创意在一定的时间段及一定的区域范围内具有唯一性，制造热点，引起公众注意力，高度关注并参与，形成记忆，进而产生传播力，造就市场消费力。同时也能赢得媒体的高度关注，使品牌的影响力随着活动影响力的扩大和提高而提升。

4. 文化延展是不断放大营销效果的秘诀

购物中心的营销策划不仅要强调出新、出彩，还要与流行文化相关联，一定要和购物中心的定位、文化、主题，与主力店和商家的特点，商品或服务的特点相契合，围绕不同的时令季节策划不同的主题活动会令营销效果更加出彩，比如春季踏青时节、夏季运动时节等。万达广场特别强调营销活动特色化、个性化与品牌化，根据社会热点、时令特点、风土人情策划的关联性活动往往最能打动人心，为活动成功奠定基础。

（二）营销活动策划重点

根据活动的阶段及重点制定相应的活动级别，对于通常在传统的大型节假日实施的多个购物中心联动或全业态共同联合进行的大型活动，要重点进行策划；非节假日周末实施的与政府、社会组织或部分商家参与的热点型活动作为次重点进行策划；其他活动作为以上活动的补充和丰富。活动的基本策略见表 10-14。

表10-14　营销活动策划的基本策略

策略	内容
集客	(1) 社会热点及重大事件性主题营销； (2) 可引起市民及媒体充分关注的活动； (3) 具有拉动客流作用的活动
促销	(1) 全业态联动重大促销活动； (2) 配合相关业态营销活动的重大促销活动
联动	(1) 全场联动； (2) 相关业态联动
属地	(1) 以地方特色为主导的营销活动； (2) 聚焦家庭消费，持续提升客流

年度营销策划一定要根据每月营运需求的时令特点及侧重点，进行组织并实施不同的营销主题：

1~2月属于新年及传统春节档期，在这个时间段制定营销方案的重点就应该以销售为主。以新年、春节氛围开展活动，采取感恩回馈、新春大放送的营销主题进行推广。

春节消费高峰后3-4月迎来商业传统淡季，这个时期的营销重点以客源为主。春季应开展主题性活动，通过消费者的参与性提升客流，可以举办时尚动感极限运动会，以及彩妆节、春装发布会、踏青季、风筝节等活动。

5~6月以五一节、儿童节为重点，迎来淡季后第一波假日高峰，营销重点以购物为主，通过连续两波大型主题购物带动客流及销售。营销目标以五一节和年中庆开展活动，掀起年中最大客流及销售高峰。

7~8月进入暑期特定时段，通过渠道营销制造新热点。营销目标以暑期、学生及珠宝钟表品类为主开展活动，带动特定客流群体。营销方案可采取暑期夏令营、谢师宴、高校选拔赛及珠宝走秀、展示等形式。

9~10月通过节气客流带动销售。营销目标以家庭单位为目标，以美食购物为主题开展活动，再造客流及销售高峰。营销方案可采取十一购物节、美食节、幸运家庭大放送、欢乐一家亲主题乐园等形式。

11~12月营销重点是年末销售旺季。营销目标以圣诞为主开展活动，提升客流及销售高峰；营销方案可采取圣诞狂欢夜，大抽奖，跨年迎新，家庭日等形式。

（三）统一营销遵循原则

1. 营销活动的基本目的是吸引客流、增加销售，提升美誉度

对于作为满足顾客消费和体验需求的商业场所而言，通过有计划的、系统的营销活动促使目标顾客从“尝试入店”到“重复入店”，甚至最终成为“终生顾客”，是业主和商家的永恒追求。具体到每一次的营销活动，对其基本目的的三个方面，虽然可以有所侧重，但绝对不能有所偏废。

2. 联动商家共同参与

1）针对性地定期举办统一营销活动，发挥项目整体优势

提前把控场内各主力商家资源的使用计划，有效避免资源浪费，实现整体联动的利益最大化。

2）发挥各主力商家所长

营销策划中，购物中心正常活动投入重点在于大型PR及旺场活动的策划组织和实施，负责活动期广场的人气、客流等，各个主力店企划投入重点在于SP活动设计、美陈设计、店内小型PR及配合性旺场活动。

3）媒体共享，整合各个主力商家媒体投放资源和档期，在所有媒体发布中要有双方共同信息。

3. 环环相扣周密实施

相关执行流程见图10-16。

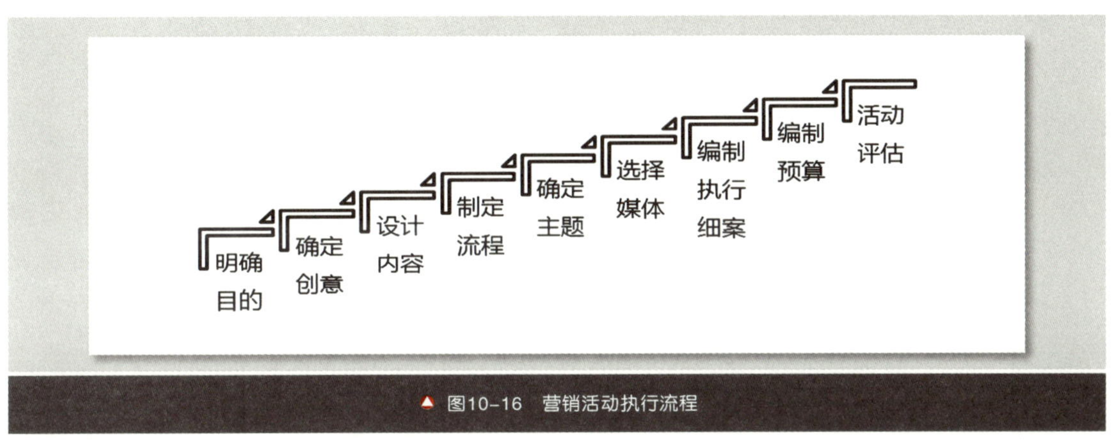

▲ 图10-16 营销活动执行流程

案例呈现

- **万达广场五一购物节全国统一营销活动**

五一购物节是万达集团2013年度统一营销大纲中的一级活动，活动时间为4月26日—5月5日，是以五一小长假为契机而策划的一档全国统一营销活动。

1．活动策划背景

在五一的3天小长假里，城市里的人们大都安排选择就近休闲购物，人们多以家庭为单位驾车出行，故营销活动可聚焦在年轻、精英家庭这一主力客群。

我国私家车保有量越来越大，而有车一族也是万达广场的目标客群，各地广场利用自身的娱乐性、互动性、服务性，吸引家庭成员到广场休闲购物，打造“家庭·车·生活”为主题的针对全客层的欢乐购物广场。

汽车是城市中产阶级的身份象征和代步工具，是生活中不可或缺的部分，因此人们也越来越多地关注与车相关的信息或活动。

基于以上背景，万达策划了五一小长假期间“欢乐家庭·车·生活——万达五一购物节”的统一营销活动。

2. 活动目的

万达广场利用自身的娱乐性、互动性、服务性，通过举办以家庭为单位参与的主题互动活动，来吸引年轻、精英家庭来万达广场休闲、娱乐、就餐、购物，从而提升五一期间的客流和业绩。

3. 营销策略

全国万达广场的经营状况各不相同，在同一档期，同一大环境下策划活动，既要考虑到方案的普遍适用性，又需考虑到不同广场具体的经营状况。

故方案中所有集客、人气、促销策略均分为规定动作与自选动作，各广场根据自身的经营定位，选择需执行的活动方案与活动数量，并根据当地市场情况策划、执行具有当地特色的延展动作。

1）人气策略

通过汽车主题相关活动，吸引媒体与顾客关注，拉动客流。

（1）规定动作

①主题汽车秀开幕仪式：各地广场统一时间拉开“主题汽车秀”的大幕；举办限量版、经典款、纪念版、独家款车型的主题车秀。（主题汽车秀可以陈列搭建为亮点，也可以车型的稀缺性为话题，车展的调性做到新奇特、小而精，不同于传统的车展）

②车行万达休闲导航：结合五一期间广场的主题活动，为顾客绘制“车行万达·休闲导航”地图，引导顾客在广场休闲购物，此内容可在纸媒报广、DM、微博、微信中发布。

③家庭欢乐卡：通过微博有奖转发，吸引各地潜在目标群体关注，赢取家庭欢乐卡；也可参加创意汽车涂鸦大赛赢取家庭欢乐卡，各地万达广场现场开展汽车涂鸦活动，顾客以家庭为单位参加，并现场投票选出第一名赢取家庭欢乐卡。

（2）自选动作

①汽车模型独家预览：在广场搭建展示台，展示特色款车型或手工艺制作的各类特色小型汽车模型；配合搭建遥控汽车儿童体验区，供家长带孩子参与体验。

②人气车模秀：打造精装展台、国内外顶级车模或个性创意车模闪亮助阵，为顾客带来一场香车美女的视觉盛宴，吸引客流。

③乐享初夏极限运动：利用外广场场地优势，进行适于展示的户外运动，如滑板表演、自行车表演、跑酷运动，此活动与广场内户外品牌合作，由品牌提供服装装备，并开放广告位给品牌做陈列展示。

④明星驾到：邀请当红明星出席车展开幕式或开展签售活动，带动五一黄金周客流。

⑤3D互动：利用万达广场的LED屏，使用新科技制作特定程序，与到广场的客人进行互动。

2）促销策略

通过全业态的联动，策划全场的促销活动，提升销售。

（1）规定动作

①五一欢乐购：整合全场业态(服装服饰、生活精品、体验业态）限时、分区推出折扣优惠，此活动需与人气活动规定动作中的“车行万达·休闲导航”活动有效结合。

②五一欢乐套餐：主推餐饮业态，指定餐饮品牌5折优惠。

③驾车购物有礼：驾车来店的顾客，凭任意消费小票即可免费领取51元代金券或免费洗车一次（限有美车堂的广场）。

（2）自选动作

满额抽奖：单笔消费满额，即可参加抽奖。消费门槛和奖品品项、单价、数量，由各广场根据实际费用预算情况自行制定，集团总部不做统一规定。

3）集客策略

吸引目标顾客来店，拉动客流。

①停车优惠：驾车来广场，任意消费即可免费停车。

②“远行，也要从万达出发——车友会专享”：联合品牌车车友会或改装车车友会会员，与当地交通广播电台或其他媒体

合作，将车友会出游的起点设在万达广场，利用微博、微信签到功能，吸引车友们到万达广场签到，即可领取特别礼包（加油卡或欢乐假日卡）；各车友会也可通过汽车现场比拼团队造型及协作能力，获胜队伍将获得万达一年的免费停车。

③银行刷卡有礼：与当地刷卡率最高的三家银行商谈，合作刷卡购物有礼活动。最低刷卡额由各广场根据客单价自行制定，刷卡所赠礼品，实物赠品需是广场内经营的品牌，如是购物卡赠品，需是在广场内的购物卡或代金券。

4）媒体策略

扩大宣传，保证活动效果。

①媒体选择：所在区域、城市的主流纸媒、交通电台、地铁、公交站、汽车杂志等媒体投放，具体执行方案由地方广场自行制定。

②总部要求：媒体设计使用总部统一下发的主视觉形象；因一、二线城市媒体硬广费用过高，建议一、二线城市广场的媒体投放以软文炒作为主，三、四线城市的广场可根据自身预算状况投放硬广；总部官方微博、汽车品牌官方微博均需配合转发；PR、SP活动信息在广场内的广播频次不低于8次/天，广播内容以规定的PR和SP活动为主，具体内容自行编制。

2013年五一活动期间，万达在全国共规划活动480个以上，实际执行666个（含广场延展活动），平均每个广场11个以上，平均每天每个广场6个以上（包括长期、持续性活动）；客流同比上升6%，销售同比上升23%；人气活动中的主题汽车秀在各广场所在地均取得较好的反响，媒体主动报道，活动获得了较高的美誉度。

三、主动营销

传统购物中心以商品为媒介，以顾客为导向，把满足顾客需求、创造顾客需求作为营销重点。但在市场实操和营销实践中，顾客权利得到了大幅度提升，互联网丰富的信息彻底改变了商家和顾客之间的关系，市场已经从传统的被动营销进入到主动营销的时代。

因此，购物中心需要结合当地市场情况，主动出击，开展个性化、符合当地地域特色的营销活动。

（一）主动营销目的及意义

统一营销是依据全年固定节假日及传统重要节日所策划的营销活动，因此可视为是传统性、普遍性、共性化的营销活动，执行统一营销要求时间相同，主题相同。

与统一营销不同，主动营销是根据广场自身的特殊情况而策划的营销活动，因此是个性的营销活动，其作用是对统一营销补充的同时，又用于解决自身的特殊情况、市场情况。

（二）主动营销的策略

主动营销的核心策略是针对性营销，它针对突发的市场变化而采取营销对策，主要包括市场变化、特定时间节点、经营突发和地域特色四个方面。

1. 市场变化

（1）市场变化特征

政策/行业变革：电商迅猛发展、政府调控等；

周边竞争对手的重大动作：开业、重装升级、周年庆、年中庆、会员日等。

（2）针对策略（表10-15）

表10-15 应对市场变化的策略

类别	项目	针对策略
政策/行业变革	电商冲击	【策略制订】 (1) 针对传统商业在体验互动上的不可替代性，凸显广场体验业态，加推展览展示、互动体验、亲子娱乐类设施或活动； (2) 强力推餐饮业态； (3) 通过购物中心丰富的业态组合，提供消费之余的增值服务，让顾客体验“比电商更实惠”的卖点
周边竞争对手重大动作	开业或重装升级；周年庆、年中庆或会员日	【策略制订】 (1) 客群整合：稳固既有客群，尤其是各个主力店的会员、VIP等； (2) 主题创意：找出一个概念作为该档期活动的主题，凸显“感恩、回馈”等温情字眼； (3) 宣传推广：发出自己的声音，强化宣传推广，除传统媒体外，注重周边社区宣传； (4) 活动组合：针对竞争对手业态及品牌组合，凸显广场自身优势业态和独有品牌；针对其主力活动，凸显差异化

2. 特定时间节点

（1）特定时间节点是在统一营销规定时间节点外针对时令商品、政府节庆及媒体公关开展的主动营销活动，具体包括：

特定促销节点：整体新品上市、过季品出清；品牌大型特卖或折扣季等；

政府或媒体行为：政府大型节庆活动、媒体公关活动等。

（2）应对特定时间节点的策略，见表10-16。

表10-16 应对特定时间节点的策略

类别	项目	针对策略
特定时间节点	新品上市	【策略制订】 (1) 整合商品活动，包装成购物中心整体概念进行推广； (2) 注重业态联动和借势营销； (3) 丰富宣传渠道，包含店内陈列、印刷品及媒体等 【主题创意】×× 广场春夏 / 秋冬时装周、珠宝钟表节、化妆品节等 【活动策划】 (1) 新品时装秀：多品牌联展或单个品牌展，针对重点或新晋品牌打造专场特购会、冷餐会或酒会等； (2) 新品心动季：整合新品活动，通过店内宣传或集合成册对外推广； (3) 新品静态展：场景营造，打造如法式浪漫、美利坚风情、国粹美韵等主题性布展，营造氛围； (4) 新媒体联动：结合微博、微信开展“试装有礼”、“自拍有礼”等话题炒作； (5) 借势营销：可开展模特大赛等活动，借势话题推介新品； (6) 业态联动：购新品赠餐饮或娱乐现金券
	过季品出清	【策略制订】 (1) 将每年一次或两次的特价折扣季打造成为购物中心品牌活动，形成客群消费习惯，参与品牌比例占全场70%以上，重点联动客单价高、活动频次低的品牌参与； (2) 将周期延长、丰富活动内容、分波段执行，以借势拉动其他业态； (3) 强化宣传，凸显其作为年度或季度品牌活动的力度； (4) 丰富该档期活动内容，增加抽奖、买赠、表演等活动激发顾客购物情绪 【主题创意】“×× 广场冰点风暴”
	品牌特卖或折扣季	【策略制订】 要求品牌活动力度不得低于同城其他购物中心，且针对本广场单独推出特例活动作为宣传爆发点。 【主题创意】×× 品牌年度劲折季——×× 特权仅限 ×× 广场
	政府大型活动 / 媒体公关活动	【策略制订】 (1) 积极参与活动，尤其是针对美食类、时尚类、购物类、社区类等主题活动可充分借势宣传业态及品牌优势，节省宣传费用； (2) 积极争取将广场作为落地活动的主会场或分会场； (3) 通过参与活动建立公益形象，并与政府部门及周边社区加强联系

3. 经营突发情况

（1）经营突发情况

经营突发情况主要指非政策变动或竞争对手影响情况下，某个经营期突发的持续性的客流走低、销售下滑情况。

（2）针对策略（表10-17）

表10-17 应对经营突发情况的策略

类别	项目	针对策略
经营突发情况	客流走低销售下滑	**【策略制订】** 加推一档立体组合式营销活动，再次打响广场的品牌影响力，营造轰动效应，达到快速集客目的。 主要策略：前期蓄水、集中爆发、拉动后续。 主要特点：活动力度大、活动频次高、内外无冷场、时间无断档。 实施要点： 1. 美陈布展 按照主题重点打造落地场景，一般需制作三种功能的场景：互动体验类、舞美布置类、户外地标类，分别满足顾客休闲体验、活动组织开展和户外氛围营造的目的。 2. 促销活动 (1) 促销活动务求丰富，明确经营主线；同时重点突出业态优势和品类优势，覆盖全客层。 (2) 前期蓄水比当日爆发更重要，尤其针对年轻家庭客群和民生客群。 (3) 活动有的放矢，绝对优势业态坚决不做折扣行为。 (4) 借势银行、媒体、大型企业、通信运营商优势资源。 3. 人气活动 (1) 充分考量当地客群喜好，做到“多频次、高品质”。 (2) 家庭客群为绝对主力客群，活动须既新奇又接地气。 (3) 针对年轻、时尚客群，重点突出“全民狂欢”和“明星效应”。 4. 宣传推广 (1) 注重社区、学校及周边大型企业渠道，借势银行、通信商资源。 (2) 前期宣传周期不少于2周，平面媒体与广播、电视有机结合。 **【主题创意】** 一般选取较为新颖的异域特色类、本土文化类、动漫主题类等主题创意，文案表述可为××广场·××风情周/风尚季/主题月

4. 地域特色

（1）地域特色类别：

当地特色的饮食习惯、文化习俗；

当地特色的风俗、民间工艺；

当地大型主题活动（会议、论坛等）。

（2）针对策略（表10-18）：

表10-18 基于地域特色的策略

类别	项目	针对策略
地域特色	饮食习惯 文化习俗	【策略制订】 (1) 餐饮文化浓厚的地区可推广美食节活动； (2) 夜生活较为丰富的地区可推广夜场狂欢类活动，拉动娱乐类主力店及餐饮二次销售
	当地风俗 民间工艺	【策略制订】 (1) 传统民居：传统节日（春节、元宵节、中秋节）可搭建传统民居场景还原； (2) 民间工艺：开展民俗节、风筝节，包括民间工艺表演、售卖、互动体验等
	当地大型主题活动 （会议、论坛）	【策略制订】 (1) 针对此类活动的参展单位及参展人员推出有针对性的促销活动； (2) 借助此类活动的特定宣传渠道，进行广场品牌及活动宣传

四、活动执行及效果评估

（一）计划管理

市场推广活动是一个持续循环的过程，需要通过制定并开展有效的计划管理活动，来保证满足或超越整个活动各方面明确提出的目标或指标，并满足有关各方未明确规定的潜在需求。

1. 年度营销活动大纲

年度营销活动大纲于每年年底前依据下年度的公历和农历，结合各级活动周期设定原则，确定全年的方案及计划，内容包括年度营销策略报告、营销活动计划、营销费用预算。然后，每季度及月度依据年度营销活动大纲计划安排及具体情况，进行季度营销活动大纲及月度营销大纲的编制。

2. 年度营销活动费用预算

依据年度营销活动大纲规划的各级活动，对年度营销活动费用预算进行月度分解，明确每月各级活动费用预算额度。各级活动从人气活动、促销活动、媒体宣传、物料制作、奖品采购、美陈布置六个方面进行分解。

（二）活动执行

市场推广活动执行过程包含方案制定、气氛布置、媒体宣传、活动实施及效果评估五个方面。

1. 方案制定

1）市场分析

营销活动策略的决策必须建立在扎实的市场分析的基础上，只有在对影响需求的外部因素和内部因素充分了解和掌握以后，才能提高决策的科学性和正确性，从而将经营风险降到最低限度。

依照年度营销企划大纲，对当地同类竞争对手同档期活动进行市场调研及剪报收集，并针对客流、销售方面进行环比、同比全面系统的数据分析，了解各个项目自身优、劣势，为后续制定有效的营销策略提供有效的、可靠的、科学的工作依据。

2）制定策略

根据前期市场分析报告得出的结论，有针对性地就集客策略、促销策略、商品策略、媒体策略等方面制定出该档统一营销活动的整体策略以及活动方案大纲。

3）资源整合

通过有针对性的活动策略，我们能很方便地梳理出为达成目的所需要调动的资源，包括资金、商品、媒体、视觉识别、主题等一系列需要相关商家配合的资源。此时，可通过召开营销联席会议，合理整合主力店资源、场内商家资源、外部资源、媒体资源等相关资源。要在活动启动前完成活动相关资源的整合，给整体活动充分的准备时间（图10-17）。

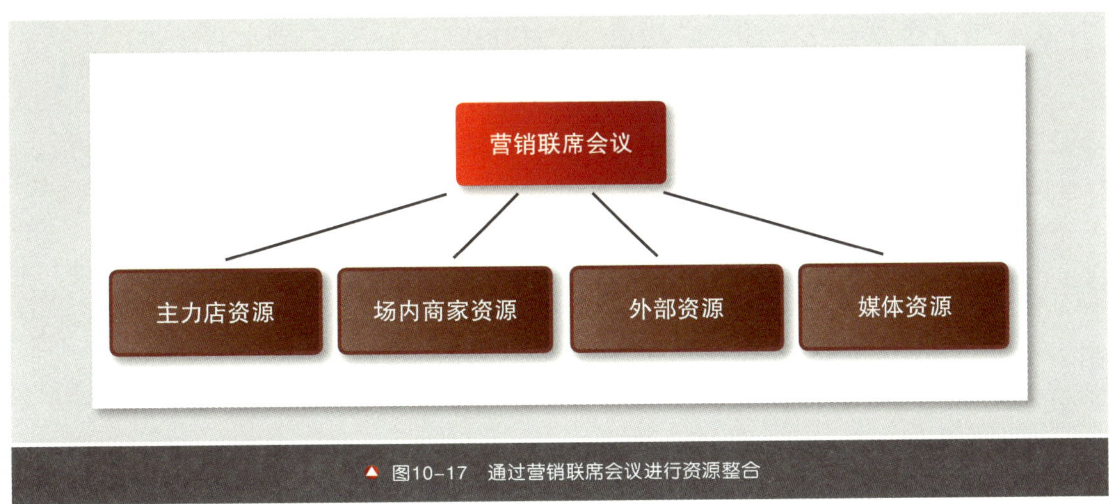

图10-17 通过营销联席会议进行资源整合

4）编制细案

依据年度营销活动大纲及年度营销活动费用预算，在具体市场推广活动的执行中，需要将所有商家及资源进行配置，将框架性的策略大纲转化为逻辑严谨、可供实施的操作方案。方案中需对活动档期、活动目标、活动主题及活动策略等进行阐述，明确活动执行细案。在活动细案中，详尽描述整个活动的档期、举办地点、内容、流程、人员配置、物料、媒体、注意事项等全部信息（图 10-18）。

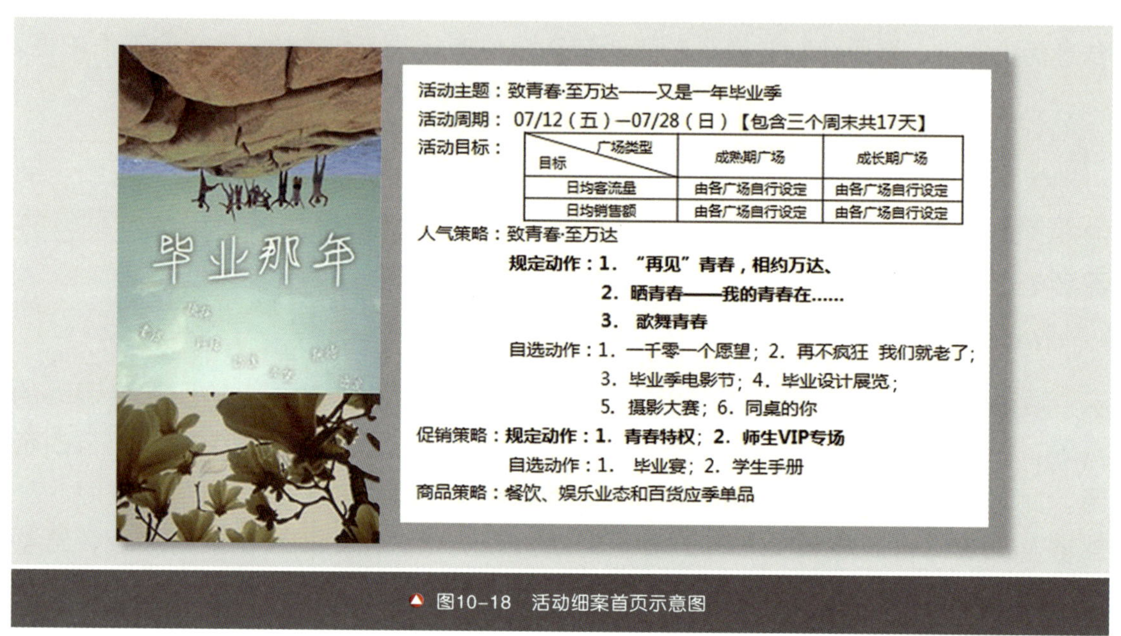

活动主题：致青春·至万达——又是一年毕业季

活动周期： 07/12（五）—07/28（日）【包含三个周末共17天】

活动目标：

广场类型 / 目标	成熟期广场	成长期广场
日均客流量	由各广场自行设定	由各广场自行设定
日均销售额	由各广场自行设定	由各广场自行设定

人气策略：致青春·至万达

规定动作：1. “再见”青春，相约万达、

2. 晒青春——我的青春在……

3. 歌舞青春

自选动作：1. 一千零一个愿望；2. 再不疯狂 我们就老了；

3. 毕业季电影节；4. 毕业设计展览；

5. 摄影大赛；6. 同桌的你

促销策略：**规定动作：1. 青春特权；2. 师生VIP专场**

自选动作：1. 毕业宴；2. 学生手册

商品策略：餐饮、娱乐业态和百货应季单品

图10-18 活动细案首页示意图

2. 气氛布置

根据活动方案中涉及的所有活动视觉相关事项，需要结合活动性质、活动涉及业态范围、购物中心所在城市文化等要素，进行视觉设计、物料制作，完成现场布置。

1）视觉设计

在视觉设计过程中，需要从所处城市文化、购物中心定位、营销活动性质、主题、产品应用范畴等若干个维度整体考虑。首先完成活动的主视觉设计，之后根据不同的活动、媒体、商家进行设计的深化和延展，最终完成方案定稿（图10-19）。

2）视觉设计延展

主视觉确定后需要进行相关活动的物料延展，例如：硬广、舞台背景、DM、POP立牌、侧旗、吊幔、灯杆旗等相关物料设计延展。

▲ 图10-19 万达年中庆视觉设计及延展

3）物料制作

视觉设计方案完成后，需要根据其不同的用途开始加工及制作。

4）现场布置

完整的活动分为预热、引爆、持续等阶段，现场布置亦是如此。购物中心内所有用于氛围营造的物料，需要提前布置到活动方案设定的区域。

3. 媒体宣传

1）媒体排期

视觉设计及物料制作的同时，需要根据活动细案中的媒体投放计划，结合购物中心所在地区媒体特性，在活动开始前的一个月完成媒体选择及排期。

媒体建议选择：所在区域、城市的主流纸媒、交通电台、地铁、公交站、汽车杂志等媒体投放，具体执行方案由商业管理公司自行制定。

2）媒体购买

完成媒体选择及排期后，即刻启动媒体购买工作，确保活动媒体推广宣传工作实施。

3）媒体投放

完成媒体购买后，依据活动规模有选择性地进行媒体投放，确保活动媒体推广宣传的有效性（图10-20）。

▲ 图10-20 媒体投放规划图

4. 活动实施

市场推广活动开始前一周需要召开活动实施协调会，制定活动实施分工计划。活动期间进行现场跟进，安排专人进行拍照。

5. 效果评估

活动后一周内需要完成效果评估，形成《活动评估报告》附活动照片、视频资料存档备查。

（三）效果评估

1. 业绩评估

这项工作是对比活动前期制定的购物中心预期客流及销售目标，对活动执行实际达成的客流及销售进行分析，明确是否按照设定标准及时间要求严格执行相应数量的活动，通过客流、销售目标实际达成率验证整体活动计划及实施效果（表10-19）。

▼ 表10-19 大型营销企划活动效果评估表

表一

日期	活动主题	费用		收入	日均人流量（万人）			日均销售（万元）		
		预算	实际		本期	同期	同比增减	本期	同期	同比增减

备注："同期"是指去年同时期具有可比性的时间段，如：本次活动为7月第一个周末，则同期对比时间段为去年7月第一个周末。本期活动及去年同期活动期间是否有其他大型活动影响，需说明活动周期、规模等情况。

表二

主力店（或按业态）	销售占比			销售提升占比		
	本期	同期	同比增减	本期	同期	同比增减

2. 气氛布置评估

气氛布置所使用物料制作完成后应完成照片、视频拍摄，存档备查；气氛布置所使用物料在活动结束后应立即撤除，并按相关制度计入残值物料管理。

3. 媒体评估

报纸媒体须提供报样存档备查；电视媒体须提供电视台监播报告，并附广告播出时的拍摄视频；楼宇液晶媒体须提供合作方监播报告，并附广告播出时的拍摄视频；短信媒体须提供短信发布平台发送短信时截图及实时监播视频，如条件许可，可安排独立第三方监控短信发布；广播媒体须提供电台监播报告，及广告播出时录制的不少于5分钟时长的音频；DM媒体须提供DM实样并由独立第三方对投递进行抽查监控，拍摄视频、照片存档备查。

案例呈现

- **温州龙湾万达广场“温州精神主旋律”大型公益活动**

2012年11月，温州万达广场在全城瞩目下成功开业。开业当日就创下客流30万的优异成绩。对于龙湾这个距市区需要40分钟车程，周边没有成熟配套、尚待开发的地区来说，这个成绩超出了所有人的预期。开业后，温州万达广场一直保持着稳定持续的增长势头，更是让人甚为称道。而之所以能够取得如此喜人的业绩，主要有以下几方面原因：

1. 业绩达标

温州万达广场开业仅仅一个月，就在12月29日成功启动了创业老场景揭幕仪式，这次活动为温州万达广场带来了又一个客流及销售高峰，1月1日温州万达广场客流量达到16万人次，销售额近1000万元，客流及销售均创造开业后第二高峰。

2. 主题及氛围布置符合温州当地文化及当年的社会背景

温州记忆——温州老照片及创业场景主题展，以温州老商业街街景一角，真实呈现老字号眼镜、餐饮、皮鞋商铺30年前生产销售场景。场景高7.5米，长18米，宽18米（图10-21）。

3. 整合多方资源统一营销是其活动成功的关键

万达广场能为温州带来什么？温州龙湾万达广场开业之初无论

图10-21　温州记忆主题展

网络还是主流媒体都对这个问题予以关注和热议。

在开业一周内，温州万达商业管理公司组织持续旺场系列活动的专项小组就如何持续引发市场关注及提升客流进行了方案构想。此时，适逢“温州一家人”电视剧在全国热播，这让大家迅速找到突破口。围绕温州精神这条主线制定一系列推广活动，引发社会关注的活动框架及脉络呼之欲出。接下来专项小组开始考虑采取什么样的营销策略和方法去将活动框架变为现实。他们首先以政府及机关单位参与的方式发起话题，弘扬活动主旋律提升活动影响；然后以媒体广泛报道及舆论造势，制造新闻点，提高活动影响力；最后以静态展示结合商家、社会、学校、机关单位等全方位互动，提供共鸣点，提高活动参与度。

在执行过程中，温州万达商业管理公司紧紧围绕弘扬主旋律精神进行组织，以“我们温州一家人”为主题，发起温州市机关、各单位及行业重振温州精神的讨论，确定主旋律基调；并联合温州都市报共同发起话题征文，记忆温州精神；同时在商家中广泛征集创业感人故事、老场景、老物件、创二代，引起商家广泛参与，使商家产生兴奋点。这一活动还在市民中广泛征集温州一家人的故事、续集故事、老照片、温州俚语，引起市民共鸣及热议。

活动开展后，引起当地市民及媒体极大关注，市内所有主流媒体及门户网站均进行大量转摘及报道。本次活动还得到了温州市委宣传部及龙湾区政府的大力支持，在市委宣传部的大力推动下，市内主流媒体倾巢出动，大版面予以报道，同时相关企事业行业代表人物，如温州最早的眼镜制造商、皮鞋经营户均积极出席参观及宣讲，使活动影响力不断扩大。

PART. 11

第十一章 商业环境与服务

PART. 11 第十一章 商业环境与服务

品质提升不仅带来旺场等直接效益，使新开业广场的经营业绩、人流得到提升，更重要的是万达广场品牌影响更大。去年我接触的很多业界同仁，无论是做设计还是做商业的，都说万达像换了个企业，一年之间进步神速，让人眼晕。我们自己也有这种感觉，进步确实非常快。所以说，万达的“品质年”真正见到了成效，而且我相信，这种效果还会持续发酵。

——王健林董事长，在万达集团2011年年会上的讲话，2012年1月

随着人们生活水平的提高和消费能力的提升，顾客对品质的要求也随之升高，而购物中心的品质除了体现在业态、品牌、营销活动上，也体现在商业环境与服务上。购物中心通过打造公共商业环境、加强商家经营环境管理、维护广场的经营秩序、建立科学有效的服务体系，能够提升整体经营品质和整个购物中心的竞争力。

第一节 | 公共环境

公共环境是为顾客营造的舒适的购物环境，主要指最基本的硬件维护及管理，包括背景音乐、美陈装饰、橱窗展示、广告、卫生保洁等。环境是否洁净、卫生间是否有异味、电梯运行状况如何、灯光开启是否正常、地板封边条是否有翘起……点点滴滴虽微小，却影响着顾客对购物中心直接的感受。

一、商业氛围营造

购物中心内，除商铺部分以外的其他区域空间统称为公共区域，由购物中心经营者进行管理。商业氛围要素主要包含：公共区域的美陈装饰、宣传管理、设施设备，以及影响消费者舒适度的内容，如温度、湿度、照度、气味、音乐等。

（一）美陈装饰与管理

现代购物中心已不是传统意义的商品买卖场所，随着生活品质的要求不断提高，人们越来越多地追求愉悦的购物体验和享受，城市的购物中心已经成为休闲、娱乐的中心。公共空间美陈装饰又在其中扮演怎么样的角色？

购物中心的公共空间美陈装饰是形象包装中的重要环节。不同地域、不同城市，甚至不同的季节、节日都要根据美陈的专属属性，营造出不同的商业氛围（图11-1）。例如在公共空间中使用绿植花艺、艺术道具等，使美陈迎合季节性的促销主题，而当季节转换时，再进行重新设计调整。又如在圣诞节期间，购物中心大多会在广场外显著区域或内场中庭位置设置巨型圣诞树或圣诞老人，营造浓烈的节日氛围；中秋节，会通过美陈布置营造出月圆时节的商业氛围。具有强烈视觉冲击力的公共空间美陈装饰与流动的客流形成了动静结合的效果，而真正要做好氛围营造，需要购物中心管理者具有创新力和敏锐的市场洞察力。

一般来说，每个重大节假日和每个季度都要提前一个月更换主题美陈。美陈装饰一定会和建筑风格、当地城市的文化、季节等各种因素结合。美陈装饰不仅仅影响环境的优美度，还可以带来更好的购物体验及景观效应，结合当下的流行元素，形成热点话题后还能够起到直接推动经营的作用。

图11-1　万达广场的美陈布置

（二）美陈装饰的分类

按时段分类，有主题美陈、季节美陈、日常美陈。

按位置分类，有场内布置、户外氛围布置、周边街区布置。

具体内容见表11-1。

表11-1 美陈装饰的位置分类及内容

分类	包含内容
场内布置	活动主题的侧旗、吊幔、POP、包柱，标示企业LOGO的咨询台，导视系统，场内宣传海报或宣传单，背景音乐以及花艺布置、绿化租摆等
户外氛围布置	企业LOGO吊旗陈列，竖标空中气球、大型拱门、发布活动主题的大型展板、楼体巨型彩色竖标的设置与悬挂，购物中心门口气球、花束、大型花牌装饰以及绿化租摆等
周边街区布置（适用于大型活动如开业等）	购物中心临近街道和市区主干道宣传标语布置，主干线公交车广告，购物中心临近街口指示牌布置，商业集中街区、人流高峰时段的宣传单发放等

（三）美陈装饰安装、撤除的时间

节假日、重大活动的环境美化与布置必须注重时效性，做到应季、应时更换，如表11-2所示。

表11-2 美陈装饰安装及撤除节点

分类	主题设计时间	布置时间	撤场时间
春节	11月份	1月1日	阴历正月十五
春季	1月份	2月下旬	5月下旬
夏季	5月上旬	5月下旬	9月中旬
秋季	7月份	9月中旬	11月下旬
冬季（圣诞节）	9月初	11月下旬	12月30日

案例呈现

- **某万达广场变形金刚活动展**

2011年6月，时值某万达广场开业半年庆，恰逢暑期大片《变形金刚3》即将上映。抓住这个热点，该广场策划了一次盛大的变形金刚活动展。

早在活动开始1个月之前，该广场就做了充分的宣传造势。活动于5月28日至6月27日正式上演。12款全部采用废旧汽车零部件制作完成的“变形金刚”模型一夜之间突然空降到万达广场。这些模仿了片中的大黄蜂、威震天、红蜘蛛等角色的模型分别展示在大广场、室内步行街和室外步行街，其中机器人“威震天坦克”是全球唯一的（图11-2）。

图11-2 变形金刚空降万达广场

如此大阵势吸引了众多的变形金刚迷来到现场参观拍照。活动还设计了寻找变形金刚密码的环节，找到密码就能得到大玩家游戏币10个和商家2000元的优惠券，增加了趣味娱乐性。另外还有小孩子喜欢的互动活动，如变形金刚玩具变形大赛、变形金刚拼图大赛，以及“我和万达变形金刚有约”的摄影比赛。参加拍摄比赛和活动进行微博转发的消费者还有1000元现金购物券奖励。一系列极具趣味性的活动连环相扣，让消费者与电影里的角色提前有了亲密的接触，在购物的同时充分享受了玩乐的体验。

展览活动在该市乃至周边地区都取得了很大宣传效应，消费者又口口相传将这一信息告知周边的熟人朋友，形成了链式传播效应，在活动举办的一个月时间里，来万达广场观赏的人流络绎不绝。经统计，在活动期间不仅室内步行街销售同比上涨35%，且该万达影院取得了7月份单月全国票房冠军的骄人业绩，真正实现了购物中心的体验式价值！

二、环境舒适度

舒适度，主要体现为温度、湿度、照度等。一般来说，购物中心的公共区域不同地点都会设置温度计，以确保随时监控现场的温度。特别是在夏冬两季，每天需要固定时间测温和控制，使温度浮动在规定范围内。

对于卫生间的气味问题，现代购物中心均统一使用专业除味设备，起到良好的空气净化作用；对于一些固定设施设备，如垃圾桶的位置摆放则有严格要求，图纸上有明确位置，须按指定位置进行摆放。

总而言之，良好舒适的购物环境可以给消费者更好的购物体验和感受，更是现代商业精细化管理的重要课题。

第二节 | 经营环境

商铺是商家经营的场所，营造良好的商铺经营环境，对商家经营起着至关重要的作用。购物中心经营者在对公共环境进行管理之外，还要负责管理好各商铺的经营环境，管控内容包含商家经营形象管理、商家货品陈列、宣传促销信息等。

一、商家经营形象管理

购物中心管理者不断追求的目标是不断地刺激消费，营造良好商铺环境会激发顾客更强烈的购买欲望，这与销售提升有着密切的关系。商铺环境包含两方面内容，即店面形象和店内环境卫生，也称为软环境和硬环境。

硬环境的打造无需赘言，现代购物中心在软环境打造上颇具特色。

（一）门头店招

店招是商铺的一张名片，对于商铺的重要性就犹如人的一张脸，人们对商铺的第一印象就由此产生。它设计的精美度和特色度，直接关系到能否吸引顾客驻足并进店购买。因此，店招的设计不仅要高度反映品牌定位、风格类型，还要具有强烈的吸引力，给顾客强烈的刺激，并影响到顾客的消费心理。

心理学研究表明：对正常人而言，83%的信息来自视觉。对特定环境的认可或否定，其视觉效应的优劣便是视觉感知的结果，可见视觉在人反馈其对所处环境感知方面的重要性。视觉中人对色彩的感知是视觉信息传达的第一要素，经研究表明，人在观察物体的最初20秒对形体的注意力占20%，色彩占80%，而2分钟后对形体的注意力占40%，色彩占60%。

人们在逛街行走时，以接近地面的街道视野景观为主要对象，店招作为品牌名称的传递者，需要清晰、鲜明，吸引人们的视线。它与橱窗一起关系着商铺的门面形象，二者相互配合，相互协调，以独具匠心的表现方式，从视觉角度，强有力地冲击消费者的视线，争取人们的滞留与再访，延长人们审视的时间。

店招设计的要素包含门头整体材质、造型装饰、文字设计、文字材料等。风格要符合整个购物中心定位，要与品牌周围商家的色调相协调（图11-3）。

图11-3　万达广场商家门头店招

（二）灯光

实验证明，人的注意力最容易被光、色、声、动等四种因素吸引，所以在商品陈列时，可借助光、色等元素来吸引顾客的注意力，引发顾客的购买兴趣和欲望。店面使用照度不同的灯光可以起到渲染气氛、表达情感和强调主题的效果，从而吸引消费者的注意力。

第一，商家必须根据其业态、类别选择适合的灯光。不同业态的商铺应采用不同的灯光照明方式。在同一个商铺里面的不同商品区域也可以采用不同的照明方式，比如精品区要用高强度局部重点的灯光，而床上用品区灯光可以朦胧一点的，以制造一种现场的气氛。原则上商铺内不可以使用节能灯，因为节能灯的灯光属于冷色调，而且灯管样式单一，影响美观。

第二，要求灯光分布合理。比如零售区的亮度要够，在主要货品陈列的区域要设置与公共区域不同的灯光，如用射灯展现货品的特性。

在现代购物中心里，灯光照度是极其重要的景观要素。灯光受光面的照度以及色温和显色指数，直接影响了人的视觉感受，并对行人流线的流向和流量产生重要影响。

1. 灯光的光度和色度

购物中心灯光涉及照度和重点照明系数的光度学概念，以及色度学概念的色温和显色指数。

（1）照度，指与光线正交的1平方米受光面上的光通量。

（2）重点照明系数，指重点照明部位的聚光照度与基础照度的比值，主要表现戏剧性效果的程度。

（3）色温，当光源发光的颜色与黑体加热到某一个温度所发出去的颜色相同时，称为光源的颜色温度。

（4）显色指数，指光源发出来的光，照射到彩色物体上，彩色物体呈现出的颜色逼真度。

2. 商业商铺内店和橱窗的灯光要求

以服饰店为例，详见表11-3。

表11-3 服饰类商家店内和橱窗的灯光要求

高级品牌专卖店	普通服饰店	大众化服饰店
(1) 基本照度：300lx； (2) 暖色色温：2500~3000K； (3) 显色性能：R_a>90。可以用大量装饰性的射灯营造出戏剧化的效果； (4) 重点照明系数：15~30：1	(1) 一般照度：300~500lx； (2) 自然色调的色温：3000~3500K； (3) 显色性能：R_a>90。结合运用大面积照明营造出轻松且戏剧性的效果； (4) 重点照明系数：10~20：1	(1) 照度：500~1000lx； (2) 冷色色温：3500~4000K； (3) 显色性能：R_a>80

直接照射在服饰上的光线应该比较明亮，照度大于1000lx。在高级品牌专卖店店堂中可以使用高显色钠灯，色温2500K，而在普通服饰和大众化服饰店堂里可以使用卤素灯或直管荧光灯具，色温3000~4000K。

当照度大于750lx时，应把照明集中在服饰上，采用自然色温2750~3000K和很好的显色性（R_a>80~90）以配合服饰的色彩。在品牌专卖店店堂和普通服饰店堂里采用一些独具匠心的重点照明；而大众化服饰店堂里，在衣架附近有针对性地采用嵌入式或悬挂式直管荧光灯具会产生比较好的效果。

3. 主力店及公共部位的灯光要求

主力店中，与整个购物中心形成同一个光环境体系的主要是超市和百货。在公共通道与上述主力店灯光的过渡应当非常自然，不能造成想象空间的截然分隔，详见表11-4。

表11-4 主力店及公共部位的灯光要求

大型超市	百货	公共部位
(1) 基础照度 600~700 lx； (2) 冷色色温 4000~5000 K； (3) 显色指数：R_a<70	(1) 基础照度 500~600 lx； (2) 自然色调的色温 3000~3500 K； (3) 显色指数：R_a>80	(1) 基础照度： · 室内步行街通道 200lx； · 电梯厅 120lx； · 中心展示区 200~500lx； (2) 自然色调的色温 3000~4000 K； (3) 显色指数：R_a>80

在行人流线中，为了聚合人流，重要交通节点的灯光照度要强于周围区域。

4. 光源的选择

（1）色温较暖的光源，指利用热能激发的光源，如白炽灯、金属卤素灯、高压汞灯、卤钨灯等。

（2）色温较冷的光源，指利用电能、化学能激发的光源，如节能灯、光纤、荧光灯、EL、LED等。

适合商业照明的光源见表11-5。

表11-5 适合商业照明的光源

光源种类	光效（lm/W）	显色指数	色温（K）	平均寿命（h）
石英卤素灯	25	100	3000	2000~3000
PL 型紧凑型节能灯	85	85	2700/3000/3500 4000/5000/5300	8000~12000
金属卤化物灯	75~95	65~92	3000/4500/5600	6000~20000

（三）橱窗

橱窗是购物中心商业环境的最佳展示方式。购物中心的橱窗数量有限，因此对橱窗展示的要求非常高，一个橱窗设计的好坏体现了这个购物中心的文化品位和档次水平。橱窗陈列能最大限度地调动消费者的视觉神经，达到引导顾客购买的目的（图11-4）。“让顾客的眼睛在店面橱窗多停留5秒，你就获得了比竞争品牌多一倍的成交机会”。

图11-4　好的橱窗设计应该与店内陈列相呼应

首先，要根据零售商家的规模、功能、大小、橱窗结构、商品的特点、消费需求等因素，选择具体的橱窗陈列形式。一般来说，橱窗陈列有综合式、系统式、专题式、特写式和季节式等分类。设计时需要确定展示陈列的主题，选定适宜的布置方案和材料，将橱窗内商品的质感、光感与色彩有效地结合起来。橱窗展示陈列可分为动态与静态、具象与抽象、协调与对比、变化与夸张等方式，也可组织成生活场景、文化情节和主题空间效果，还可以追求时尚刺激的空间效果，创立独特的具有极佳效果的展示空间。

其次，要讲究橱窗的艺术性和搭配效果：要有一定的故事情节；讲究道具和模特的摆放；讲究模特穿衣的风格、色彩与背景POP的主题、色彩的搭配和统一；讲究橱窗陈列的创意设计。

再次，还要注意橱窗的灯光应用方法和照明强度。橱窗灯光的照明强度必须是大厅内灯光照明强度的两倍左右，这样可以让整个商铺门头和橱窗陈列都很醒目，有效实现视觉营销的作用。

此外，还要掌握更换橱窗陈列服装的时间和频率。根据商铺的不同条件和货品，更换频率最低半月，最高一个星期。对于应季的新到货品，要视具体情况来做陈列展示，保证橱窗新品展示的及时性和新鲜度，这样才能更有力度的吸引消费者进店。

与此同时，商铺要注意节日和促销的橱窗展示，将商铺打折等促销活动的信息和橱窗展示有机地结合起来，有效地将促销和活动信息全面推广、传递，提高消费者对品牌的关注度和进店率，间接地促进销售（图11-5）。

图11-5　万达广场内多种多样的橱窗设计

总之，在现代商业活动中，橱窗既是一种重要的艺术形式，也是装饰店面的重要手段。一个构思新颖、主题鲜明、风格独特、手法脱俗、装饰美观、色调和谐的商铺橱窗，与整个商铺建筑的内外环境构成立体画面，能起到美化商铺和装饰整个购物中心的作用。购物中心的管理者要做到日常巡检，检查橱窗是否整洁、美观，主题是否明确，货品是否及时进行调整，灯光是否处理得当。并与各商铺保持频繁的沟通和交流，持续保持各商铺橱窗的吸引力。

二、商家货品陈列

货品陈列主要是以品牌定位为核心，运用各种展示技巧、结合卖场各种视觉要素将商品的特性、风格、理念以艺术的手法呈现给商铺的所有消费者，以此提升商品的附加价值，达到促进销售、传播品牌美誉度的一种手段。即使是水果蔬菜，也要像一幅静物写生画一样艺术地排列，因为商品的美感能激发消费者的购买欲望。

同样，如果把服装比做菜肴，那么陈列就是经过陈列师的精心调配后，呈现给消费者的一席视觉盛宴，不仅有时尚的色彩，还有流行的味道。货品陈列涵盖了营销学、心理学、视觉艺术等多门学科知识，是一门综合性的艺术（图11-6）。

图11-6　陈列之美

货品陈列通常采用以下方式：

（1）对比式陈列，采用对比式设计，形成展示物之间的反差，实现突出产品的目的。

（2）重复陈列，反复强调和暗示性，起到“该产品是唯一选择”的暗示作用。

（3）对象陈列，突出产品的功能特点，或利用广告、道具移动造景手段强调产品的目标消费对象为哪些人群。

（4）层次性陈列，同一卖点的不同商品，同一品牌的不同产品，要划分不同的区域，为消费者提供方便快捷的选择。

（5）连带式陈列，有效地进行对比和选择，产生成套购买的想法。

（6）广告陈列，强调广告效应的陈列，具有视觉冲击力和强大的宣传推广作用，有利于形成品牌联想和加强品牌认知。

三、宣传及促销信息

购物中心的每个商家，均需要在经营场地内设置宣传活动和促销信息的道具，其主要对新品牌或新产品上市的营销推广活动和商品促销活动信息进行宣传及告知。其表现形式可以为海报、展板、电子投影展示等；也可以在公共空间，比如内外广场、中庭、连廊、墙面等为商家设计有主题、有创意、有影响力的宣传促销活动。

第三节 | 经营秩序

经营秩序主要是指购物中心的经营行为和管理行为。现场管理是维护正常经营秩序的主要手段。现场管理通过规范商家行为，处理商家与顾客之间的冲突，了解商家在经营过程中的正当需求以及落实这些需求，使商家有一个良好的经营环境。

一、营业秩序管理

营业秩序管理主要包括开闭店管理、装修秩序管理、应急管理等。

（一）开闭店管理

开闭店管理，是指在“统一管理”的模式下，购物中心管理者对所有商家进行统一的开店前准备和闭店后管理的一种现场管理行为。一个购物中心里商家众多，它们都有各自的开闭店要求，但购物中心作为一个整体，需要统一的对外形象。开闭店管理既是对商家的统一要求，也是对管理者现场管理的要求。

（二）装修秩序管理

购物中心除了要有强大的公装执行能力之外，还要有对商家精装修的有效控制能力。公装是对购物中心外立面、公共区域部分的装修，包括天花、地面、墙面的整体装修。常规的做法是，公装由购物中心管理者执行；商家精装修是商家根据经营品牌的标准在购物中心管理者的监督下进行的店面装修。

众所周知，一个购物中心装修涉及上百个风格各异的品牌，管理较为复杂，执行难度较大。购物中心从开业筹备起，就会不断有商家进场装修，虽然装修的工作主要集中在开业阶段，但在开业后的整个运营过程中，装修工作持续进行。因此，针对商铺装修，购物中心必须要加强装修秩序的管理。下面主要从店招设计、图纸审批、装修期间安全管理等几个方面进行阐述。

1. 图纸审批

商家需要向购物中心管理者提交有关装修的图纸和装修材料样板，上交资料内容要求包含彩色效果图、平面及商品布置图、立面图和电器分布图。材料样板资质需符合消防规范要求。

2. 装修期间的安全管理

进入商铺施工的单位必须按合同指定的区域先进行外围遮挡，现场装修人员需严格遵守装修安全管理规定，原则上不允许现场使用易燃易爆物品及挥发性液体和气体，如需使用明火，须事先向相关部门办理施工手续。在装修前或装修进行期间，专柜需在明显的位置放置手提灭火器，以防险情发生。

（三）应急管理

购物中心除正常的营运作业之外，突发事件时有发生，所造成的潜在危害会非常大。因此，迅速有效地处理紧急事件，最大程度地减少和降低财产损失以及人员伤亡，是营运现场管理人员必须具备的能力和素质。通常情况下，营运现场管理人员，要按照突发事件处理预案和程序，亲自或者协助相关人员进行紧急处置。

购物中心营运现场常见的突发事件很多，从行为主体上划分，包含人为的、不可抗力的事件等；从程度上划分，包含一般事故、重大财产损失、重大伤亡事故等；从规模上划分，包含个体纠纷、冲突和重大群体性事件等；从性质上划分，包含一般纠纷、治安案件、刑事案件等。

购物中心常见的突发事件有人员受伤、疫情发生、大规模停电、煤气泄漏、电梯困人、水浸、台风、接到恐吓电话、发现可疑物件或爆炸物、交通意外等。针对不同性质的突发事件，购物中心管理者都应做到事前有预案，事发有处置，事后有结果。

二、人员管理

高品质、协调一致的服务质量是购物中心的核心竞争力。随着市场竞争的日益激烈，人员管理的作用日益重要，并且从根本上影响购物中心的竞争力，客户服务在市场竞争中已逐渐取代了产品的质量和价格而成为企业关注的焦点。

（一）商家经营规范管理

在购物中心里，每个商家都是一个独立的经营个体，都有各自的利益目标，它们与购物中心是租赁关系。购物中心管理者对购物中心进行整体经营与管理，其管理目标是使商业物业保值和增值。商家与购物中心管理者的总体利益是一致的，但在实际的经营过程中，它们却常常产生矛盾，这是因为商家追求的是个体利益的最大化，而购物中心是追求整体利益的最大化。购物中心管理者的任务，就是规范每个商家的经营行为，给所有商家提供一个安全、公正、统一的经营平台，使商家在整体上获取最大的利润。

商家经营规范管理内容包含营业人员、商家经营行为、货品、进退场、经营安全、特殊行业、设备设施使用管理等。

（二）商家服务管理

商家管理是购物中心的核心，商家的经营品质是核心中的核心。商家的考核结果与管理措施的完善是购物中心日常最重要的工作，这决定了商家的忠诚度和经营积极性。商业管理公司要实施专业化、亲情化、家庭式的物业管理和现场管理，避免物业管理与商业运营脱节；这就需要运用量化考核管理，采取行为纠正、优胜劣汰的手段，以确保商家的经营品质。

现场管理人员的行为是购物中心的对外形象，它代表着一个购物中心的管理规范和管理水平。对现场管理人员的服务行为进行管理，有十分重要的意义。现场管理人员应做到仪容仪表大方得体、行为举止稳重端庄、礼貌用语使用规范、来访接待友善热情、电话接听及时到位、办公环境干净整洁。

商家服务管理要素包括：

（1）维持购物中心经营秩序，保证正常活动的顺利开展。

（2）维护商家合法正当利益，及时处理商家的投诉。

（3）急商家所需，帮商家所需，解商家所难，提供力所能及的服务。

（4）及时公正解决商家之间的争议或纠纷。

（5）保持购物中心内公共区域及周边环境的清洁卫生。

（6）定期征询商家的意见，不断改进工作方法，提高服务工作质量。

（7）对商家开展的正常经营活动给予大力的支持和帮助。

三、巡场管理

巡场管理是现场管理的常规方法之一，也是把控购物中心在营业期间变动的主要手段。购物中心管理者通过设定巡场路线、巡查内容和工作标准，对现场管理质量进行监督。

巡场管理要点包含营业期间公共区域的美陈装饰、卫生及安全、商家经营形象、经营规范、需求反馈、店内环境卫生、设备设施、营业员行为规范检查等。

通常会按照楼层分布、业态分布、品牌分布等情况，安排不同时间段的巡场，以解决经营中出现的问题。同时，定期组织营运现场管理的专项检查，以保证经营的品质。

第四节 | 服务体系

科学有效的服务体系能够提升商家和消费者的满意度，从而为购物中心增加隐形积累效应，这种效应将通过品牌进驻意向的提升、经营管理配合度的提升、客流量及销售额的提升，最终转化为租金收益的提升、购物中心知名度及美誉度的提升和资产价值的提升。购物中心的服务体系通常包括客户投诉体系、商家经营服务体系、消费者服务体系。

一、客户投诉管理

（一）客户投诉的类型

1. 按投诉主体分类

1）商家投诉

商家与购物中心之间是契约的关系，提升商家的满意度是购物中心的工作内容之一。商家对购物中心的投诉可分为三个方面：一是工程维护与维修方面的投诉，包括电梯服务、空调舒适度、水电气供应、工程维修服务、工程质量问题等；二是物业管理方面的投诉，包括安全秩序、清洁卫生、停车场与交通服务、装修管理等；三是购物中心的营运管理方面的投诉，包括购物环境与氛围、宣传推广及促销、营运经营纠纷。

2）顾客投诉

顾客即上帝，这不仅是对商家的要求，也是对购物中心的要求。顾客投诉一般分为两方面：一是对商家经营方面的投诉，包括产品质量、服务质量、食品安全、消费欺诈等；另外是对广场管理方面的投诉，包括安全秩序、电梯服务、促销与推广、环境卫生等。前者需要购物中心扮演公平公正的法官角色，后者需要购物中心履行负责诚信的法人角色。

3）其他

购物中心作为一个行为主体的存在，必然与社会各类角色产生千丝万缕的联系，因此投诉广场的主体除了商家与顾客外，还有购物中心周边居民、政府机构、民间组织等。例如周边居民对正常生活被LED屏、广播等宣传设备的亮度与声音扰乱的投诉等。

2. 按投诉事件的严重程度分类

根据投诉事件带来的人身伤害程度、经济损失大小、事件波及范围等可以将客户投诉分为特别重大投诉、重大投诉、较大投诉和一般投诉。

（二）客户投诉的处理流程

1. 投诉受理

客户投诉的第一步是投诉受理。购物中心的客服人员在接到客户投诉时，必须即时记录客诉信息。为了保证客诉信息的准确、完善，客诉信息记录完毕后应由投诉人签字确认（图11-7）。

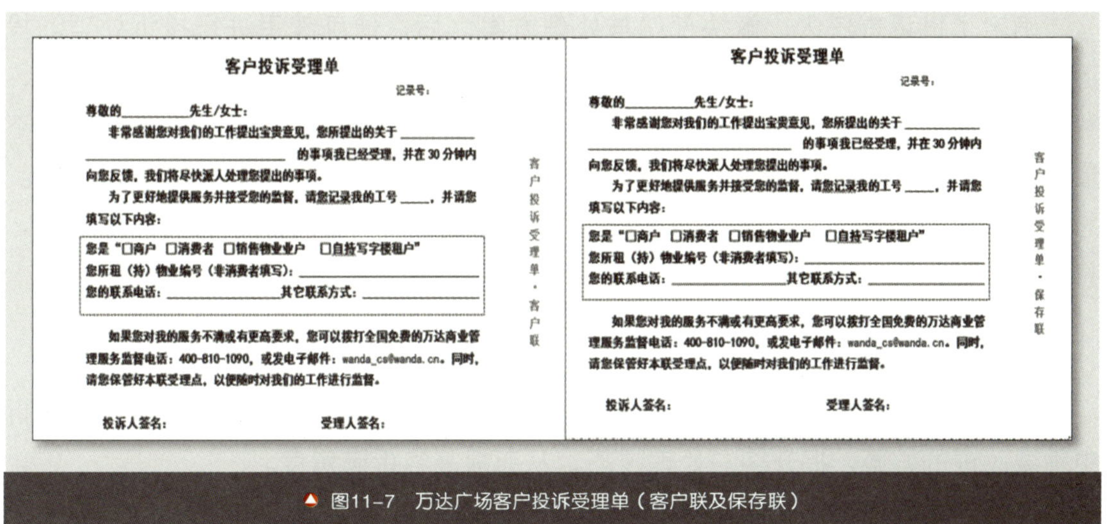

客户投诉受理单

记录号：

尊敬的________先生/女士：

非常感谢您对我们的工作提出宝贵意见，您所提出的关于__________________的事项我已经受理，并在30分钟内向您反馈，我们将尽快派人处理您提出的事项。

为了更好地提供服务并接受您的监督，请您记录我的工号____，并请您填写以下内容：

您是“□商户 □消费者 □销售物业业户 □自持写字楼租户”
您所租（持）物业编号（非消费者填写）：__________
您的联系电话：__________其它联系方式：__________

如果您对我的服务不满或有更高要求，您可以拨打全国免费的万达商业管理服务监督电话：400-810-1090，或发电子邮件：wanda_cs@wanda.cn。同时，请您保管好本联受理点，以便随时对我们的工作进行监督。

投诉人签名： 受理人签名：

客户投诉受理单·客户联

客户投诉受理单

记录号：

尊敬的________先生/女士：

非常感谢您对我们的工作提出宝贵意见，您所提出的关于__________________的事项我已经受理，并在30分钟内向您反馈，我们将尽快派人处理您提出的事项。

为了更好地提供服务并接受您的监督，请您记录我的工号____，并请您填写以下内容：

您是“□商户 □消费者 □销售物业业户 □自持写字楼租户”
您所租（持）物业编号（非消费者填写）：__________
您的联系电话：__________其它联系方式：__________

如果您对我的服务不满或有更高要求，您可以拨打全国免费的万达商业管理服务监督电话：400-810-1090，或发电子邮件：wanda_cs@wanda.cn。同时，请您保管好本联受理点，以便随时对我们的工作进行监督。

投诉人签名： 受理人签名：

客户投诉受理单·保存联

图11-7 万达广场客户投诉受理单（客户联及保存联）

2. 分级派发

客户投诉分级派发的目的是为了确定客诉责任人及责任部门，保证客诉被很好地解决。首先按照客诉事件的损伤程度确定客诉级别，而后根据客诉级别确定不同的责任人，客诉级别越高，责任人级别应越高；然后根据客诉内容确定解决客诉的部门，例如，商家投诉空调制冷问题应由工程部解决，顾客投诉购物中心内秩序混乱应由营运部解决。

3. 制定方案

客户投诉责任部门根据客诉事件实际情况制定解决方案。首先，制定方案必须迅速，半小时内拟定好初始方案，并立即与客户沟通确认，然后再对方案进行细化；此时正处在事件的矛盾激化与扩大期，迅速制定方案有利于控制事件的进一步恶化。其次，解决方案必须在法律、法规的保障下，这样客诉解决才能做到公平、公正，客户投诉才能得到圆满解决。

4. 投诉反馈

投诉反馈是投诉处理的预热，通过反馈一方面了解投诉人对投诉处理结果的预期，就解决方案与投诉人进行沟通；另一方面打消投诉人对投诉处理的担心与焦虑，让问题在双方保持冷静与理性的情况下被解决。投诉反馈应尽早完成，一般首次反馈要求在接到投诉半小时内完成，如果双方就解决方案无法达成一致，那么应协商确定第二次反馈时间，第二次反馈时间应在24小时内完成。

5. 投诉处理

确定了投诉责任人、解决部门与处理方案之后，便可着手进行投诉处理。投诉处理过程中应对两个要素严格把控：一是投诉处理时长，投诉处理时间越长，解决难度越大，因此一般要求投诉在48小时内解决，重大以上投诉在条件允许下最长应在5个工作日内解决；二是客诉影响力的控制，防止小事件扩散成大问题。为保证客诉的顺利解决，在客诉处理过程中，处理部门应对媒体保持高度敏感，将客诉控制在最小的范围内解决，防止投诉事件的夸大化。

6. 投诉回访

投诉回访的目的一是确认投诉已得到解决，提高客诉解决率；二是了解投诉中需要改进的方面，提升客户处理技巧，从而提高客诉满意度。

万达广场客户投诉处理流程，如图11-8所示。

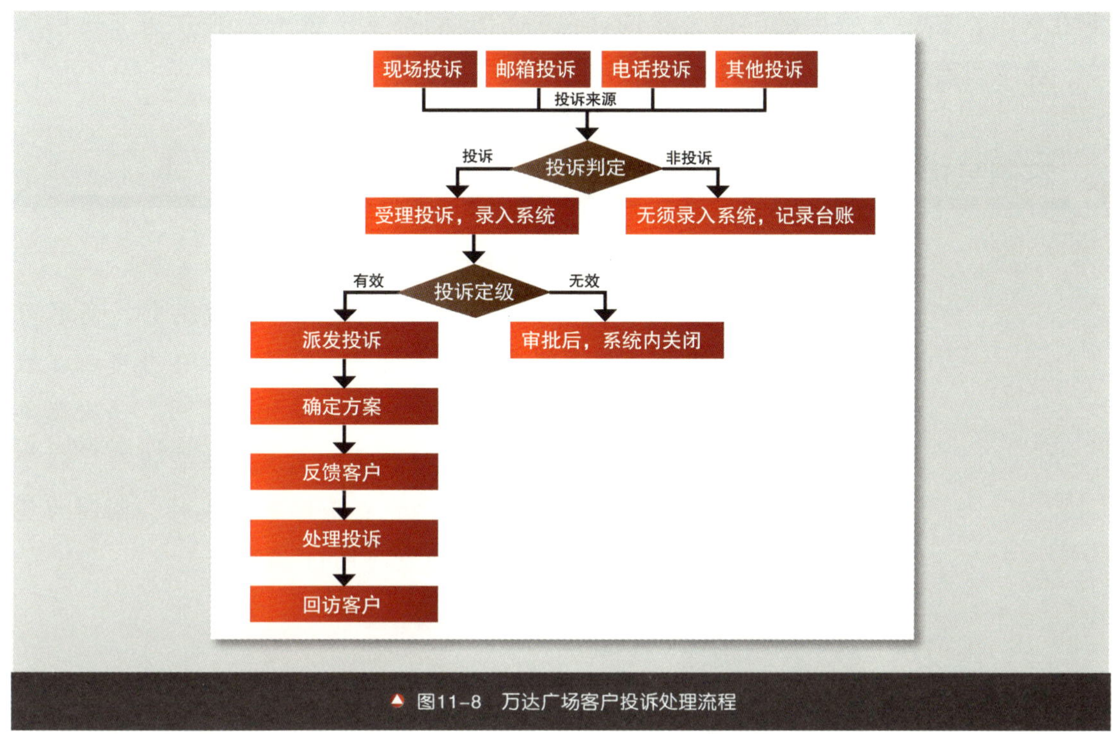

▲ 图11-8 万达广场客户投诉处理流程

（三）客户投诉的监管

购物中心应设置专门部门负责客户投诉的监督与管理，对客户投诉处理的及时性、办结率和满意度进行定期检查；同时，每月对客户投诉进行分析，分析内容包括：投诉渠道的畅通性、投诉问题类别、投诉的解决情况等；另外，定期对客户服务人员开展专业培训，如客户投诉处理标准培训、客户投诉处理技巧培训、情景模拟演练等。

二、商家经营服务

购物中心要为商家创造良好的经营环境和提供优质的经营服务。商家经营服务的内容主要包括：租赁服务、营运服务、营销服务以及商家沟通。为了保证服务标准及服务质量，万达集团打造了“商家服务系统”信息化管控平台，为商家提供全方位的综合服务。

（一）租赁服务

租赁服务主要包括铺位招租、合同管理、费用收缴。购物中心在经营管理过程中，应及时向商家发布铺位招租信息；在品牌合同到期前，应及时征询商家的续租意向；在相关费用缴纳截止日前，应提前向商家发送缴费提醒并递交费用账单，避免因费用逾期缴纳影响商铺正常经营。

案例呈现

• 万达集团“商家服务系统”的费用收缴功能

在万达集团“商家服务系统”的费用收缴功能中，商家可以随时查看当前的费用账单、支付情况、缴费记录，并可以在线支付租金、物业费、空调费、电费、水费等相关费用。每次账单生成时，系统将自动向商家的电脑和手机上发送缴费提醒。在费用收缴界面中，无账单时圆圈为绿色；有账单生成时，圆圈为黄色；账单逾期未缴费时，圆圈为红色（图11-9）。

图11-9 “商家服务系统”的费用收缴功能示意图

（二）营运服务

营运服务主要包括品牌证照管理、营业员管理、经营管理信息发布、服务申请受理等。

品牌证照管理主要指购物中心应在品牌进驻前，将其经营证照的复印件存档备案，如营业执照、税务登记证、组织机构代码证、品牌授权书、卫生许可证等，并提醒品牌定期年检。

营业员管理主要包括购物中心应协助商家开展营业员招聘、对营业员进行考勤管理、定期开展专项培训和规范营业员经营的管理行为。

经营管理信息发布主要指购物中心在经营管理过程中应定期向商家发布行业

动态信息、时尚流行趋势、广场经营管理信息等，其中广场经营管理信息应包括广场的客流和销售、广场的营销企划活动、品牌的经营排名等。

服务申请受理主要指购物中心要受理品牌的广告播出申请、店面装修申请、库存盘点及补货申请、物品租借申请等。

（三）营销服务

营销服务指购物中心应定期分析商家的经营情况，整合商家的促销信息，根据商家的经营需求策划并组织开展专项营销活动，集中进行媒体宣传。营销活动完成后，应及时分析品牌的经营数据，收集商家的反馈信息，总结活动中的亮点和不足，为下次营销活动的开展提供参考（图11-10）。有效的营销服务能够提升购物中心的人气，促进商家经营业绩的提升。

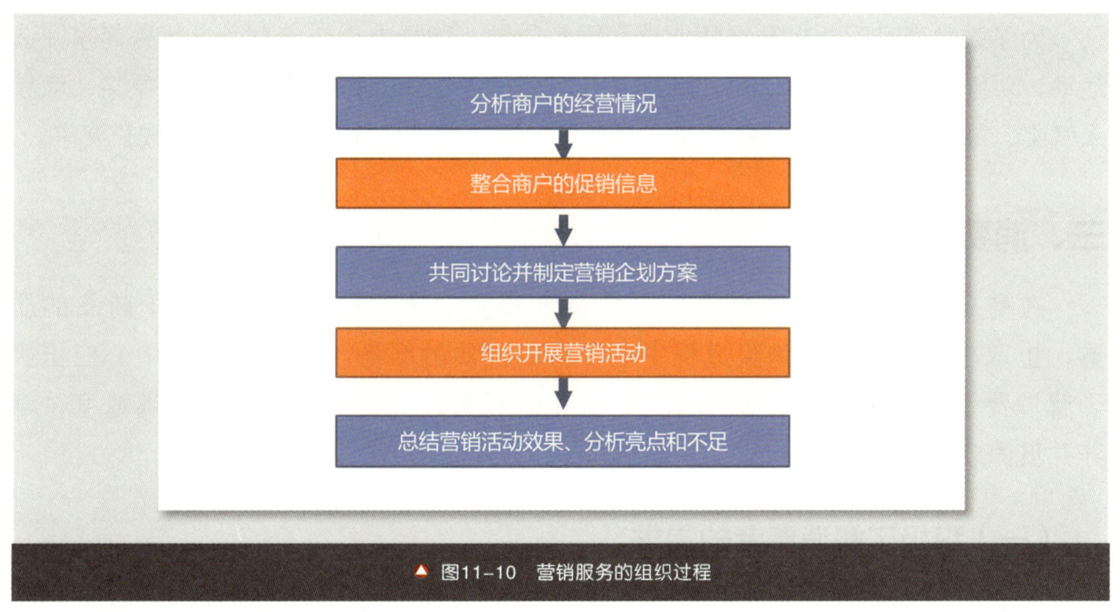

▲ 图11-10　营销服务的组织过程

（四）商家沟通

商家沟通的形式包括召开商家店长晨会、举办商家座谈会、开展商家满意度调查、组织优秀商家评选等。

（1）商家店长晨会

购物中心应每日召开商家店长晨会，简述前一日营运情况、沟通营业中存在的问题、提醒商家根据季节变化及时补充货品、通报购物中心的管理要求、宣导大型营销企划活动的内容及要求等等。

（2）商家座谈会

购物中心应每月举办商家座谈会，对上月广场整体及重点品牌的经营情况深入分析，有针对性地开展经营辅导，并对经营辅导效果跟踪及评估。同时，还应了解商家的经营需求，接受商家对环境及服务提出的意见建议，第一时间为商家解决经营问题。

（3）商家满意度调查

购物中心应每季度开展商家满意度调查，或聘请专业的第三方公司协助开展。调查内容包括：商家对购物中心硬件设施、内部环境、商家组合、品牌形象、营销活动、客户服务、经营管理的满意度。购物中心通过对调查结果的综合分析，能够深入了解商家的经营需求，发现经营管理中存在的问题，并在后期的营运服务中加以改进。

（4）优秀商家评选

为了鼓励商家不断提升经营业绩和服务质量，购物中心应定期举办优秀商家评选活动，对胜出者进行表彰，对评选结果予以公示。例如：每年评选最佳形象奖、最具人气奖、最具贡献奖、最佳销售奖、最佳服务奖、最佳合作伙伴奖、最佳成长奖等。

三、消费者服务

在商品高度同质化的今天，消费者满意度的实现已不仅仅取决于商品的质量，也取决于消费者在购买过程中能否得到优质的服务。因此，购物中心应积极了解消费者的需求，为消费者提供专业化的服务，不断提高消费者的满意度，培养并巩固忠实的顾客群。

（一）积极了解消费者的需求

芬兰学者格朗鲁斯在《科学竞争时代的管理视角》一书中提到：服务质量的高低取决于顾客的感知，是由顾客的服务期望与接受的服务经历相比较的结果。因此，做好消费者服务的前提是充分了解消费者对服务的需求。购物中心常常通过消费者调研和消费者满意度调查两种途径了解消费者需求。

1. 定期开展消费者调研

购物中心通过开展细致深入的消费者调研，能够准确把握顾客的消费需求和服务需求，从而提供更有针对性的消费服务。消费者调研至少每半年开展一次，调研方法通常包括：采取消费者座谈的方式开展定性调研、利用年龄及收入的配额方法开展定量调研、委托专业的第三方公司开展调研等等。

消费者调研的内容应包括：

（1）基本信息，如消费者的年龄、性别、职业、收入、居住区域、交通条件等。

（2）消费行为，如消费者每月的消费支出、消费类型、主要光顾的消费场所、光顾本购物中心的时间、频次、逗留时间、同行人员等。

（3）消费心理，如消费者选择购物场所时关注的核心因素、能够接受的消费距离、希望接受的消费服务等。

（4）消费趋势，如消费者的价值观、生活方式、休闲及购物生活的度过方式等。

（5）对购物中心的认知，如消费者对本购物中心营业时间、经营品牌、营销活动、服务内容的了解途径和了解程度等。

（6）对购物中心的意见和建议，如消费者对购物中心的品牌引进、营销活动、现场管理、营运服务的意见建议等。

2. 定期开展消费者满意度调查

购物中心的稳定经营很大程度上取决于消费者的忠诚度，而消费者的满意度又决定着消费者的忠诚度。因此，购物中心必须主动倾听消费者的心声，定期开展消费者满意度调查，并根据调查结果专项整改、重点提升。消费者满意度调查至少每年开展一次，调查方法主要包括日常沟通及问卷调查等。

消费者调查的内容通常包括：

（1）对购物中心整体情况的满意度，如消费者对营业时间、交通条件、客层定位的满意度等。

（2）对购物环境的满意度，如消费者对设施设备、灯光营造、卫生条件、导视系统、客流动线、停车场管理的满意度等。

（3）对经营品牌的满意度，如消费者对项目定位、业态布局、品牌组合、货品款式、商品价格的满意度等。

（4）对营销活动的满意度，如消费者对营销活动的定位、类型、活动频率、活动力度、宣传方式的满意度等。

（5）对经营服务的满意度，如消费者对服务项目、服务功能、服务态度的满意度等。

（二）提供专业化的消费服务

只有专业化的消费服务才能保证服务水平的持久稳定。购物中心要提供专业化的消费服务，必须不断完善服务功能、提升服务质量和加强服务监督。

1. 完善服务功能

购物中心应设置清晰醒目的总服务台，以便为消费者提供集中、方便的咨询和服务。总服务台为消费者提供的服务应包括礼品包装、失物招领、客诉受理、咨询服务等。购物中心还应为消费者提供人性化的服务，例如增设母婴室、设置吸烟室、提供婴儿手推车租借服务、提供轮椅租借服务、在洗手间外增加休闲椅等。同时，购物中心还应尽可能地为消费者提供个性化服务，例如通过微信、微博、APP等新媒体向消费者介绍近期天气情况、品牌促销情况、营销活动情况、电影上映情况等，方便消费者根据自身需求合理安排消费时间，提高消费的便捷性。

2. 提升服务质量

提升服务质量的前提是购物中心必须建立规范化的服务标准和服务流程，定期开展全方位的服务培训。每一名服务人员都必须清晰了解服务的目的、内容、途径和重点，以此保证服务质量的完整性、连续性和统一性。在保证服务标准的前提下，改进服务态度同样重要，标准的服务能够让消费者满意，热情周到的服务能给消费者带来更好的购物体验。

3. 加强服务监督

购物中心可以通过公示服务监督热线、设置消费者留言本、设立总经理信箱等方式加强服务监督。对消费者提出的服务投诉，必须立即调查、迅速处理、及时回访；对消费者提出的服务认可，应对服务人员给予鼓励和表彰，通过奖优罚劣机制有效提升服务质量。

PART. 12

安全运营保障

PART. 12 第十二章 安全运营保障

安全是运营的核心。万达一直反复强调安全的重要性，几年前，我给商管公司提出“安全、服务、品质”六字方针，就把安全放在运营第一位。我们一直在研究不断提高安全可靠度，今后抓安全不仅靠人，更要靠科技，靠信息化。要从认识、制度、考核三方面，进一步强化安全的地位和作用。

———王健林董事长，在万达集团2012年年会上的讲话，2013年1月

购物中心的安全运营保障主要包括消防安全管理、安全秩序管控及设施设备的运行维护管理等。

第一节 消防安全管理

由于购物中心具有经营业态多样、营业面积大、可燃物及电气设备多、人员密集等特点，发生火情时，会出现蔓延速度快、产生有毒气体多、疏散难度大的情况，可能还会造成多人伤亡等严重后果。

为了保障购物中心的安全运营，必须做好三方面的工作：建立消防安全管控机制，及时发现、排除隐患；制定严格的安全管控标准，规范量化考核制度；注重全员安全培训、定期组织应急演练，持续改进并提升安全管理水平。

一、消防安全管理机制

购物中心的复杂性、高风险性决定了消防安全工作必须建立相匹配的管理机制，以实现长效管理、安全运营的目标。

（一）消防安全组织的建立

购物中心作为公众聚集场所，应当严格按照国家相关法律法规的要求，建立起消防安全组织体系，其核心就是组织、协调购物中心各单位、各部门的消防安全管理领导机构。

购物中心消防安全管理领导机构包含以下两个层面的内容：

（1）由商业管理公司和各商家负责人组成购物中心的消防安全领导机构，负责购物中心消防安全的管理、协调工作，定期组织消防安全联合检查及安全会议，评估并指导购物中心消防安全工作。

（2）商业管理公司要成立由总经理任组长，各业务负责人组成的消防安全管理领导小组。负责组织编制并审核各项安全管理制度、规程和管控标准，拟定消防安全工作计划，逐级落实防火责任制，组织防火检查和重点部位的抽查工作，组织对各类安全隐患的认定和整改工作。

（二）消防安全的计划管控

消防安全的工作计划，是针对购物中心全年所有消防安全运行工作的实施方案，必须基于上年安全运行状况及隐患分布特点，综合考虑季节性、节日性和阶段性工作任务等要素来制定。其中包括人员巡查、设备设施维修保养、年度测试、培训演练等，确保消防安全工作落到实处。

在实际工作中，应结合消防安全管控要求及安全监督检查情况，建立可行的年、月及周工作计划，明确检查日期、项目、范围和频次等具体事项，以保证安全工作计划的全面覆盖，让安全管理相关制度、规定、标准有效落实。

（三）消防安全检查整改机制

消防安全检查是保证购物中心安全运营的重要手段，商业管理公司应成立专职的安全监督部门，由其督促并推动各业务部门开展消防安全检查与整改工作。

针对检查发现的安全隐患，应建立隐患整改闭环机制，所有隐患须记录在案，明确责任部门（单位）、责任人和整改时限，到期确认销项、复查关闭，未按时完成整改的要有相应的处罚机制予以追责。

（四）消防应急处置机制

消防突发事件的应对与处置是购物中心安全工作的重点，商业管理公司应分析消防安全风险并制定完善的突发事件应急预案；针对可能出现的突发事件进行反复培训并演练，确保全员在遇到突发事件时都能按照既定预案从容应对。

1. 消防安全风险分析

通过对购物中心消防安全风险进行全面梳理和分析，购物中心火灾可分为固体火灾、电气火灾、其他火灾三类，详见表12-1。

表12-1 购物中心火灾分类表

序号	火灾类型	重点部位	主要可燃物
1	固体火灾	消防通道、卫生间	垃圾桶
2		花园、苗圃、平台	纸张、木板、泡沫
3		地下车场垃圾房	纸张、垃圾
4		施工现场	纸张、保温棉、木屑
5	电气火灾	主力店、设备机房	大功率用电设备
6		强电竖井	电缆、电气机组、配电柜、母排
7		施工现场、餐饮后厨	配电箱
8		餐饮、其他商家	插座、电热器具
9	其他火灾	餐饮厨房、食堂	燃气
10		施工现场、密闭空间、危险品库房	稀料等挥发性物质
11		外租库房	酒类、发胶等易燃物质
12		地下停车场、危险品库房	汽油、柴油等易燃物质
13		餐饮厨房	未定时清洗的油烟管道中油垢

2. 消防应急预案

对购物中心的消防安全风险进行充分分析后，要制订针对性的消防突发事件应急预案，指导购物中心的人员疏散、火灾扑救、伤员救护等应急处置工作。

应急预案应对各消防应急处置成员的组成及职责、应急处置流程、义务消防队、应急物资及器材、培训与演练等做出详细的规定。必须确保人员安全，同时兼顾火灾扑救和财产保全。

二、消防安全工作标准

要从根本上确保购物中心的安全运营，就必须建立消防安全工作标准。通过建立安全责任制，制定安全管理制度和操作规程，建立预防及监督机制，规范经营及管理行为，使各个环节符合甚至高于国家有关安全生产法律法规和标准规范的要求，形成长效机制。

购物中心的消防安全工作标准分为技术标准和管理标准。

（一）技术标准

营运期购物中心的消防安全工作，从技术方面应重点关注消防系统检测、重点区域消防设施及装饰装修的技术管控等。

1. 消防系统检测

《中华人民共和国消防法》有关规定，商业管理公司须每年聘请具有相应资质的第三方检测公司，对购物中心的消防设施进行全面的检测，并出具消防设施年度检测报告。同时，商业管理公司还应每月对购物中心的所有消防设施设备进行抽测，抽测比例不得少于总体数量的10%，且确保全年覆盖一遍，以此形成设备检测的双保险机制（图12-1）。

图12-1 万达广场工程技术人员在进行消防联动测试

2. 餐饮厨房自动灭火技术

据统计分析，购物中心发生火情数量最多的是厨房和电气类火情，而餐饮业态经营面积一般都占到购物中心经营面积近三分之一，是消防安全管理的重点。

《建筑设计防火规范》规定，公共建筑中营业面积大于500㎡的餐饮场所，其烹饪操作间的排油烟罩及烹饪部位宜设置自动灭火装置，且应在燃气或燃油管道上设置紧急事故自动切断装置。规范中虽未要求强制安装，但为了更有效保证消防安全，购物中心应结合餐饮商家的经营特点，要求所有餐饮商家按照统一的技术要求和安装标准，加装厨房自动灭火装置，其运行功能如图12-2所示。

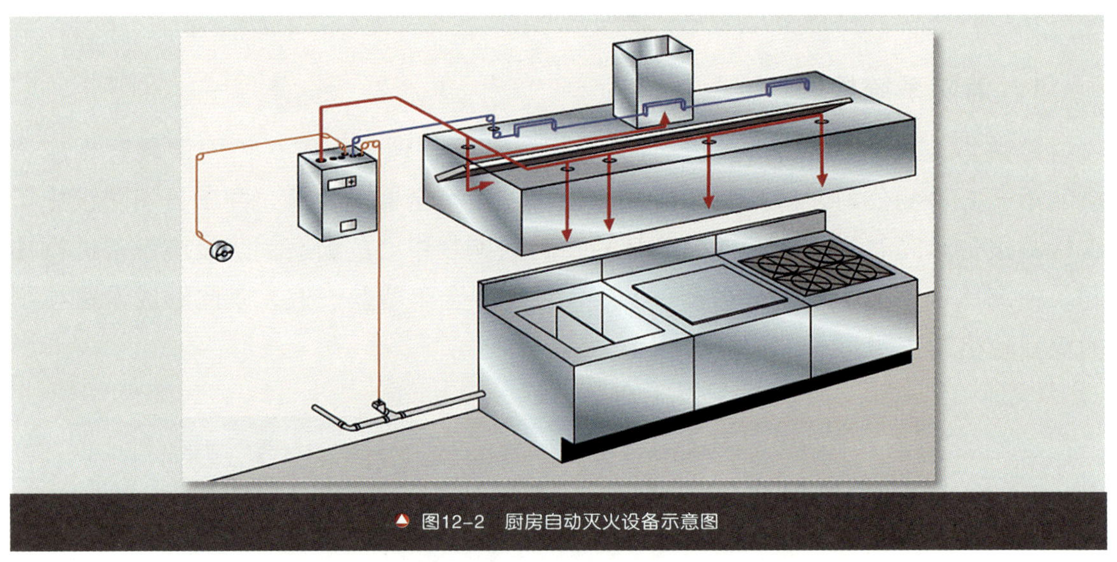

图12-2　厨房自动灭火设备示意图

针对灶台油锅、油烟道起火，此套装置可以在5秒内将火扑灭。灭火后的现场只需用水冲洗即可恢复营业。此系统安装后，可以杜绝厨房内常见的油锅起火蔓延等问题。

3. 装饰装修管控标准

装饰装修材料达不到安全标准，将使购物中心存在火灾隐患，甚至成为重、特大火灾事故的直接或间接原因。商业管理公司应在装修材料的管控上，严格遵循国家有关建筑设计及装饰装修技术规范，建立购物中心消防安全材料清单与使用标准，进行分级管控，从根源上杜绝安全风险。

（二）管理标准

商业管理公司不仅要严格执行安全技术标准，更应制定详细的管理标准作为日常安全管理工作准则和要求。购物中心安全管理标准主要包括：安全组织机构及职责、安全目标及计划管理、安全教育及培训管理、安全作业管理与规程、安全隐患清查与整改、重大危险源监控、安全事故调查与处理、安全绩效考核等。

案例呈现

- **万达广场餐饮商家消防安全的管理标准**

针对万达广场内餐饮商铺集中、经营人员素质良莠不齐、后厨人员流动频繁等客观状况，万达商业管理公司制定了严格的餐饮商家消防安全管理标准。

比如，对餐饮厨房排油烟管道的清洗，要求广场内餐饮商家厨房灶台上方的挡火板、灶台须每日进行擦拭清洗；灶台上方排油烟管道（半臂之长）须每周进行清刮处理。在满足排烟管道不积油情况下，排油烟管道清洗管控级别分为2级：一级为重油烟商家，排油烟管道每月清洗不少于1次；二级为轻油烟商家，排油烟管道每2个月清洗不少于1次。所建立起的排油烟管道清洗档案内容包括：清洗计划、清洗记录（含前后对比照片）等；餐饮商家的排油烟管道未按照要求进行清洗或清洗未达到要求的，必须强制要求商家完成整改（图12-3）。

为确保每日营业结束后的安全，万达广场对于闭店检查做出了详尽的规定。要求每日闭店时，物管部、工程部、营运部相关人员

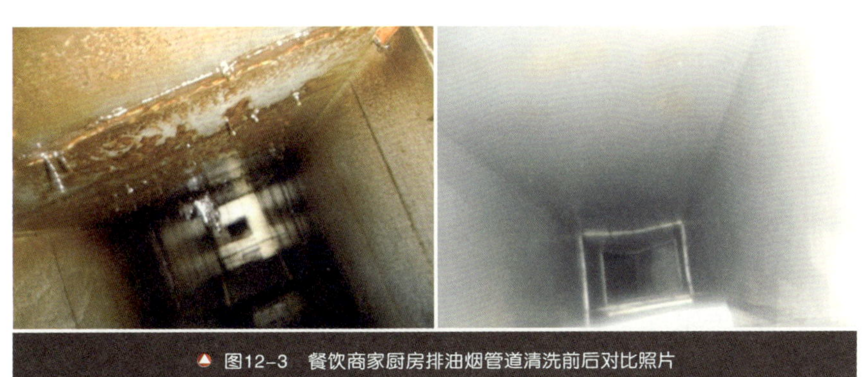

图12-3　餐饮商家厨房排油烟管道清洗前后对比照片

采用规定的《闭店检查表》（表12-2）对广场内的餐饮商家进行检查，检查内容包括但不限于：水、电、气的关闭情况；可燃气体控制柜的开启及运行状态。除此之外，还要对燃气总阀、配电箱、进户门情况拍照留存备查。检查表由商家和商业管理公司签字确认后方可正式闭店。

表12-2 餐饮商家闭店安全检查表

商家名称:									
日期	事项					商家检查人	监督人		
	水	电	煤气	门锁	其他		物管部	营运部	总值人员
1									
2									
3									
⋮									

说明：1．餐饮商家每天闭店时对照表格所列举项目逐条检查,确认水、电、煤气及门锁设施均已关闭（逐项打“√”），商家指定检查人及法定责任人每天必须签字确认；2．万达营运部客服人员/物管部每天检查，月底回收存档；3．餐饮商家应认真执行，违者予以处罚。

（三）安全工作量化考核

做好安全管理工作，关键在于落实与执行。

1. 安全隐患管控

每个安全隐患都是一枚定时炸弹，如不及时发现排除，后患无穷。

隐患排查工作，应以各业务部门为主，安全监督部门的监督检查为辅来进行。全面跟踪购物中心安全隐患还须建立安全隐患管理台帐，明确责任人、整改期限、整改情况复查。对于重点安全问题，应由公司相应层面的管理者直接推动问题解决。

商业管理公司对于安全隐患必须高度关注，每个问题都应追根溯源，没有解决的问题要跟踪到底。在规定期限内仍然没有排除隐患，涉及该问题整改的所有责任人应给予警告，并不断地提醒、督促其完成整改，直到问题解决。

2. 安全量化考核

要让安全隐患管控到位，只是做到消防安全管理的基本工作，不能全面反映总体的安全管理状况。因此需要借助一套实用、科学、公平的机制和考评标准来对购物中心进行量化安全评测，发现问题所处的部位及导致的原因，以便采取有效方法从根本上予以解决。

案例呈现

- **万达广场消防安全的量化考核**

万达广场"消防安全量化考核"机制以购物中心消防安全管理的17大项为考核内容，涵盖设备设施、商家、仓库、电气、销售物业等。具体做法是对每一大项进行细化分解成考核指标，建立明确的评分标准，设置合理的权重系数，最后综合计算出考核对象的安全得分，考核的执行人均由商业管理公司安全品质部负责（表12-3）。

表12-3 安全管理量化考核表（局部）

检查项目	检查内容	发现问题项数	检查要求	检查范围	问题描述	隐患级别判断	管理性质分类	扣分	备注
消防控制中心(6)	机房管理(1)		·制度上墙（0.5）	百货、大商业控制室					
			·无漏水，无电气隐患整洁无堆物（0.5）						
	设备运行(消控主机及漏电报警主机)(2)		·主机时间统一，打印机正常（0.5）						
			·故障率在3%以内(1)						
			·地址描述正确（0.5）						
	人员管理(1)		·监控员证件齐全且在有效期内（0.5）						
			·人员出入记录完整合规（0.5）						

3. 安全责任落实

商业管理公司应严格要求商家重视安全管理，积极开展自查、自改。进场前应与其签订《消防安全责任书》，运营期间定期组织商家进行安全培训，对于各商家新入职的营业员要进行专门的消防安全培训。

“安全事故一票否决”，这条高压线虽然残酷，但这是消防安全工作的基本底线。

三、消防培训与演练

购物中心必须高度重视消防安全培训和应急演练工作。

（一）消防全员培训

商业管理公司应紧密结合社会单位消防安全“四个能力”（即：检查消除火灾隐患的能力，组织扑救初起火灾的能力，组织人员疏散逃生的能力，开展消防宣传教育培训的能力）建设的内容，开展一系列的消防安全培训。培训对象不仅是商业管理公司的员工，还应包括商家员工、分包方员工，以及进场施工方人员，利用一切可能的机会，对进入购物中心的所有人员进行消防安全方面的培训、宣传与引导。

案例呈现

- **万达商业管理公司的消防安全培训**

从员工入职伊始，就强调消防安全培训的重要性。万达相关制度规定新入职员工、商家营业员到岗一周内必须接受商业管理公司组织的消防安全培训、考核，直至培训合格后方可继续录用。特殊岗位如消防值班室值班人员须经当地消防部门培训合格后才可上岗，且每年须接受公司统一安排的岗位技能培训与考核。

对于商家，在招商洽谈阶段，签署租赁协议时，即与其签署《消防安全责任书》，明确商家消防安全职责。进场施工的人员需登记备案后经商业管理公司的消防培训，明确熟知安全事项后方可进场施工。

餐饮商家后厨员工的消防安全培训是关注的重点，除上述例行的培训之外，万达还会利用每月的餐饮商家安全例会、每天下午后厨员工较为清闲的时间段，安排以下内容的日常培训：灭火器的选择和使用、灭火毯的使用；燃气泄露报警装置的检查与使用；灶台自动灭火装置的检查与使用；排油烟管道、排油烟罩口、挡火板清洗要求；闭店前的厨房检查，包括关闭水、电、燃气，熄灭烧烤炭火或炉火，开启厨房自动灭火设备和燃气泄露报警装置等（图12-4）。

图12-4 午后闲暇时间培训餐饮营业员使用灭火器

此外，每当遇到有新颁布的消防法律、法规时，商业管理公司组织相关人员学习培训，掌握法律法规的要求，并以此来指导开展日常消防管理工作。

2009年开始，万达联合消防部门分别在北京、上海、成都建立三大消防培训基地，每年组织各地公司人员到基地接受专业培训，授课人员有消防主管部门专业人士，也有万达自己培养的骨干力量。同时，商业管理公司总部安全监督部每年组织各地公司消防安全监督部门人员分批次接受为期不短于2周的专业培训。

（二）消防应急演练

由于购物中心人员密集，出现火情疏散难度较大。为此，商业管理公司应定期开展消防应急演练，让每个管理人员、营业人员乃至顾客都能清楚知道在发生突发情况时，应采取何种正确的自救方式，通过就近的消防通道安全逃生。为了保证消防应急演练的质量和效果，消防应急演练应尽量安排在营业时间，能全面覆盖购物中心，并有当地消防部门及顾客参与（图12-5）。

图12-5　万达广场在营业时间进行消防应急实战演练

定期开展的消防应急演练，除了能在发生火灾时及时、有效组织购物中心内的人员进行疏散外，在其他突发事件中也能发挥良好的疏散作用。

案例呈现

- **成都锦华路万达广场疏散案例**

2008年5月12日下午14点28分，成都锦华路万达广场，正是用餐客流高峰期。突然，大楼晃动了一下，所有的人顿时愣住了，紧接着，大楼开始剧烈摇晃，人们站立不稳，东倒西歪。“是地震！”广场商管人员首先做出反应。刹那间，尖叫声、哭喊声、呼唤声充斥整个卖场，现场非常混乱。

经历短暂的混乱之后，广场各楼层工作人员马上意识到事态的严重性，于是立刻按照公司2008年4月28日营业期间演练的疏散预案，各大门出入口工作人员第一时间将所有玻璃门打开；各楼层的营运部、物业部人员分成三组，一组工作人员迅速分散到本层重要位置，按疏散应急预案要求组织商家员工在每个疏散通道引导、疏散顾客；二组工作人员负责组织对老弱病残进行扶持引导；三组人员善后，组织商家最后撤离人员对水电气进行关闭。同时通过对讲机向公司领导、消控中心报告。公司领导通过对讲机命令启动应急预案，并对疏散工作进行布署：安排人员了解地震发生的最新情况；由营运部通知各商家及主力店清点人员，公司由行政部清点人员，及时掌握有无人员被困、受伤等情况，同时及时稳定商家及顾客情绪；物业部对主要出入口进行警戒，防止无关人员进入；通知消控中心人员将摄像头对准各通道及出入口，避免各商铺出现安全隐患；在广场外围加设岗位劝离靠近建筑物的人员；商管人员在所有出入口外三米设警戒岗，没有总指挥允许，人员只出不进，后来单独离场的人员要履行登记手续；工程部对广场进行设施设备的全面安全检查，综合维修班检查外广场、室内步行街、主力店、地下室等区域设备是否存在漏水、起火等重大安全事故，并做相应紧急处理，通知配电房切断各区域总电源，给排水班空水组关闭室外给水阀；电梯组检查电梯内是否有人、是否出现故障等。

疏散过程中，工作人员做好了安全检查工作，及时地扑灭了因商家撤离慌乱中未关炉灶引起的起火。在余震中，解救出电梯内的三名被困顾客，并关闭了部分商铺厨房内的煤气罐开关，避免了煤气罐发生意外。

成都锦华路万达广场总建筑面积40万平方米，广场内员工近万人，顾客数万人。如此大型的购物中心，在地震过后，无一例伤亡事件，无一例被抢被盗事件，没有收到一位顾客及商家投诉，主力店伊藤洋华堂超市在灾后第二天就开始正常营业，万达广场在灾后第四天便重新营业。

虽然此次成功疏散不是发生在火情出现时，但也反映出商业管理公司平时注重消防应急演练，应急疏散程序及要求已印入员工和顾客的心中；所以在发生突发事件时，才能够迅速反应，有序组织。

（三）消防安全宣教

购物中心作为公众聚集场所，在经营的同时还应承担社会责任，对商家和顾客进行消防安全宣教，传播消防安全知识和意识，创造安全购物氛围。

在营业期间内，可利用广场大屏幕、室内步行街内的液晶显示屏播放消防宣传视频；消防管理人员不定期在广场内对顾客进行消防基础知识的宣讲，展示或演示基本灭火器材，指导顾客亲自操作灭火器材，分发消防宣传彩页等；联合当地消防部门、安监部门进行各种宣教活动（图12-6）。

图12-6　在广场中庭展示宣传消防知识

第二节 | 设备运行保障

购物中心机电设备数量繁多，系统复杂。科学的设备运行管理、能源管理、维护保养管理，是购物中心正常经营、绿色运行、提供舒适消费环境的保障，同时也是购物中心资产保值、增值的基础。

一、设备运行管理

（一）设备运行计划实施

运行计划的实施，主要包括合理的人员设置、正确的设备操作、严格的巡检记录。计划实施中应遵守和注意以下方面：

（1）各系统操作人员应持有相应的专业资格证书，持证上岗。

（2）工程部负责人统一划分各设备设施巡检责任区，责任区内确定责任人。

（3）各系统操作人员应管理好设备设施以及附件、仪器仪表、安全防护装置和工具，使之完好无损。

（4）运行中要求：严格按操作规程操作；根据实际效果动态调节，使设备运行更经济更合理；观察设备运转情况，通过仪器仪表、声音、气味、温度发现异常情况；设备故障应停机检查及排除，并做好故障排除记录。

（5）交接班要求：检查电源及电气控制装置的安全可靠、各操作机构正常良好；检查安全保护装置是否齐全有效；擦拭设备，检查润滑情况；认真检查上一班次交接班记录，然后填写交接班记录。

（6）弱电或智能化系统的使用，特别是其中的软件系统，需对主机、密码、各级权限等严格管控，专人操作，相关硬件不得挪作他用。

（7）定期对所管理的设备设施进行检验抽查，周期为日检、周检、月检、季检、年检相结合，依据不同的系统分别设定。

（8）对发现的问题，必须限时改进，不得拖延。每项纠正措施完成后，责任部门的专业人员进行跟踪验证，评审所采取措施的有效性，防止类似的情况再发生。

（二）设备监测

1. 设备运行状态标准

设备系统运行中有多种参数，也可称为设备运行状态的标准，是指导设备合理运行的重要数据和参考。

（1）设计参数，是指各系统初期设计时提出的具体数据标准，是后期运行时必须参考并执行的，也是运行管理的基本依据，通常如压力、温度、风量、照度等等，一旦偏离，就会造成系统失衡甚至故障。

（2）设备参数，是指设备本身具有厂家要求的基本数据，也是设备正常运行的额定参考标准，如:电压、流量、转速、功率、油温、电流、正常寿命周期等。设备运行时，这些参数的变化会对设备的运行效能产生直接的影响，因此实际运行数据与原设备参数或标准的对比就尤为重要。

（3）环境参数，设备系统在达到设计与设备参数的标准后，不同的地域，不同的季节，不同的运行时段，都会受一些环境因素的影响，产生不同的环境参数。好的运行管理，必然根据环境参数调整、反馈，诸如湿度、风力、雨雪等气象条件，从而通过自身设备调节，始终保持购物中心内的舒适、安全。

2. 运行数据的监测

设备运行数据的监测分为停机监测和不停机监测（又称在线监测），是在设备运行使用过程中通过相关仪器仪表所显示的参数，能够直接或间接地反映设备的运行状况。

运行数据的监测范围不仅包括以上所述的各项参数，针对购物中心，还需重点监测卖场照度、环境温度、客流数据等，根据营运环境状态及时调整运行方案，达到既节约能源，又保障购物中心整体营运品质的目的。

3. 运行数据的分析

设施设备运行人员应按规定对各系统设备的运行数据定期进行汇总分析，评估各系统的能效和可靠性。分析周期以年、月、周、日为单位，以充分了解设备运行状态，并为后续运行提供科学有效的指导意见。

（三）周期性的预防检测、试验

周期性的预防检测与试验范围，应包括政府强制性的、行业惯例的、内部特殊要求的系统或设备，购物中心具体检测内容包括特种设备及计量器具的检测。

1. 特种设备的检测

购物中心需定期检测的特种设备、设施主要有：电梯及扶梯、压力容器、安全阀、避雷装置等，另外，还要定期进行高压防护用具安全性检测、二次供水系统检测、消防系统检测等（表12-4）。

表12-4 特种设备检测明细表

序号	设备设施名称	使用部位	检测周期	实施性质	检测单位	备注
1	绝缘手套	变配电室	6个月	外委	供电公司试验部门	检测报告或安检标签
2	绝缘靴		6个月	外委		检测报告或安检标签
3	高压验电器		12个月	外委		检测报告或安检标签
4	压力表	空调机房	12个月	外委	技监局特检所	检测报告或安检标签
5	安全阀		12个月	外委		检测报告或安检标签
6	压力容器		12个月	外委		检测报告或安检标签
7	电梯（含扶梯）		12个月	外委	技监局特检所	特种设备安全检测合格证

（续表）

序号	设备设施名称	使用部位	检测周期	实施性质	检测单位	备注
8	消防系统检测		12 个月	外委	消防局认可的有资质的专业公司	检测报告
9	避雷装置		12 个月	外委	气象局	检测报告
10	二次供水检测		12 个月	外委	卫生局	二次供水许可证

2. 计量器具的检测

压力表、温度表、电压表等计量器具在使用过程中，需按规定周期送达计量主管部门校验，检定合格的继续使用，不合格的则进行标识、修理或报废。校验后应在被校验对象上做出标识，对校验结果进行记录。

（四）设备间（操作间）管理

购物中心的设备间多、重点设备运行环境要求高，需要对各系统设备间进行标准化的管理。主要管理要求如下：

（1）协调项目开发公司，严格按购物中心房产技术条件中的设备房建造标准交付设备机房。

（2）制定并严格执行设备间的值班管理制度和操作流程。制度、流程和各种票证等需悬挂在机房管理区明显的位置。

（3）设备间内的设备标识要清晰正确、样式统一、位置一致；管线的标识及方向要准确、统一。

（4）设备间内的消防器材和工（用）具摆放位置固定、便于取用。

（5）变电站、制冷机房等重点设备间安排专人值守，值班人员须持证上岗。

（6）无人值守的设备间进行定时巡检，设备间内要有巡检记录表，巡检记录表中要注明机房巡检的要点。

（7）重点机房要有门禁系统、进出登记制度。

（五）商家代管设备管理

商家代管设备指购物中心商家租用区域内业主提供的、由商家负责管理的设施设备。由于商家管理水平、管理标准、维护成本参差不一，势必影响此类设备的完好度和寿命周期。因此，必须加强商家代管设备的运行和维护监管工作。

1. 监督管理要求

商业管理公司须每月对商家代管设备的使用情况进行巡检、记录。对于巡检中发现的问题，监督商家限期整改，并在整改后组织复检。除定期巡检外，还需对商家代管设备进行不定期抽检或主题抽检，每次不定期抽检间隔不应超过 3 个月。

2. 定期巡检及抽检内容

（1）变配电所运行记录、定期检测记录。

（2）电梯运行记录、定期检测记录。

（3）中央空调冷水机组及其配套泵类的运行记录。

（4）变压器、配电柜、冷水机组、冷冻泵及其管道等主要设备的外观及参数情况。

（5）变配电所、冷水机房、电梯机房的环境状况。

（6）屋面风机、油烟净化器的状况。

（7）消防、电梯等设施设备年度检测资料。

（8）排烟、噪声等环保检测资料。

（9）变配电、电梯等特殊工种工作人员是否持有效上岗证等。

二、能源管理

购物中心运行所消耗的能源主要包括水、电、燃气、热力等，一般能源成本占总管理成本的30％~40％。为保证购物中心正常运行，需加大对能源的重视和管理。除了采用新技术、新设备之外还要在管理上下功夫，树立全员节能意识。

（一）能源统计分析

1. 购物中心能耗分类

根据购物中心的用能类别，分类能耗数据采集指标为5项，包括：用电量、用水量、燃气量、集中供热耗热量、集中供冷耗冷量。

2. 能源统计

能耗数据采集、统计方式包括人工方式和自动方式。

（1）人工方式：通过人工方式采集的数据，包括建筑基本情况的数据指标和不能通过自动方式采集的能耗数据。

（2）自动方式：通过自动方式采集的数据包括建筑分项能耗数据和分类能耗

数据。由自动计量装置实时采集，通过自动传输方式实时传输至数据中转站或数据中心，进行统计和分析。

3. 能源数据分析

住房和城乡建设部在2008年6月正式颁布了一套国家机关办公建筑及大型公共建筑能耗监测系统技术导则，共包括5个导则：《分项能耗数据采集技术导则》；《分项能耗数据传输技术导则》；《楼宇分项计量设计安装技术导则》；《数据中心建设与维护技术导则》；《系统建设、验收与运行管理规范》。购物中心的能耗统计、监测分析可参考上述标准建立分析模型。

1）各类能耗指标及计算方法

（1）购物中心总能耗

总能耗为各分类能耗（除水耗量外）所折算的标准煤量之和，即：建筑总能耗＝总用电量折算的标准煤量+总燃气量(天然气量或煤气量)折算的标准煤量+集中供热耗热量折算的标准煤量+集中供冷耗冷量折算的标准煤量。

（2）总用电量

总用电量=∑各变压器总表直接计量值

（3）分类能耗量

分类能耗量=∑各分类能耗计量表的直接计量值

（4）分项用电量

分项用电量=∑各分项用电计量表的直接计量值

（5）单位建筑面积用电量

单位建筑面积用电量=总用电量/总建筑面积

（6）单位空调面积用电量

单位空调面积用电量=总用电量/总空调面积

（7）单位建筑面积分类能耗量

分类能耗量直接计量值与总建筑面积之比，即：单位面积分类能耗量=分类能耗量直接计量值/总建筑面积

（8）单位空调面积分项用电量

分项用电量的直接计量值与总空调面积之比，即：单位空调面积分项用电量=分项用电量直接计量值/总空调面积

2）能源数据分析

（1）定期分析。如月度、季度、年度等经常性的分析，主要反映能源使用状况、节能计划完成情况等。

（2）专题分析。专题分析是对某项专门问题的分析。如对空调夏季能源消耗的专项调查和分析。这种分析抓住主要矛盾进行系统深入的调查与分析，提出解决矛盾的切实建议。

（3）综合分析。综合分析是对能源经济运行状况进行比较全面的分析或对综合性问题进行的分析。这种分析反映了能源经济运行的全貌和各个环节的内在联系。

（二）节能管理

购物中心主要的节能手段分为管理节能、技术节能和合同能源管理。

1. 管理节能

管理节能通过各种管理手段，在不投资或少量投资的情况下杜绝能源浪费，减少各种非正常的能耗消耗，是一种最经济的节能方式。

商业管理公司需建立一个系统的管理体系，使购物中心运行中各环节的所有操作和管理人员密切配合，通过下述措施实现管理节能：

（1）加强节能宣传和培训，树立节能意识。

（2）建立能源消耗的计划和考核制度。

（3）定期公示能源消耗数据，使各级管理人员了解主要耗用能源设备的数量、运行情况。

（4）调整设备运行时间，实行节能运行程序，特别注意控制空调、室外照明和泛光照明等的开关时间。

（5）合理设定运行参数（如空调温控点），既保证正常使用功能，又节省能源。

2. 技术节能

随着科技的进步、政府的扶持与节能意识的提高，节能新材料和新技术层出不穷，购物中心常用新技术主要有以下几种：

1）节能照明灯具

节能照明灯具按技术先进性可以分为普通荧光灯、节能灯（紧凑型荧光灯）、LED（发光二极管）照明三大类。普通荧光灯和节能灯的光效是普通白炽灯的5倍，寿命是白炽灯的8倍。在同样亮度下，LED照明耗电仅为白炽灯的1/10，寿命是白炽灯的80~100倍。采用节能照明灯具，在保证购物中心照明效果的基础上可有效节约照明耗电量。

2) 变频和模糊控制

空调模糊控制技术通过采集影响中央空调系统运行的各种变量，传送到模糊控制器，模糊控制器依据推理规则及系统的历史运行数据，推算出系统该时刻所需的冷量（或热量）及系统优化运行参数，并利用现代变频技术，自动控制水泵的转速，以调节空调水系统的循环流量，保证中央空调系统在各种负荷条件下，处于最佳的工作状态，从而实现综合优化节能。中央空调系统综合节能率为20%~40%，中央空调能源控制系统投入回收期一般为4年左右。

3) 能源再生电梯

能源再生电梯是在无齿轮系列产品的基础上对电梯节能技术再一次升级和创新。在一般的非能源再生系统中，在制动运行时由于电能通过电阻器转化为热能，导致效率降低，并给建筑带来额外的热量负担。而能源再生电梯则可以将这些能量返回到建筑内部的电力网络中，把在过程当中消耗的势能、机械能更大范畴地利用起来，为其他负载或同一网络中相连的其他用户所用，不仅在能源节约上实现更大突破，而且还减少了利用过程中的污染，被业内誉为节能电梯之中的“绿色电梯”。模拟测试结果显示，在同等时间内，能源再生电梯运行次数越多，所“造”的电能也就越多，综合节能达55％。

3. 合同能源管理

合同能源管理（Energy Management Contracting，EMC）是指专业化的能源服务公司与愿意进行节能改造的客户签订节能服务合同，按照合同采用先进的节能技术及全新的服务机制来为客户实施节能项目。EMC为客户提供能源系统诊断、节能项目可行性分析、节能项目设计，帮助项目融资，并提供设备的选择与采购、安装调试、进行项目管理、培训操作人员、合同期内系统设备维护、节能量监测等一条龙服务，然后与客户共同验证项目的节能效果、环境效益与经济效益，最后与客户分享项目实施后取得的经济效益，回收项目的投资和获得应有的利润。

三、维修保养管理

（一）维修保养计划编制

维修保养计划的编制依据主要有：设备的保养周期、设备的使用目标和管理目标、安全和环境保护的要求、设备的技术状态等。

编制保养计划时需考虑下述问题：

（1）正在使用或运行急需的、影响其他系统使用的、关键性的设备应重点提前安排保养。

（2）考虑保养工作量的平衡，使全年工作能均衡地进行。

（3）充分考虑保养前的准备时间和保养工作时间。

（4）应切实考虑公司的资源和能力，如果能力或资源不足以保障项目的保养时，应考虑项目外包或寻求技术支持，不应降低保养的技术要求。

（5）确保计划内每项工作的资金到位；否则，应按照工作的轻重缓急做删减调整，重新制订计划。

（6）所制订的计划应该包括必要的工作程序和检验程序，使计划具有可操作性和可验证性。

（7）对于连续运转的关键设备，应尽可能安排在非高峰期保养，以缩短停歇时间。

保养计划分为年度保养计划和月度保养计划，内容而包括：

一级保养：保持设备润滑良好，减少设备磨损，延长设备使用寿命，消除设备事故隐患，保持设备的良好工作能力。一般由设备操作者进行，如每周每日都做设备一级保养。

二级保养：以清洁、检查、调整、校验为中心内容，由专业维修人员负责执行。除执行一级保养作业项目外，还要检查运动部件的润滑油状况，清洗各类滤清器，检查安全机件的可靠性，消除隐患，调整易损零部件的配合状况，检查旋转运动部位的磨损程度，校验指示计量用仪器仪表和控制用仪器仪表，延长使用寿命，维护设备的技术性能。

三级保养：以解体清洗、检查、调整为中心内容，包括拆检齿轮变速和电磁变速器，清除污垢、结焦，视需要对各部件进行解体、清洗、检查，清除隐患，排除缺陷，对设备进行全面检查，视需要进行除锈、补漆，对电气设备进行检查、试验等。

（二）维修保养计划实施

要严格按照设备的保养计划实施，在确保安全的前提下，注意控制以下几个因素：

（1）质量的控制。对影响保养质量的要素进行有效控制，并加强对保养质量的验收检查，确保保养工作能够达到计划的质量标准。

（2）进度的控制。购物中心设备的使用率较高，停机维护一般都会给商业的运行造成不便。对保养工作进度进行有效控制，既可以减少保养工作对商业运行的影响，也有利于降低成本。

（3）成本的控制。通过对保养成本的构成要素进行有效控制，提高保养工作的经济性。

（4）验收和存档。根据设备保养项目的实际情况和工程量，采取适当的验收方式。保养工作的资料存档包括：保养的计划、预算和批准文件、保养工作记录、更换材料和零配件记录、竣工图和验收资料、对本次保养工作的总结、下次保养工作的改进等。

（三）外委保养

购物中心设备种类繁多，技术复杂，个别设备按照国家或行业的规定，需要具有专业资质的单位进行保养，因此对外委保养单位的管理就显得尤为重要。一般购物中心的消防设备、空调制冷主机、空调水处理、电扶梯、高压配电设备、锅炉等设备需进行外委保养。商业管理公司可把外委方列入分包方管理范畴。

1. 分包方监督与评审职责部门

设备外委分包方的监督与评审由商业管理公司工程部负责。使用部门、行政部、财务部作为参与部门介入分包方监督与评审工作。

2. 分包方监督与评审

各业务相关部门必须对分包方的履约表现进行阶段性的监督和评审，做好分包方的履约评估记录。

在设备外委维保期间，工程部须指派专人监督分包方维保工作，实施执行过程监督；在合同执行期间，各业务经办部门负责人需在付款前对分包方进行工作评价，进行付款评审；在分包合同到期时，工程部需进行合同履行完毕评审，作为下一个分包期是否优先选择该分包方的依据之一。

在付款评审及分包过程中，如出现分包服务不符合要求时，工程部须及时通知分包方限期整改。如分包方未按要求及时采取相关的纠正措施，经公司审核批准后，可以取消该服务项目分包方的资格。

3. 维保合同

对于外委维修保养的设备及系统，维保合同是维保工作质量标准的重要依据，因此，在签订外委维修保养合同时应充分明确技术标准、管理责任等事项，并在合同执行中严格落实。

（四）工程维修

1. 维修的类别

1）大修

大修是在房屋和设备设施基础构件或主要零件损坏严重，主要性能大部分丧失，安全性和可靠性严重下降，必须经全面修理才能恢复其效能的情况下使用的一种修理方式；它是指需要涉及或拆换部分主体构件或设备，但不需要全部拆除的工程。它是对房屋承重结构部位、外墙面等共用建筑部位、消防设施等共用设施设备和公益性文体设施的大修、更新与改造。

2）中修

中修是指需涉及或拆换少量主体结构或少量设备，需要动用资金达到该部件价值15%的，但保持原房(或设备)的结构和规模的工程维修，维修后基本保持房屋完好率不降低。中修工作量介于大修和小修之间，在实际工作中大修与中修的差别不容易界定，一般可以取消中修类别，合并到大修。

3）小修

小修是指修复房屋和设备构部件小的损坏，以保证房屋和设备完好的日常维修工程。小修的工作内容主要针对日常点检和定期检查发现的问题，拆卸有关的零部件，检查、调整、更换或修理失效的零件，恢复房屋和设备的正常功能。

2. 工程维修的资金来源

（1）购物中心公共区域内共用部位及共用房屋或设备的小修，属于商业管理合同中约定的维修范围内的部分，维修资金由商业管理公司承担。

（2）租赁区域内商家独立使用的、租赁合同或物业管理协议中约定由商家承担的房屋和设备设施的维修，由商家自行维修。委托商业管理公司维修的，由商家承担维修费用。

（3）对于大修、中修、设备设施的改造更新，由购物中心业主提供资金。

第三节 | 智能化运行

购物中心是由多种不同业态构成的商业建筑群体，设备的互动、集约程度非常高，这些设备设施既具有单一的使用功能，又具备联动的集约效果，既具有先进的智能化程度，又具有因高新科技高度集约而成的简单操作程序。要保障大型广场的正常运行，不单要制定和执行严格的设备操作规程，更要加强和完善设备设施运行的科学性、安全性、经济性体系的建设与管理，构建商业管理工程智能化运行体系。

一、“慧云”智能化管理系统

在建筑运行管理领域，普通的智能化系统，仅限于设计层面及设备控制层面，但“一键式”管理却将建筑内所有的设施设备管理集成到一个平台上，真正实现了购物中心设施设备管理的科技化、智能化及精细化。

（一）“慧云”智能化管理系统设计原则

“慧云”智能化管理系统的目的是通过建立集中控制平台，将暖通空调、给排水、变配电监视、火灾报警、视频监控、防盗报警、门禁管理、电子巡更、公共照明、夜景照明、电梯监视、客流统计、停车管理、信息发布、背景音乐、能耗计量等16项智能设备系统的控制管理集成在一个管理界面上，从而实现“降低人工成本”、“保证运行品质”、“降低运行能耗”的目标。集成平台设计应满足以下原则:

1. 满足商业管理便捷使用的要求

（1）所有需要监控的弱电系统集中在一个集成平台上，运行管理人员可在中控机房实现购物中心各机电系统的远程操作和监控。

（2）集成平台界面统一，根据商管需求量身定制，简化操作流程。

（3）实时监测各子系统的关键运行数据，各子系统管理信息一目了然。

（4）管理人员可以通过集成平台友好的图形界面，方便地对管理逻辑进行编排。

（5）可以通过网络远程访问平台，在多个地点（现场）控制各子系统。

2. 满足商业管理安全监控的要求

（1）在集成平台上实时显示各子系统重要报警信息，出现异常情况时，管理人员可第一时间获取信息，并通过集成平台远程排查，了解设备现场情况。

（2）集成平台全面记录重要设备的运行参数、运行状态、运行时间等信息，根据商管经验定制巡检策略，在故障前兆期发现问题，提早反应。

（3）长期记录各子系统运行数据、报警记录等信息，并综合对比，便于管理人员定期对机电系统进行全面诊断。

3. 满足商业管理绿色运营的要求

（1）集成平台对各子系统进行统一管理，通过预设的控制逻辑，使机电系统遵循商业运营的标准，实现自动节能运行。

（2）集成平台提供长期运行数据记录、编辑修改运行模式、修改具体设备设定参数以及修改自动控制逻辑的功能。集成平台综合汇总各子系统信息数据，管理人员要定期对这些数据做出分析，找出能耗漏洞，修正运行控制逻辑，达到进一步节能运行的目的。

（二）“慧云”智能化管理系统的整体架构

根据上述设计原则，结合商业管理需求以及目前系统集成和软件行业的现有技术，“慧云”智能化管理系统的整体架构如图12-7所示。

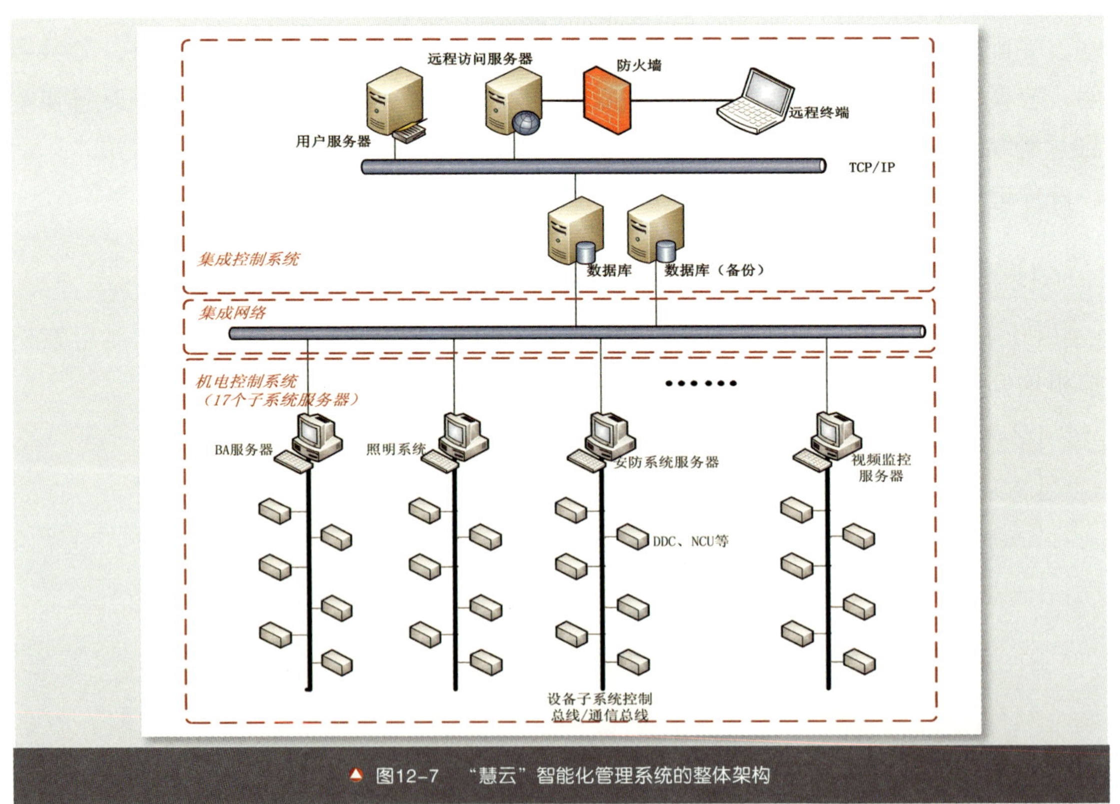

▲ 图12-7 “慧云”智能化管理系统的整体架构

在原有楼宇自控等设备子系统基础上新增加的数据库及软件，通过集成网络与原有各个机电控制系统的子系统控制中心（服务器）完成数据交换，从而实现通过“慧云”智能化管理系统对各个子系统的监控。

二、能源管理平台

购物中心开业运营后，包括电、水、气在内的能源消耗即成为购物中心重要运营成本之一，厘清各系统、各业态、各区域的实时能源消耗，是节能降耗的前提和基础。传统的能耗统计与分析都是通过人工抄表，手工计算，存在抄表时间差、计量统计误差、无法横向比较等问题，难以精确核定节能效果，也无法作为可靠的数据供新建购物中心参考。能源管理平台的使用则可以彻底解决上述问题。

能源管理平台是一个主要面向能耗设备的能源分析系统，由能源分项计量、统计与分析信息化系统组成，通过各类远传电子仪表的在线实时测量，能够生成各种能耗曲线图，直观展示设备的能源使用情况，并提供能耗分析、预警功能，为节能提供依据和参考。

案例呈现

- **南京建邺万达广场能源管理平台的应用**

南京建邺万达广场在2011年建设能源管理平台后，充分发挥能源管理平台技术优势，管控中央空调系统的节能运行。

图12-8为2010年与2011年主要供冷季（8月、9月）逐日对比曲线。从图中所附表单可以发现，2011年8月、9月制冷主机耗电量与去年同期相比下降了24%，节约16.67万度电。

图12-9为2011年与2010年8月、9月两个典型周制冷机能耗逐时对比曲线。从图中的对比可以看出2011年8月典型周（紫色）与2010年8月典型周（深蓝色）相比明显加强了控制，2010年深蓝色曲线显示开机后即保持高位运行，而2011年的紫色曲线可以看出随着负荷变化的调节控制。同样，对比2010年9月（橘红色）与2011年9月（粉红色）的典型周曲线也可以发现同样的变化。说明该万达广场管理公司的一线人员通过使用能源管理平台紧密跟踪负荷的变化趋势，有效地实现了供需匹配，取得了良好的节能效果。

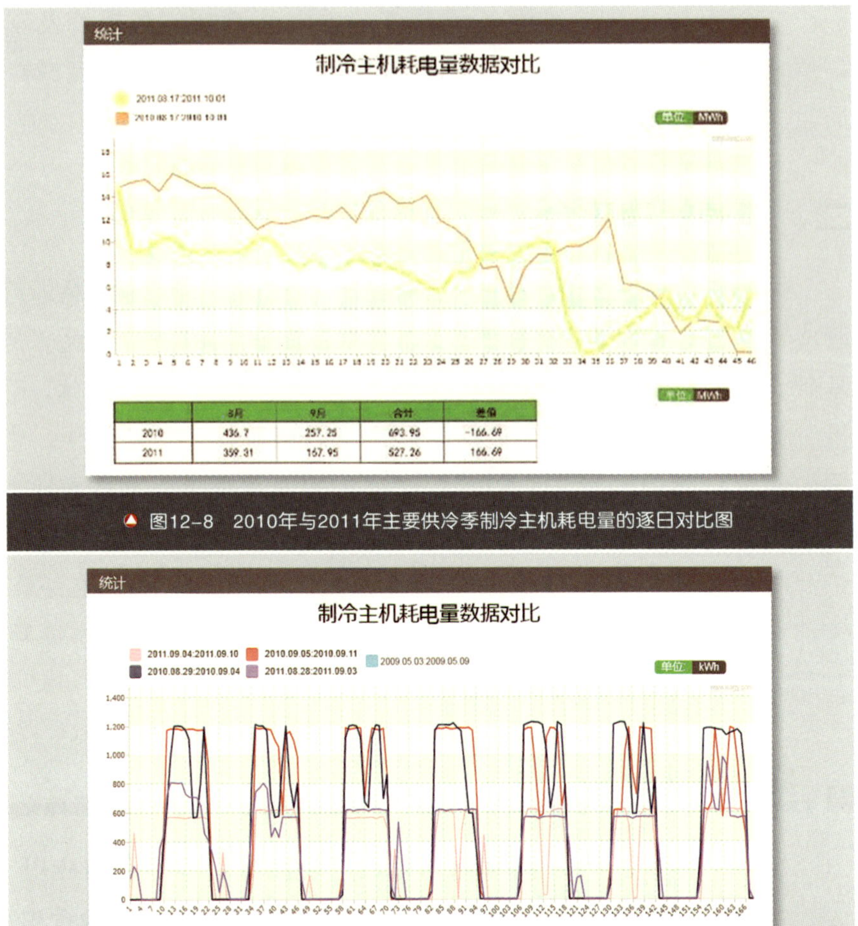

图12-8　2010年与2011年主要供冷季制冷主机耗电量的逐日对比图

图12-9　2010年与2011年主要供冷季制冷主机耗电量的逐时对比图

能源管理平台不仅解决了购物中心能源精细化管控的难题，在设备管理中也发挥了巨大功用。比如，通过能源管理平台能够及时发现系统中重点设备的故障。大型设备发生故障初期往往表现为使用能耗急剧增加、或与其关联的某些设备的使用能耗急剧增加，这类问题在例行维护和巡检中很难被管理人员发现；但通过能源管理平台的在线能耗监测，管理者可以轻易看到这些故障设备能耗的异常变动，及时检修，将故障消除在萌芽状态。

另外，能源管理平台能够辅助优化系统运行策略。广场中的各用能子系统，特别是空调系统中的各子系统之间存在一定的关联关系，因其协调匹配不当产生的用能浪费往往是管理人员不易发现、较难解决的。通过挖掘各用能子系统不同时间段的能效指标，暖通节能的专业人员可以较容易地发现此类问题，为商业管理人员提供合理的运行调节建议，进而达到降低能耗的目地。

第四节 | 绿色建筑运营

绿色建筑的“绿色”，并不是指一般意义的立体绿化、屋顶绿色建筑花园等，而是指在建筑的全寿命周期内，最大限度地节约资源（节能、节地、节水、节材）、保护环境和减少污染，为人们提供健康、适用和高效的使用空间，让建筑与自然和谐共生。

一、绿色建筑运行标识

绿色建筑评价标识是确认绿色建筑等级并进行信息性标识的一种评价活动（图12-10、图12-11）。

NO.PO10901

一星级绿色建筑标识证书

CERTIFICATE OF GREEN BUILDING LABEL

建筑名称：上海江桥万达广场（商业部分）

建筑面积：21.37 万m^2

完成单位：上海江桥万达广场商业管理有限公司、北京清华同衡规划设计研究院有限公司

评价指标	设计值	实测值
建筑节能率	50.5%	50.5%
可再生能源利用率	—	—
非传统水源利用率	0.62%	0.62%
住区绿地率	公共建筑不参评	公共建筑不参评
可再循环建筑材料用量比	10.17%	10.17%
室内空气污染物浓度	设计阶段不参评	符合国标GB 50325
物业管理	设计阶段不参评	未通过ISO 14001认证

有效期限：2013年1月5日-2016年1月4日　签发日期：2013年1月5日

▲ 图12-10 绿色建筑评价标识证书　▲ 图12-11 一星级绿色建筑标识证书

绿色建筑评价标识分为“设计标识”和“运行标识”。运行标识的评审要求建筑运行一年以上，现场核查合格才能授予。运行标识是对建筑绿色水平的真实检验，获得运行标识的建筑才能称得上真正的绿色建筑。

购物中心属于公共建筑，绿色建筑评价（运行）标识评审重点关注“节地与室外环境”、“节能与能源利用”、“节水与资源利用”、“室内环境质量”、“运营管理”几个方面。每类指标分为控制项、一般项和优选项，其中控制项为绿色建筑评价（运行）标识评审的必备条件，一般项及优选项为各购物中心根据项目建造特点不同进行选择，但不能低于评审要求的数量。

二、绿色建筑运行目标

2013年8月发布的《国务院关于加快发展节能环保产业的意见》中提出，到2015年，我国将新增绿色建筑面积10亿平方米以上，城镇新建建筑中二星级及以上绿色建筑比例超过20%。与此同时，我国目前已获得绿色建筑标志认证的700多个建筑项目中，仅有10%获得了绿色建筑运营标志。

按照公共建筑物生命期成本分析，建筑的建设费仅占建筑生命期全部成本的15%，运行与管理费用约占生命期成本总费用的85%以上；而建筑运行阶段占整个建筑生命周期的95%以上。因此，只有通过运营管理控制建筑物的服务质量、运行成本和生态目标，才能实现真正意义上的绿色建筑。换言之，绿色建筑运行的目标，就是通过对建筑运营过程的计划、组织、实施和控制，有效应用适宜的高新技术，保证绿色建筑的技术措施运行正常，实现节地、节能、节水、节材与保护环境的目标。

绿色建筑运营管理在传统物业服务的基础上进行提升，要求坚持“以人为本”和可持续发展的理念，从建筑全寿命期出发，通过有效应用适宜的高新技术，在运营实施时处理好使用者、建筑和自然三者之间的关系，实现绿色建筑各项设计指标。

案例呈现

- **万达广场的绿建运行之路**

万达集团自成立以来一直重视节能环保工作。早在2000年，万达开发的大连雍景台项目就成为全国最早的节能住宅之一。截至2012年年底，共有34个万达广场获得一星级、二星级绿色建筑设计评价标识认证，是全国获得此类认证项目最多的企业。其中广州白云万达广场是全国首个获得“公共建筑类二星级绿色建筑设计标识”认证的购物中心项目。

万达集团不仅重视项目设计建造阶段的绿建节能工作，更加注重运营阶段的节能环保。万达商业管理有限公司在确保正常经营的同时，以《万达集团节能工作规划纲要（2011-2015年）》为指导，组织实施了各地万达广场绿色建筑运行标识的评审申报工作。

2012年7月12日，国家住房和城乡建设部表彰了广州白云万达广场、福州金融街万达广场和武汉菱角湖万达广场，这三个项目是国内首批获得绿色建筑运行标识的大型商业建筑，实现了国内大型购物中心绿色建筑运行标识零的突破。

2013年1月5日，厦门湖里万达广场、武汉经开万达广场、银川金凤万达广场、郑州中原万达广场、石家庄裕华万达广场、上海江桥万达广场和镇江万达广场共7个万达广场再次获得绿色建筑运行标识。

2013年6月10日，廊坊万达广场、大庆萨尔图万达广场、福州仓山万达广场、泰州万达广场和常州新北万达广场共5个万达广场第三批获得绿色建筑运行标识，将获得此认证的万达广场的数量扩展到15个。

截至2013年11月，又有上海宝山万达广场、郑州二七万达广场等12个万达广场正按计划进行绿建运行评审，其中9个已通过现场评审。

自从我国施行绿色建筑认证以来，获得绿色建筑运行标识认证的大型购物中心全部为万达广场。

经统计，2013年1月前取得绿色运行标识的10个万达广场，总建筑面积达到178万平方米，与全国大型商业建筑相比年均节能量为1436.3万千瓦时，可实现二氧化碳减排0.9万吨，二氧化硫减排55.9吨。在给企业带来经济效益的同时，也创造了社会效益。

万达广场通过持续完善运营管理制度，定期进行能效考核，依托能源管理平台，遵循“改进—测试—总结—改进”的循环步骤，强化了各级员工的绿色环保意识和理念，实现了各地万达广场运营期间持续降低能耗、环保运行的目标。

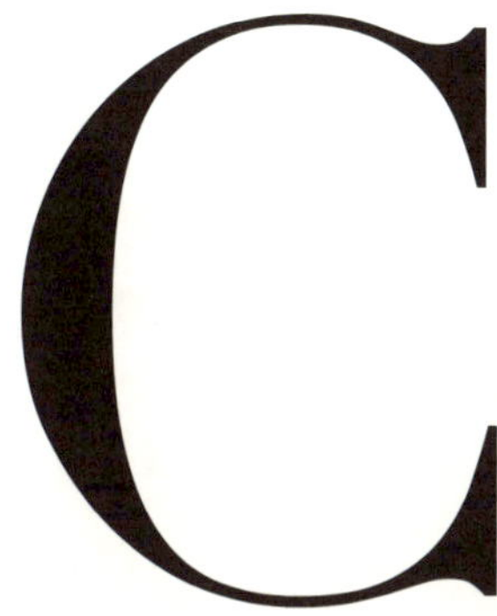

PART. 13

第十三章 风险控制

13

PART. 13

第十三章

风险控制

企业发展的不同阶段有不同的工作重点，企业家要善于抓主要矛盾。小企业看技术，“一招鲜，吃遍天”；中型企业看人才，人才比资金、技术更重要；大企业看管理、看风险控制能力。企业规模达到千亿级别，风险控制必须成为企业管理的核心，企业大了就输不起也折腾不起了。

——王健林董事长，在万达集团2010年半年会上的讲话，2010年7月

法律风险控制，对企业意义重大。市场经济从某种意义上讲就是法治经济。企业作为市场经济的主要经营主体，只有守法经营、依法办事，才能得以存续并发展。企业违法不但要承担法律责任，而且将对企业声誉造成巨大的负面影响，甚至导致企业无法存续。

对于年营业收入超过千亿元的万达集团而言，风险控制更为重要。企业对风险控制的重视程度与企业的发展速度呈现高度相关性，可以说，万达重视风险控制，正是万达高速发展的需要。

万达的风险控制，不但聚焦于前期的拿地与开发建设，而且覆盖到后期的物业运营和管理。在商业地产的运营管理上，如何建立、保持或终止与各方之间的业务关系和法律关系，如何对风险点进行分析，过程如何管控等，都是商业管理中的风险控制问题。

企业经营过程中除了经营风险、法律风险外，还要面对自然灾害或突发事件带来的风险，地震、火灾、水灾等自然灾害一旦发生，不但将造成财产损失，而且可能给生命带来威胁。万达商业管理公司主要承担着万达商业地产公司所开发的商业物业的营运和管理。万达商业管理公司在日常经营

管理中，涉及的关系方众多，且直接面对不特定的社会大众，潜在的风险遍布每个角落。如何控制这些风险？财产保险就是其中一种有效的手段。

几乎每一天，万达都要面临诸多不确定性所带来的风险。当然，万达没有应接不暇，更没有束手无策，而是通过完善的流程及规范的做法，让这些不确定性变得确定。这其实源于万达的风险控制理念：真正好的风险控制不是充当“救火队员”，而是未雨绸缪、防患于未然；对一个大型企业集团而言，风险控制不是单点突破，而是标准化的总控能力。

无论是商业管理中的法律风险控制还是财产保险的管理，万达都实行了两级管控，并且在管理手段上都实现了信息化管理，将总部的标准化控制能力与地方的灵活性协调统一，共同发挥作用。

第一节 | 法律风险控制

企业的法律风险控制集中体现在法律事务管控上。法律事务管控，是指有组织地管控企业法律事务，控制法律风险，确保企业合法存续及运营，防范企业受到非法侵害，并参与企业长期价值的创造，为企业的基业长青提供服务。

法律事务具有专业性，并且还应与企业管理相结合，企业法律事务管控应设立专门机构，由具有法律专业能力与企业管理能力的人员来完成。万达集团在集团总部层面设立的法律事务中心，是集团的重要职能部门。法律事务中心直接负责集团全面法律事务的管控，既是集团总部和各系统总部法律事务的经办和管理部门，也是全集团内所有公司重大法律事务的决策和审批机构。万达的法律事务中心在对集团法律事务的管理上，实现了由服务型向管理型转变，由参与型向把关型转变，由诉讼型向风险防范型转变，由分散管理型向总部集中管理型转变，并对大型集团公司的法律事务管理工作进行了有益的探索和实践。

对于万达商业管理公司系统总部而言，集团法律事务中心既是系统总部法律事务的经办部门，也是全系统内商业管理中日常法律事务的决策审批部门。集团法律事务中心的审批直接纳入商业管理业务流程的审批节点，对商业管理中的每项业务、每个重大合同，集团法律事务中心都具有直接的审批权力，并行使管理职能。

具体来说，万达商业管理中的法律风险控制是通过两级法律风险管控模式实现的。

一、两级管控，兼顾效果与效率

相对于住宅物业管理而言，商业管理公司的法律风险控制，更为复杂，也更具有挑战性。随着商业物业开发的规模化发展，商业管理呈现出连锁化、集团化的发展趋势，集团化运作的商业管理公司越来越多。由此带来的问题是，集团管控如果过严，可能一管就死；而放手给各地公司，则可能造成混乱。

万达商业管理中的法律风险管控模式，很好地解决了这一问题，既保证了管控效果及工作效率，又调动了各地管理公司的积极性。

（一）法律风险两级管控模式

集团化运作的商业管理公司在组织架构上，由商业管理公司总部和各地公司组成，总部对各地公司予以管理，各地公司直接为所在地一个或多个商业项目提供商业管理服务，这可以概括为两级管理模式（图13-1）。

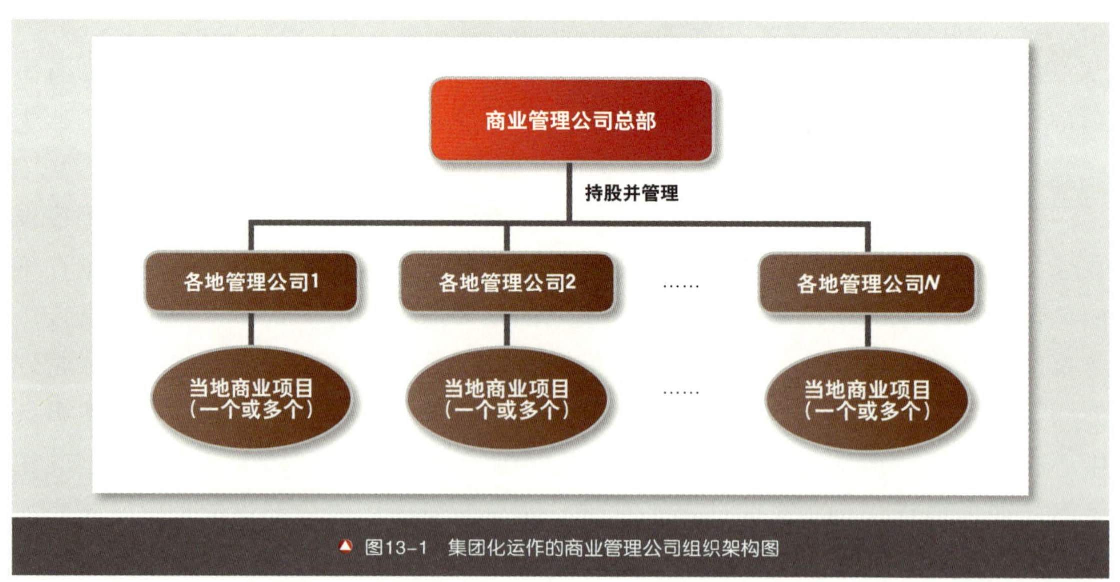

图13-1 集团化运作的商业管理公司组织架构图

在此模式下，总部在管理上居于主导地位，同时也赋予各地公司一定的自主权。相应地，商业管理公司的法律风险控制，也是建立两级管控模式，即总部法律风险控制与各地公司法律风险控制。总部设立专门的法律事务部门，负责处理重大法律事务，控制重大法律风险。各地公司一般不设法律事务部门，而是聘请执业律师负责处理业务中所涉及的法律事务，控制日常经营中的法律风险。

万达商业管理中法律风险控制的两级管控模式，如图13-2所示。

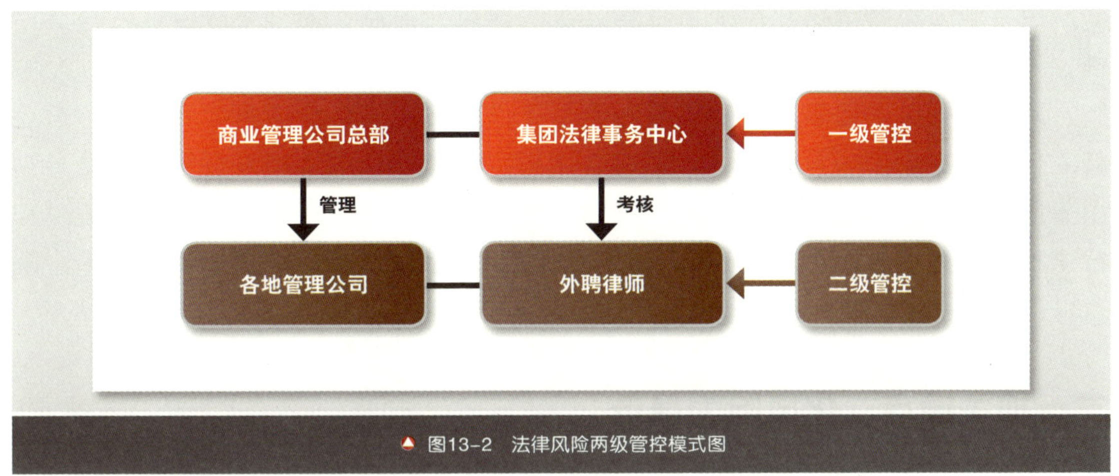

图13-2 法律风险两级管控模式图

（二）总部与地方各司其职

法律风险两级管控模式符合万达集团化运作的要求，具有无可替代的优点。它既能保证集团意志得到统一贯彻执行，还能照顾区域特点、灵活应对。

1. 总部发挥控制力

由总部负责一级法律风险控制，能够建立稳定的专业团队，具备管控高度，可以更好地贯彻总部的意图，并有利于公司追求全局及长远目标。特别是对于总部直接管理的事项所涉及的法律事务，由总部层面予以法律风险控制，能从管理的角度得到全集团的重视而避免流于形式，让管控本身成为决策的一部分，并具有良好的执行力，从而起到风险控制的实效作用。

以万达广场中万达自持的购物中心多种经营点位设置为例，各地公司为了追求利益最大化，可能会在广场内外随意设置经营点位，而这会影响整体形象。鉴于此，商业管理公司总部从提升万达广场品牌形象的角度出发，规定各地公司在广场内外设置多种经营点位必须向总部申报，并且规定经营点位的位置应在广场中庭或扶梯下方，每个经营点位的使用期限最长为一年。这些业务的合同必须报集团法律事务中心审批：如经营点位位置不符合要求的，不予审批通过；对于使用期限不符合规定的，坚决予以调整。总部通过合同审批发挥控制力，使决策贯彻到执行中去，规范和统一全集团所有商业管理公司的行为，维护万达的整体利益和长远利益。

2. 地方公司发挥灵活性

由各地公司聘请执业律师负责第二级法律风险控制，能够兼顾专业性与灵活性，并便于利用当地资源加强对公司的风险控制。

万达的两级法律事务管控体系做到了工作分工明确，业务有配合，执行有监督。例如：在合同审批程序中，所有合同根据种类、标的金额及期限等标准分别由集团法律事务中心和各地公司外聘律师按照各自权限进行审批和管理。通过实行这样的合同审批流程和管理制度，既能控制法律风险，又能提高管理效率；既保证了总部控制，又发挥了地方灵活性。

二、抓关键点，化风险为最低

商业地产项目的招商阶段和运营阶段都可能存在各种不同的风险，法律风险管控，要管哪些内容？从全面控制法律风险的角度来讲，只要是涉及法律问题和法律事务的，都要管；与此同时，还要加强重点事务的管控。万达法律事务管理的重点就是：管合同、管诉讼、管知识产权、管总部事务、管外聘律师。

（一）管合同：从签订到履行，严格把关

在法律风险控制方面，商业管理公司总部的一项重要职责是管合同。首先，从管理制度上，在合同审批环节增加集团法律事务中心这个审批节点，体现法律风险控制在整个业务风险管控中的重要作用。在日常的商业管理工作中，总部对常用合同制定范本，在全系统内统一使用合同范本，各地公司必须严格执行。其次，集团法律事务中心对合同进行审查，不是泛泛地只审查条款，而是深入到合同背后的业务，与业务经办人充分沟通，使合同达至完备、与业务相匹配，在合同的审查、修改、审批上都体现了“把工作做到极致”的理念。第三，在合同签订阶段，集团要求合同类文件用印前需经集团法律事务中心审核人员或各地公司法律顾问小签确认，并专门规定了合同文本小签确认的具体要求。最后，在合同签订后的履行过程中，总部对各地公司的合同履行过程进行监控，通过信息化管理手段，全过程管控合同风险。

1. 合同范本标准规范

总部负责对合同范本的制定，重要性及必要性不言而喻，尤其对于那些重复使用的、数量较大的、涉及种类较多的业务合同，更需要特别严谨，以保持对外的一致性及规范性。针对商业管理，集团法律事务中心仅2012年就制定了20余份合同范本，而近年来累计制定的合同范本则超过百份，并保持不断更新完善。合同制定完成后，由商业管理公司总部下发给各地公司严格执行。

2. 审批节点严格把关

由于实行两级法律事务管控，作为一级风险管控的集团法律事务中心，必须对各地公司上报到总部审批的事项中涉及的法律事务负责。这其中，涉及较多的也是合同文本。合同审核的最直接目的，是及时发现风险及事前把控。各地公司上报的合同，审批环节加入集团法律事务中心的审批节点，是控制法律风险的重要制度手段。集团法律事务中心的审查意见，具有公司决策的强制力，各地公司必须严格执行。

比如，按照万达商业管理公司总部的要求，各地公司在招商过程中，必须要求商家取得所经营品牌的品牌授权文件作为合同附件，授权期限至少与租赁合同的期限一致或更长。在签署各类旺场活动策划执行合同之前，各地公司也必须如实提供活动品牌授权文件，供集团法律事务中心审核合同时进行审查，这一措施非常有效。

案例呈现

- **旺场活动前严格审查承办方的品牌授权文件**

2011年国庆节当天，H市万达广场的室外广场上彩旗飘扬、人头攒动，原来这里正在举办某著名文娱节目的现场演唱会，吸引了大量观众和客流在万达广场聚集，现场异常火爆。殊不知，为了这场演唱会的成功举办，曾发生过一段小插曲。

万达广场的现场演唱会属于万达广场旺场活动的一种形式，是各地商业管理公司为提升万达广场人气和烘托节假日气氛而举办的宣传推广活动。H市万达商业管理公司在年度推广计划中早就安排了这样一场活动，并委托一家执行公司来具体操作。活动举办之前，H市万达商业管理公司将委托合同上报到集团法律事务中心审批，法律事务中心发现，这家执行公司将会在现场演唱会活动中使用某著名的文化娱乐品牌，但报审的合同及相关文件中并没有附该文化娱乐品牌的持有人对这家公司的授权文件。对于商业广场的旺场活动而言，活动举办方是否取得了活动中所使用的文化娱乐品牌的授权，是活动是否合法、能否顺利举办的关键。基于这个原因，虽然该活动工作计划时间很紧，集团法律事务中心还是做出了暂时“拦”下这个合同的决定。随后，按照集团法律事务中心的要求，H市商业管理公司与其所委托的执行公司进行了沟通。在执行公司取得了该文化娱乐品牌的授权文件后，活动委托合同再度报到集团法律事务中心，经审查授权文件符合要求，获得批准通过，活动最终得以如期顺利进行。万达集团法律事务中心在各地商业管理公司举办旺场活动之前，对其策划执行委托合同及相关授权文件进行合法合规性审查，避免了不必要的纠纷，属于典型的风险事前把控。

3. 合同文本用印前需小签确认

为确保法律风险管控落实到位，合同签订文本与集团法律事务中心或各地公司法律顾问审核修订文本完全一致非常关键，为此，万达集团要求合同类文件用印时需持集团法律事务中心审核人员或各地公司法律顾问的小签版本，并就合同文本小签确认事宜具体要求如下：总部经办的所有合同（融资贷款合同除外）文本，须由集团法律事务中心审核人员小签确认；各地公司上报集团法律事务中心审批的合同，须由各地公司法律顾问负责审核合同文本是否已落实法律事务中心审批意见，在确认无误后小签确认（无法律顾问的各地公司需由公司财务负责人小签确认）；制度规定的各地公司无需上报集团法律事务中心审批的合同，须由各地公司法律顾问小签确认（无法律顾问的各地公司需由公司财务负责人小签确认）。

总部及各地公司的公章保管人员，只对经过小签确认的合同文本予以盖章，这种做法从操作程序上大幅降低了各经办公司、经办部门滥用公章、乱签合同的可能性，是万达集团加强合同管理和印章管理的一项强有力手段。

4. 履行过程系统监控

控制合同法律风险，除了在合同签订环节需要进行审核批准、小签确认外，在合同履行环节也需要进行监控。万达对合同履行过程的监控，体现了总部管控的管理理念，是经营风险控制、法律风险控制的重要方面。

万达集团对合同履行过程实施信息化系统管理。合同监控信息化系统是专门针对合同履行过程管理开发的系统，它以合同的重要性为划分依据，将合同履行过程的监控级别分为三个级别：对于特别重要的合同，其履行过程由集团总部进行监控（该项职能由集团法律事务中心承担）；对于在单个系统内比较重要的合同，由该系统总部进行监控；对于其他合同由各地公司进行监控。以商业管理公司招商工作中的租赁合同为例，主力店的租赁合同就属于特别重要的合同，在合同监控信息化系统中，其履行过程就由集团总部监控。监控要点包括合同的到期、续约、提前解约、合同引发的诉讼仲裁、不可抗力导致的提前终止等；室内步行街商家的租赁合同，在履行过程中有一些重要节点，由商业管理公司总部监控，例如商家的进场、开业、合同主体的变更、续签手续的办理等。

万达集团每年要签订和履行成千上万份的合同，合同监控信息化系统体现了集团总部管重要合同、抓关键节点的管控思想，极大方便了合同管理和对合同履行过程的监控，是合同法律风险控制的一种重要手段。

（二）管诉讼：建立诉讼直接送审制度

诉讼仲裁案件涉及的法律关系复杂、专业性和程序性强，是否认真准备与持续跟踪，可能会对案件结果产生很大影响。有些案件还具有连锁反应的示范作用，一旦处理不好，可能对公司声誉造成不良影响。

万达集团根据案件标的、影响范围等因素将案件划分为重大案件与一般案件，并规定了不同的审批处理程序。对于被诉重大案件，由各地公司在知道案件当日上报集团法律事务中心，在形成处理应对方案后，上报集团分管业务副总裁及集团分管法律事务副总裁，特别重大诉讼案件还需报集团总裁或董事长，形成集团最终批示意见，由各地公司执行。同时，集团法律事务中心予以全程指导、管控，包括出具案件应诉方案、聘请律师、对过程予以督办及协助，直到案件取得公正合理的结果。对于被诉一般案件，由各地公司在知道案件当日上报集团法律事务中心，在形成处理意见后，上报至集团主管业务副总裁，形成集团批示意见后，由各地公司执行，集团法律事务中心予以指导并跟踪落实意见的执行情况。

各地公司拟作为原告起诉的，则必须在起诉之前将诉讼方案（包括诉讼理由、诉讼请求事项、相关资料等）按照上述程序规定上报审批，符合起诉条件并符合集团管控要求的，才能予以批准起诉。

万达集团为加强全集团范围内诉讼案件的管控，对诉讼案件还建立起了信息化管理系统，以对诉讼案件实施全程管控。诉讼案件的发生、聘请律师、送达、举证、开庭情况、上诉、结案报告、案件评估等每一步工作均纳入管控范围，涉诉单位均需按规定时间完成并录入诉讼案件信息化管理系统。在系统中，所有诉讼案件均明确涉诉单位的总经理和对接诉讼工作的副总经理为直接责任人；对于一般案件，集团分管业务副总裁为案件督办责任人，对于重大案件，集团分管法律事务副总裁为案件督办责任人。

以各地商业管理公司发生诉讼案件上报总部审批为例，其上报审批流程如图13-3所示。

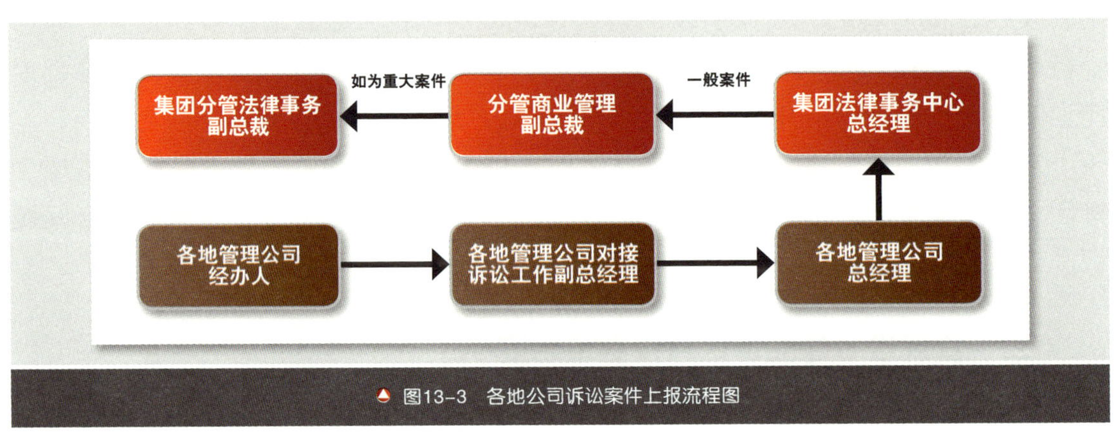

图13-3　各地公司诉讼案件上报流程图

在诉讼案件处理完毕后，集团法律事务中心将对各地公司处理案件的表现进行评估，并形成对各地公司总经理及对接诉讼工作副总经理的奖惩意见；同时组织人员总结案件处理中的得失，分析案件所反映出的管理问题，向相关业务单位发出建议等。

万达这样做的理由不难理解，任何一家下属公司涉及的诉讼仲裁案件如果处理不当，都会直接对集团造成经济损失或名誉损害，因此有必要由总部对全集团发生的诉讼仲裁案件进行全面管理。通过集团法律事务中心的指导，各地公司应诉后胜诉的案例有很多，避免了万达遭受经济损失或声誉上的负面影响。

案例呈现

• 万达集团法律事务中心指导下属公司免于承担责任

2011年9月W市万达广场的物业管理公司接到一份起诉状，原告是万达广场住宅底商的某商家，被告为该底商的业主及物业管理公司。原告起诉称，原告租赁业主的底商用于经营餐饮业，支付了押金和一年的租金，并对底商进行了装修；在准备开业时却被告知，万达广场不允许未安装天然气的商家经营餐饮业，导致原告无法开业，遂起诉要求业主和万达物业管理公司退还押金和租金，赔偿装修损失和其他费用损失。

物业管理公司将案件上报集团法律事务中心后，集团法律事务中心了解到，原告因计划使用瓶装液化气，故在装修时未安装天然气管线。住宅底商是否报装天然气由业主决定，物业管理公司并无义务为业主或商家报装天然气，而且公司早已将报装天然气的事宜通知业主，业主对是否安装未置可否。而租赁房屋内不得使用瓶装液化气从事餐饮业经营，是W市当地政府的强制性规定。

万达集团法律事务中心经过分析和研究，向W市万达广场的物业管理公司出具该案件的指导意见时，对该案件各方当事人之间的法律关系做了详细阐述，即业主和商家之间是租赁合同法律关系，物业管理公司和商家之间是物业管理服务关系，关于租赁合同和租金的纠纷，应在业主和商家之间解决，与物业管理公司无关。在该案件中，物业管理公司已尽到将报装天然气管线事宜通知业主的义务，而业主未尽到及时通知商家的义务；另一方面，商家作为餐饮经营者，理应了解当地政府部门关于必须安装天然气才能从事餐饮经营的规定，而该商家未能了解这一重要规定，显然其自身也有一定过错。基于上述分析，集团法律事务中心给出的批示意见是物业管理公司在该案件中不应承担任何责任，建议做无责答辩。

W市万达广场的物业管理公司就该案件按照集团法律事务中心的批示意见和指导向法院进行答辩，法院经过审理，完全采纳了物业管理公司的答辩意见，判决物业管理公司在该案件中不承担任何责任，租金应由业主返还于商家，而装修损失等则由业主和商家依其过错程度按比例共同承担。

（三）管知识产权：全面保护，集中管理

品牌是企业的旗帜。知识产权是企业创新的动力源泉和催化剂、是企业智力成果的结晶。万达集团非常尊重他人知识产权，也重视自身知识产权的保护和管理。商业管理中对知识产权的管理，主要体现在商家管理和自身管理两个方面。

对商家的知识产权管理主要包括检查商家所使用的品牌是否获得授权、对商家侵犯知识产权的行为和事件进行处理；对自身的知识产权管理主要包括对自身的著作权、商标权、专利权等进行管理、保护和推广。

1. 对商家的知识产权管理

万达商业管理公司在招商和运营过程中都要检查商家的品牌文件或品牌授权许可文件。品牌的表现形式通常为企业的商号、商标、装饰装修的独特风格等。商家经营活动所使用的品牌，必须为商家的自有品牌或获得权利人授权许可的品牌。商家开业前需要向万达商业管理公司提供这些文件，而在开业后，万达商业管理公司在运营管理过程中还会进行检查，以了解商家经营的商品或服务是否与招商阶段所提供的品牌文件或品牌授权许可文件一致，品牌授权文件是否仍在有效期内等，避免万达广场内出现商家侵权行为。

如果商家出现侵权行为，万达商业管理公司作为万达广场内商家的管理者，在接到品牌商家关于侵权的指控或消费者关于侵权商品（假货）的投诉后，将协助品牌商家或消费者进行调查核实。如经调查证实的，由品牌商家或消费者向侵权商家索赔，万达商业管理公司必要时还会向工商行政管理部门举报；同时，作为业主的代理人，万达商业管理公司可按租赁合同的约定追究商家的违约责任，根据情节严重程度，予以追究相应的责任直至解除租赁合同，将侵权商家清理出万达广场。

2. 对自身的知识产权管理

万达集团制定了专门的知识产权管理规定和制度，对集团内知识产权保护的范围、组织机构和职责、申请保护程序、转让和许可程序、规范性使用等做了详尽规定。万达集团对自身的知识产权进行统一管理，对自身经营过程中形成的著作权、商标权、专利权等由集团法律事务中心作为归口管理机构，统一进行著作权登记、商标注册或专利申请。万达集团要求各部室、各系统、各地公司对其业务中形成的知识产权随时总结、随时上报。除此之外，万达集团每半年会组织各部室、各系统、各地公司对半年以来形成的各项智力劳动成果进行一次总结、整理，并提出知识产权申请。对于在国内进行的著作权登记与商标注册，报集团主管法律事务副总裁审批；对于在国外进行的著作权登记与商标注册、在国内外申请的专利权、驰名商标的认定、知识产权的对外许可使用等事项，则报集团董事长审批。

随着知识产权成果的逐渐增多，万达集团对知识产权的管理提出了更高要求。为了满足这种需求，万达对全集团内的知识产权实施了信息化系统管理，将每项知识产权的申请、注册登记、维护、文件保管、侵权处理等各类信息记录在计算机软件中进行汇总管理，并实现了信息共享、续展续费自动监控、实时查询统计、考核处理时限等多种管理功能，这套知识产权管理系统让万达用少量的人力即可管理庞杂的知识产权事项。

维权是万达集团对知识产权保护的重要方面。以商标权的保护为例，万达已将“万达”、“万达广场”等文字或标识在相关产品或服务上申请为注册商标；凡是未经万达同意，在相同或相似的产品或服务上使用“万达”或“万达广场”商标的行为，都构成侵权。各地公司在招商运营过程中，只要发现有侵犯万达商标权嫌疑的，都要上报至集团总部，由集团法律事务中心会同业务部门进行调查；经查证确实构成侵权的，由集团法律事务中心启动维权行动，追究侵权者的法律责任。

案例呈现

• 打击“李鬼”，维护万达权益

2011年9月，万达集团法律事务中心接到某下属公司报告称，某市某商业地产项目以“万达商业广场”、“万达商业中心”的名义发布路牌、围挡等户外广告，并在该城市网站中发布广告宣传贴。集团法律事务中心接到报告后高度重视，立即按集团高层“坚决予以打击”的指示，制定了详细的工作计划。为了锁定侵权证据，法律事务中心首先安排了当地公证处对相关侵权网页进行证据保全公证；考虑到在当地进行取证的困难和安全因素，法律事务中心和公证人员一起做了精心安排，到该房地产项目的现场进行取证。证据固定后，法律事务中心立即委托律师向侵权方发送律师函，要求侵权方立即停止侵权并赔偿损失，并同时做好诉讼工作的准备。经过集团法律事务中心及受托律师几个月的协调努力，在证据确凿及可能面临的法律责任等多重压力下，侵权方最终书面承诺同意更改项目与公司名称，并且凡是涉及侵犯“万达”知识产权的公司名称、楼盘宣传广告标识、网页等全部更改并保证不再发生类似的侵权行为。在万达集团法律事务中心及当地公司的监督下，侵权方在指定期限内纠正了全部侵权行为。

（四）管总部事务：提前介入，抓大放小

万达商业管理中的总部事务是指万达商业管理公司系统总部直接经办的事务。从业务类别上看，除前述合同审批、诉讼案件管理、知识产权管理外，总部法律事务还包括就总部各部门经办的业务提出法律意见和建议，协助业务部门进行重大商务谈判、尽职调查以及法律培训等。

以重大商务谈判为例，集团法律事务中心要提前介入、积极参与。集团法律事务中心作为一级风险控制部门，直接参与总部层面进行的重大商务谈判，可以及时并最大限度地降低风险、控制不确定因素。

比如，万达商业管理公司在招商过程中与某些知名品牌商家进行谈判时，对方一般会聘请律师参加，万达商业管理公司则会申请集团法律事务中心派人参加谈判。在谈判中涉及到法律问题时，双方法律专业人员负责进行解释和沟通，使谈判双方能快速明确分歧焦点，促使谈判双方尽快达成一致，同时也从法律专业角度把控己方的风险。

案例呈现

- **某著名快时尚品牌招商的合同谈判**

万达广场引进某著名快时尚品牌，就是集团法律事务中心提前介入总部重大商务谈判的范例。该快时尚品牌与万达在很多项目上都达成了合作，但双方刚开始接触时，却经历了较为曲折的谈判过程。

万达商业管理公司总部招商部门为了在万达广场引进该快时尚品牌，与该品牌的中国区总部商谈了近四个月，就双方合作的主要商务条件基本达成了一致，双方进入租赁合同谈判阶段，进展较慢。究其原因，一方面，将商务条件落实为合同条款，并非一件容易的事情，合同条款在表述上的略微变化，将导致合作条件的变化或对其有不同理解；另一方面，双方的招商和业务拓展人员非法律专业人员，对合同中的法律条款把握不准时，经常需要向各自公司的法律事务人员征求意见，导致沟通谈判时各执己见、形成僵局。

在该快时尚品牌的租赁合同谈判进入最后阶段时，双方对某些条款仍有较大分歧，严重影响了谈判进程，如不及时解决，甚至会影响即将开业的万达广场的招商进度。在此情况下，集团法律事务中心主动提出配合招商部门去该品牌中国区总部进行最后谈判，而

该品牌的中国区总部也安排专业律师参加。谈判前，集团法律事务中心派专人与招商人员一起，详细分析了合同谈判中双方各自关注的重大问题、争议焦点，分别明确了必须坚持和可以协商的条件和条款；经过两整天的艰苦谈判，最终形成了万达广场与该快时尚品牌之间租赁合同的最终文本并各自报审通过。这份由双方总部之间协商谈判达成的租赁合同，成为双方以后在其他万达广场继续合作的标准文本，为双方后续合作奠定了良好的基础，而且也避免了重复性工作，提高了与该品牌后续合作谈判的效率。

集团法律事务中心管总部事务，并不意味着不管各地公司的法律事务。从两级管控的管理职责设定上，集团法律事务中心不负责处理各地公司的一般法律事务；但是，各地公司上报到商业管理公司总部审批和处理的重大事务，如涉及法律问题，要由集团法律事务中心提出意见。也就是说，各地公司经办的重大事务，上升到总部层面处理的，就变成了总部事务，由集团法律事务中心参与处理；这样设定管理职责有利于管控各地公司的重大法律风险。各地公司经办的符合集团制度规定的其他法律事务，则不需报到集团法律事务中心审批，这样提高了各地公司的工作效率；需要由各地公司自己经办的业务和事项，如涉及法律问题的，交由各地公司聘请的法律顾问审核和提出意见与建议，以把控其中的法律风险。

（五）管外聘律师：聘前审批，年度考核

集团法律事务中心主要是针对总部层面法律事务（含各地公司上报到总部审批事项所涉及的法律事务），如要管控各地公司的法律风险，就需要各地公司聘请外部律师作为法律顾问。

1. 聘请律师是制度要求

万达集团制度规定，各地公司必须聘请律师作为常年法律顾问。以万达商业管理公司为例，对于新开业的万达广场，集团制度要求当地商业管理公司在广场开业前六个月就将法律顾问聘请到位，未按照要求聘请律师作为法律顾问的，集团法律事务中心有权要求其改正并按照制度规定予以处罚。对于各地公司必须聘请律师作为法律顾问的要求，万达集团将其列入制度，使其具有执行力，体现了万达集团对各地公司法律风险控制的高度重视。

万达集团除以制度要求各地公司聘请法律顾问外，还要求充分发挥法律顾问的作用，要求各地公司在涉及法律问题的事务处理上，必须充分听取法律顾问的意见和建议，以管控经营过程中的法律风险。对于各地公司上报到总部决策和审批的事项，如涉及法律事务的，要求各地公司必须同时提交法律顾问的意见，作为总部决策和审批的依据之一；对于不需要上报到总部决策和审批的事项，如涉及法律事务的，则各地公司必须听取和采纳外聘律师的意见，以控制法律风险。

2. 聘前审批是必经程序

各地公司聘请外聘律师担任常年法律顾问，一般通过多方比较或招投标的方式选定，这样可综合考察律师事务所和律师的专业水平、业务能力以及收费水平。各地公司无论采取何种方式选聘法律顾问，必须将拟选聘的律师事务所和律师的相关资料及委托合同上报集团法律事务中心，由集团法律事务中心审批；同样，各地公司对法律顾问的续聘或改聘，也必须报集团法律事务中心审批。对于各地公司聘请的法律顾问，集团法律事务中心在审批时，会结合各地万达广场招商营运的业务特点，着重考虑律师和律师事务所在租赁合同谈判、物业管理、与商家纠纷处理、法律培训等方面的经验。

3. 年度考核是管理手段

集团法律事务中心每年对各地公司的外聘律师进行考核，这是管理各地公司外聘法律顾问的一种重要方式。年度考核的重点内容包括外聘律师的服务质量、数量、与各地公司在业务上的配合程度、代理诉讼仲裁案件的表现、法律培训等；在培训方面，要求必须给各地公司每年进行至少2次培训，并提供培训课件、照片等，以提高各地公司全员法律意识、做好法律风险的事前管控。所得考核结果，将作为集团法律事务中心对各地公司下一年度续聘或改聘法律顾问时的审批依据。

第二节 | 财产保险

在商业物业的业主中，很多人会长期持有物业，以期持久获得租金回报。对于自己购买的物业，他们最担心的问题主要包括以下三个方面：一是物业的日常维修保养，二是物业的大修或设施设备的更新改造，三是物业遇到自然灾害或意外事故时毁损灭失的风险。

物业的日常维修保养由商业管理公司负责，维修保养的费用已包含在业主或实际使用人支付的物业服务费中；如物业需要进行大修或设施设备需要更新改造，商业管理公司负责组织实施大修或更新改造，费用从物业的维修基金中支出；因此，前两个方面的担心已经有了保障。但是对于第三个方面的担心，以及由此带来的损失，无论是业主还是商业管理公司，都是难以承受的，财产保险就是为了解决这个问题。

财产保险是指投保人按照合同约定，向保险人交付保险费，保险人按保险合同的约定对所承保的财产及其有关利益因自然灾害或意外事故造成的损失承担赔偿责任的保险。商业管理中的财产保险，是指商业管理公司按照业主的指示，对其受托管理的商业物业的建筑物、机器设备等财产所投的保险，以及对在运营管理中可能发生的风险、损失及赔偿责任等所投的保险。

商业管理中的财产保险，对业主及商业管理公司均具有重要意义。财产保险具有及时补偿财产损失的作用，商业物业如果遇到自然灾害或重大意外事故而毁损或灭失的，将给业主造成无法挽回的损失；商业物业投保财产保险后，一旦发生这样的损失，将由保险公司予以赔偿，保障业主在财务上的稳定性。商业管理公司受托管理商业物业，一旦发生危险，可能给不特定的社会公众造成人身损害或财产损失；商业管理公司投保公众责任险等保险后，这些损失将由保险公司进行赔偿。

财产保险的种类繁多、保险公司亦数量众多，商业管理公司以何种方式投保可实现成本最小化、保障利益最大化？商业管理中应投保哪些险种？保险事务如何管理？万达集团通过多年的实践，摸索出一套比较成熟的、适合大型集团公司的投保模式、保险策略和保险管理方式。

一、总对总、总分管理的投保模式

大型集团公司往往有各种各样的投保模式，有的是由其下属企业各自投保，有的是将其保险全部外包给保险中介公司，还有一些集团公司自己投资或参股保险公司并由该保险公司承保。对于集团化运作的万达商业管理公司而言，因商业管理的业务相对集中统一，对规范化、统一管理和统一保险政策的要求更高，需要采取一种符合行业特点、适合自身需求的模式进行财产保险的投保。

万达商业管理公司在商业管理中的财产保险投保模式，采用的是万达集团的总对总、总分管理的投保模式。

总对总、总分管理的投保模式，是指万达集团总部与保险公司总部之间建立起合作关系，制定统一的保险政策和费率标准，由万达的各地公司与保险公司的各地分公司具体办理投保和保险相关事宜。为节省保险费用成本，万达集团总部将全集团（含集团总部及各地公司）保险的险种、投保资产范围、保险期限、其他具体需求等打包列出，选择一家规模较大、在全国范围内均有分公司的综合性保险公司承保。在总对总、总分管理的投保模式下，万达集团总部与保险公司总部签订保险合作的总体框架协议，具体明确保险险种、费率、承保范围及其他权利义务、责任等，并由双方各自的下属公司按照总体框架协议进行投保和办理保险事宜。

在总对总、总分管理的模式下，需要双方总部来确定的保险政策包括：投保人，被保险人的范围，保险人的范围，保险标的的范围，保险险种及各险种的保险条款，保险费率，保险服务响应等。在双方总部确定保险政策后，万达各地公司即可按照约定与保险公司的当地分公司具体办理保险事宜，包括投保、缴费和续费、保险案件申报和理赔等。

总对总、总分管理的投保模式具有其自身优越性。首先，这种投保模式减少了保险中介公司等中间环节，由有保险需求的各地公司直接找保险公司的当地分公司投保和办理理赔，减少了投保和理赔的中间程序，提高了保险事务的工作效率；其次，这种投保模式可发挥集团总部的谈价优势，如果采取招投标的方式选择保险公司，更可选择保费报价最低的保险公司投保，大量节省了保费成本；再次，由同一家保险公司组织其全国的分公司承保，对保险的后期服务有保障，有利于保险公司对万达集团内所有公司的保险需求和保险事务做出迅速、积极的响应，便于双方统筹安排；最后，由集团总部统一保险政策，便于保险事务的管理和处理，当万达各地公司与保险公司的各地公司就保险问题出现分歧、不能解决时，可提交到各自的总部层面协调解决。

案例呈现

- **某万达广场临时工地火灾事故的保险理赔**

2009年11月某地万达广场的临时工地发生一起火灾，该起火灾不但导致工地内的一栋临时建筑全部烧毁，还导致万达广场旁边的某医院内一栋楼严重毁损。该万达广场的地方公司向其投保的保险公司当地分公司报保险后，保险公司进行了现场勘查、损失调查等工作。在理赔过程中，保险公司的当地分公司与万达地方公司就医院被火灾毁损的楼栋及损失是否应纳入保险理赔范围，产生了分歧。

双方进行了长达半年的协商，仍未能解决问题，遂都上报给各自的公司总部协调处理。万达总部与保险公司总部进行了讨论，并研究了双方公司总部签订的财产保险合作框架协议，查到了这样一项条款：（万达）建筑工程一切险项下的第三者责任险，在因被保险人的责任导致第三方发生财产损失时，构成保险责任。双方公司总部经过协商后确定，事故现场旁边的医院楼栋所发生的损失，由保险公司以建筑工程一切险项下的第三者责任险予以理赔。此保险理赔案件上报至双方公司总部后，在总部层面进行协调处理，不到一个月就解决了双方之间的分歧。

二、全覆盖的风险保障

投保人在确定保险险种时应主要考虑风险保障的覆盖范围。风险保障覆盖范围有全覆盖、重点覆盖两种选择。为了实现对商业物业全方位的保障，万达集团在制定保险政策时选择了风险保障全覆盖的保险策略，虽然这样做会增加保险费用。

万达从两个方面进行全覆盖的保险。

一方面按被保险的对象，分为投保人的资产和人员、非投保人的资产和人员；万达商业管理公司不但为处在其管理之下的资产和人员进行投保，也为非受其管理的资产和人员进行投保。万达商业管理公司对其管理之下的资产和人员投保的险种包括：建筑工程一切险、安装工程一切险、财产一切险、机器损坏险、现金综合险、雇主责任险和雇员忠诚保险等；对其他资产和人员投保的险种包括公众责任险、第三者责任险等。

另一方面，万达的保险覆盖范围包含被保险对象从产生、存续到消亡的全过程，实现了全时间、全方位的保险保障。以商业物业即建筑物本身为例，在建设阶段，以建筑工程一切险保障建筑物从开工到试营业日或开业日的阶段，以财产一切险保障其从开业日到业主持有建筑物始终的全过程，其他资产则保障到该资产灭失或其账面价值消失为止。

商业管理中最重要、最常用的险种及保障范围，如表13-1所示。

表13-1 商业管理中常用险种及主要保障范围表

序号	险种	主要保障范围
1	建筑、安装工程一切险	建筑物在建设过程中的风险，及装修等安装工程毁损、灭失的风险
2	财产一切险	财产在持有阶段发生毁损、灭失的风险
3	机器损坏险	机器、设备发生毁损、灭失的风险
4	公众责任险	因投保人的过失行为给不确定的第三方造成人身伤害或财产损失而应承担的赔偿责任
5	现金综合险	现金钞票在保管过程中、运输途中发生毁损、灭失或被盗抢等的风险
6	营业中断险	因发生保险事故而导致营业中断损失、利润损失的风险
7	雇主责任险	员工在工作过程中遭受意外伤害，或患职业病导致伤残，雇主依法应承担的医药费及经济赔偿责任等

万达商业管理公司在管理商业物业时，为了实现全方位、全过程的风险保障覆盖，除了为自己所管理的资产及可能发生的风险、责任事故投保外，还要求商家为其承租单元之内的财产及其经营行为可能涉及的公众责任进行投保。要求商家投保的险种，一般包括装修期间的安装工程一切险、经营期间的财产一切险和公众责任险，以实现商家从进场装修到租赁期限届满期间的全过程有保险保障。

三、保险事务的管理制度

为了规范而全面地管理全集团范围内的保险事务，万达集团从2002年起对财产保险事务实行统筹管理，从2009年起专门建立了财产保险管理制度。万达集团的财产保险管理制度，从保险事务管理的组织机构和职责、投保及续保工作管理、保险理赔及其他保险工作管理、保险工作的检查与考核等方面，进行了详细规定。建立起全集团统一的财产保险管理制度后，就可以统一全集团各个公司的财产保险政策，包括投保人及保险费的分担、投保险种及被保险的财产范围、保险期限、投保或续保的程序、保险事务审批流程等，为集团总部、各系统总部、各地公司开展财产保险工作提供了制度保障。

万达集团财产保险管理制度的特点之一，是针对财产保险事务设置专门的负责机构。集团总部与保险公司总部建立起总对总的合作关系后，万达集团从总部层面到各地公司层面均建立起保险事务的专门负责机构，并要求保险公司总部和地方分公司都成立专门的保险服务小组，服务于万达集团总部和各地公司。

万达集团总部的保险事务负责机构为财产保险管理领导小组，由总部负责财务、安全监督、审计、法律等方面的负责人组成，领导小组的主要职责是负责制定、颁布和修改财产保险管理制度，选定保险公司，监督、指导各地公司执行财产保险管理制度，审核地方公司上报的财产保险资料，以及决定集团总部财产保险方面的其他重大事项等。财产保险管理领导小组指定一个专门的内部机构作为保险事务的归口管理部门，设立专门的保险事务联络员负责财产保险的日常管理。

万达集团在地方公司层面，也成立专门的财产保险管理小组，由各地公司总经理、投保专员、理赔专员组成。各地公司总经理全面负责本公司的保险投保、理赔及培训等工作；投保专员负责本公司范围内的资产投保、续保，保险资料的收集、汇总和管理，保险数据统计等工作；理赔专员负责本公司的财产保险案件理赔、跟进及协调处理，统计、上报理赔数据，保险案件、理赔资料的收集、汇总和管理等。

四、保险的信息化管理

随着保险事务日益增多，保险的信息化管理成为保险投保、理赔、案件管理、风险预防的重要管理手段。

保险事务的信息化管理比单靠人工管理具有很大优势。信息化管理使投保和续保变得方便、快捷，可防范人为失误，例如保险费的计算、保险金的计算、保险期限的管理、续保提醒等都能实现自动化；信息化管理还使保险数据便于统计，投保人的保险管理系统可与保险公司的信息系统进行对接，实现保险资料的标准化和投保理赔的“傻瓜式”操作，并可加入投保、续保、理赔的提醒功能，方便双方进行保险费用结算和理赔结算。

在商业管理中使用信息化软件系统管理财产保险，有利于投保人对财产保险的投保、续保、理赔、灾害预警、保险数据统计等进行管理，并可方便地管理保险的历史资料和案件记录，使得保险事务的处理更加高效和规范化。万达商业管理公司依托万达集团自行开发的保险信息化管理系统，对总部及各地公司的财产保险实现了全面信息化管理，自动提醒和灾害预警是这套系统的两个特色功能。

（1）保险期限到期和续保自动提醒功能。万达集团总部或各地公司投保的所有保险，只要保险期限将要届满，该系统便会自动提示。在保险期限届满前的一段期间内（提前设定的），系统在该项保险管理页面亮黄灯警示；保险期限届满时，页面亮红灯警示；该项保险的投保专员进行停保或续保的后续操作后，页面亮绿灯通过。由于万达全集团上下有成千上万个保险项目，这一功能极大地方便了投保专员的保险事务管理。

（2）灾害预警系统模块。灾害预警系统与中央气象台灾害预警平台相关联，每当中央气象台发出灾害气象预报时，系统自动提示可能受影响的各地公司及相关负责人员，便于各地公司预防灾害天气、防险抗灾、减少损失，并且及早为保险理赔做准备。

万达保险信息化管理系统中的灾害预警系统，其工作流程如图13-4所示。

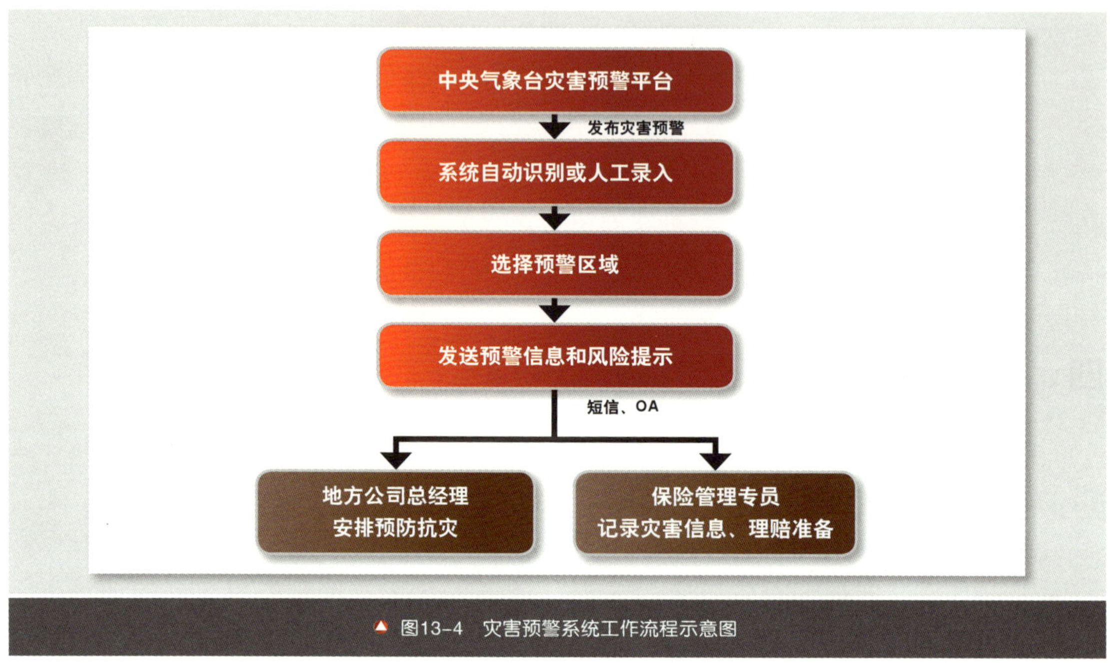

▲ 图13-4　灾害预警系统工作流程示意图

案例呈现

• 灾害预警系统在应对强台风“海葵”中发挥了重大作用

2012年8月发生在中国华东地区的台风，验证了万达开发的灾害预警系统的可靠性。8月8日，强台风“海葵”在浙江北部沿海登陆，对浙江和上海都造成了严重影响。此前，中央气象台已经发出台风警告。万达集团财产保险信息化管理系统中的灾害预警系统接收到台风灾害预警后，立即将台风警告发送到可能受影响的华东区域各个万达广场；每个地方公司的总经理、保险事务专员都收到了预警信息，提前为台风的到来做好了准备。总经理迅速组织全公司做防汛抗台风准备，提前预防、尽力减少损失，保险管理专员则从系统中将灾害预警信息下载下来，作为将来报保险理赔的必要文件。在这次应对台风的过程中，万达的灾害预警系统极大地方便了华东各地公司采取措施，为可能受影响的公司减少了损失。

后记 Postscript

商业地产运营管理是一门新兴的学科。国内对此的研究还处于起步阶段，尽管有许多来自实践的真知灼见，但基本还没有形成一套相对完整的理论体系。因此，建立商业地产运营管理理论体系，具有很强的时代意义。

万达在商业地产运营管理的实践中，也陆续编写过一系列内部教材，一直在总结经验、沉淀精华，所以，此次正式出版书籍也并非一时之想法，可以说这几年已经做了充分准备，为成书打下了一定的基础。《商业地产运营管理》这本书，从2012年4月开始筹备，到2013年12月最终出版，历经20个月的时间，但这本书实为厚积薄发之作，说它数年磨一剑，并不为过。

这本书将万达商业管理公司多年积累而成的经验总结提炼，虽不求对商业地产运营管理理论体系建设有多大的贡献，但它若能对从业者和专业研究者起到点滴参考作用，能有所借鉴，则于愿已足。

我们想特别指出的是，本书是真正意义上的集体智慧的结晶。首先，关于商业地产运营管理的根本性思想，来源于万达集团董事长王健林先生，他的许多关于运营管理的精辟论述是本书的灵魂。同时，万达商业地产高级副总裁曲德君先生，是本书的总策划，他对本书的结构、基本思路的制定，起了最关键作用。此外，本书在撰写过程中，得到万达商业管理公司广大同仁的大力支持和理解，他们在繁忙的工作之余，还需要抽出大量的时间参与讨论、撰写书稿，在此特向以下参与本书撰写的人员表示谢意（按姓氏拼音排序）：陈向东、贺伟鹏、胡志强、景东、李琳、林森、马哲、潘军、乔志新、仇健娣、田礼讯、张琰、朱艳芳。同时，感谢万达商业管理公司崔宗明、张晶、李付宏、齐超宇、刘伟、张静、姜媛等人员在本书撰写过程中提供的大力支持和热心帮助。

感谢万达学院图书项目组在图书策划、组织、审校、出版工作过程中的付出，特向以下人员表示谢意：范征、樊力越、周道华、赵克欣、马成功、魏广川、李敬东、张琳、张仲洋、宋扬、王秋娜、任朝艳、高玉华、张艳梅、夏盈、陈烨、徐扬、韩美玲、孟雪霏、孙培鑫。万达学院还有很多同事也参与过书稿的试读、审校，在此一并表示谢意，不一一列举。感谢商业规划研究院领导及辛欣对本书装帧设计的支持。感谢外部顾问王晓红女士在校稿中的辛勤付出。感谢本书责任编辑清华大学出版社张占奎老师的执著与努力。

本书作为万达商业地产运营管理的实践总结，由于编写者的局限，这种总结还不能完全代表万达实践的全部升华，书中仍有较多不足之处，希望读者匡正。

万达学院

2013年12月

全国已开业万达广场项目略览

本表列出了万达截至2013年12月31日开业的购物广场（中心）项目，共计85个。更多信息请参阅万达集团官网（www.wanda.cn）

省份	城市	项目名称	开业时间
北京	北京	CBD万达广场	2006
		石景山万达广场	2008
上海	上海	五角场万达广场	2006
		周浦万达广场	2009
		江桥万达广场	2011
		宝山万达广场	2012
天津	天津	金街万达广场	2003
		河东万达广场	2010
重庆	重庆	南坪万达广场	2009
		万州万达广场	2013
安徽	合肥	包河万达广场	2010
		天鹅湖万达广场	2012
	芜湖	镜湖万达广场	2012
	蚌埠	蚌埠万达广场	2013
福建	福州	金融街万达广场	2010
		仓山万达广场	2011
	厦门	湖里万达广场	2011
		集美万达广场	2013
	泉州	晋江万达广场	2012
		浦西万达广场	2012
	宁德	宁德万达广场	2012
	漳州	碧湖万达广场	2012
	莆田	莆田万达广场	2012
广东	广州	白云万达广场	2010
	东莞	长安万达广场	2013
河北	石家庄	裕华万达广场	2011
	廊坊	廊坊万达广场	2011
	唐山	路南万达广场	2011

省份	城市	项目名称	开业时间
河南	洛阳	洛阳万达广场	2009
	郑州	中原万达广场	2011
		二七万达广场	2012
黑龙江	哈尔滨	香坊万达广场	2007
		哈西万达广场	2013
	大庆	萨尔图万达广场	2011
湖北	武汉	菱角湖万达广场	2010
		经开万达广场	2011
		武汉万达中心	2011
		中央文化区-楚河汉街	2011
		中央文化区-汉街万达广场	2013
	襄阳	襄阳万达广场	2010
	宜昌	宜昌万达广场	2010
湖南	长沙	开福万达广场	2013
吉林	长春	重庆路万达广场	2003
		红旗街万达广场	2010
		宽城万达广场	2013
江苏	南京	建邺万达广场	2009
		江宁万达广场	2013
	苏州	平江万达广场	2009
		太仓万达广场	2012
	无锡	滨湖万达广场	2010
		江阴万达广场	2012
		宜兴万达广场	2013
		惠山万达广场	2013
	常州	新北万达广场	2011
	淮安	淮安万达广场	2011
	镇江	镇江万达广场	2011
	泰州	泰州万达广场	2011
	徐州	徐州万达广场	2013

省份	城市	项目名称	开业时间
江西	南昌	八一万达广场	2003
		红谷滩万达广场	2012
辽宁	沈阳	太原街万达广场	2009
		铁西万达广场	2010
		北一路万达广场	2012
		奥体万达广场	2013
	大连	东港万达中心	2012
		高新万达广场	2013
	抚顺	抚顺万达广场	2013
	丹东	丹东万达广场	2013
内蒙古	包头	青山万达广场	2010
	呼和浩特	呼和浩特万达广场	2010
宁夏	银川	金凤万达广场	2011
山东	青岛	CBD万达广场	2009
		李沧万达广场	2012
	济南	魏家庄万达广场	2010
陕西	西安	李家村万达广场	2008
		民乐园万达广场	2009
		大明宫万达广场	2013
四川	成都	锦华万达广场	2007
		金牛万达广场	2012
	绵阳	涪城万达广场	2012
浙江	宁波	鄞州万达广场	2006
		江北万达广场	2010
		余姚万达广场	2013
	温州	龙湾万达广场	2012
	绍兴	柯桥万达广场	2010

商业地产运营管理案例树

- **1. 商业定位**
  - 常州武进万达广场商圈分析
  - 城市型购物中心——泉州浦西万达广场
  - 区域型购物中心——北京石景山万达广场、上海五角场万达广场
  - 社区型购物中心——绍兴柯桥万达广场
  - 精品购物中心——长沙开福万达广场
  - 时尚购物中心——大连高新万达广场
- **2.房产条件**
  - 万达广场停车场交通方案评审
  - 成都锦华万达广场餐饮商铺油烟排放设计标准的确定
  - 万达商业管理公司规划设计评审的组织与管理简介
- **3.招商实施与管控**
  - 定位深化——常州新北万达广场
  - 新境界·2013万达广场招商手册
  - 2013'万达商业年会
  - 福建开业项目招商大会
  - 大连高新万达广场“万达中国行”
- **4.商业筹备计划管控**
- **5.营运组织**
  - 长沙开福万达广场餐饮品牌“城外驿”
- **6.营销企划**
  - 泉州浦西万达广场开业美陈装饰
  - 武汉菱角湖万达广场开业前社区预热活动
  - 温州龙湾万达广场开业及圣诞节促销活动
  - 宁波鄞州万达广场周年庆抽奖免单活动
- **7.开业保障**
- **8.项目复盘评审**
  - 泉州浦西万达广场招商总结
  - 某万达广场项目复盘实例
- **9.经营目标与策略**
  - 某万达广场2013年年度经营目标的确定
  - 某万达广场经营策略帮助管理者把握管理重点
  - 某万达广场经营策略指导经营思路
  - 某万达广场联合商家完成经营策略的制定
  - 某万达广场2013年度经营策略的制定
- **10.营运过程管理**
  - 某万达广场的结构调整
  - 万达广场某儿童游乐品牌的调整
  - 某万达广场体验业态的引进
  - 某万达广场商家的经营分析与诊断
  - 万达广场某餐饮商家的经营辅导（一）
  - 万达广场某餐饮商家的经营辅导（二）
  - 万达广场某生活精品类商家的经营辅导
  - 某万达广场招商调整
  - 某万达广场“I cooking DIY”品牌的引进
  - 某万达广场二层冷区调整
  - 某万达广场的到期调整
  - 某万达广场品牌优化调整
  - 沈阳太原街万达广场战略调整
  - 万达广场体验业态的引进
  - “资产租赁系统”对B品牌招商调整的管控
  - “模块化系统”对招商调整的管控
  - 宁波鄞州万达广场购物节活动
  - 万达广场五一购物节全国统一营销活动
  - 温州龙湾万达广场“温州精神主旋律”大型公益活动
- **11.商业环境与服务**
  - 某万达广场变形金刚活动展
  - 万达集团“商家服务系统”的费用收缴功能
- **12.安全运营保障**
  - 万达广场餐饮商家消防安全的管理标准
  - 万达广场消防安全的量化考核
  - 万达商业管理公司的消防安全培训
  - 成都锦华路万达广场疏散案例
  - 南京建邺万达广场能源管理平台的应用
  - 万达广场的绿建运行之路
- **13.风险控制**
  - 旺场活动前严格审查承办方的品牌授权文件
  - 万达集团法律事务中心指导下属公司免于承担责任
  - 打击“李鬼”，维护万达权益
  - 某著名快时尚品牌招商的合同谈判
  - 某万达广场临时工地火灾事故的保险理赔
  - 灾害预警系统在应对强台风“海葵”中发挥了重大作用